八千代出版

リベラルアーツ
としての社会心理学

山下 玲子／有馬 明恵 《編著》

藤島 喜嗣／埴田 健司／田中 知恵／森下 雄輔
小山 健太／横山 智哉／石橋 真帆

執筆者一覧（執筆順）

藤島 喜嗣	昭和女子大学人間社会学部教授	第1章・第8章
埴田 健司	東京未来大学モチベーション行動科学部准教授	第2章・第3章
田中 知恵	明治学院大学心理学部教授	第4章・第5章
森下 雄輔	大阪国際大学人間科学部講師	第6章・第7章
有馬 明恵	東京女子大学現代教養学部教授	第9章・第11章
小山 健太	東京経済大学コミュニケーション学部准教授	第10章
横山 智哉	学習院大学法学部教授	第12章
石橋 真帆	東京大学大学院情報学環総合防災情報研究センター特任助教	第13章
山下 玲子	東京経済大学コミュニケーション学部教授	第14章・第15章

はじめに

　あなたがこの本を手にとった理由は何ですか。おそらくタイトルに含まれる「リベラルアーツ」という文言に惹かれたのではないでしょうか。リベラルアーツの起源は古代ギリシャにまで遡りますが，「自由な人間として生きるために必要な教養」とされていました。読者の皆さんの専門分野やこれまでの人生経験の違いを超えて，本書を読むことで読者お一人おひとりの人生を豊かにする知識や糧を得てほしいという願いが本書のタイトルには込められています。

　さて，本書のテーマである「社会心理学」について，少し紐解いてみましょう。

　人は誰しも心を持ち，そして社会の中で暮らしています。人の心を扱う学問である「心理学」に，この「社会」を冠した「社会心理学」は，「心」と「社会」を同時に扱う学問というイメージを持たれており，多くの人々を惹きつけています。書店の心理学コーナーには「社会心理学」をタイトルに含んだ書籍が数多く並んでおり，その人気を裏づけています。また，編者たちは大学教員という立場上，高校生対象の進学説明会や出張講義をこれまで幾度となく担当してきましたが，多くの高校生から「心理学に興味がある」「心理学を学びたい」といった声を聞いてきました。

　しかしながら，高校までの学習指導要領に「心理学」という科目はありません。「心理学」を学ぶためには大学教育を待たなくてはなりませんし，「社会心理学」を専門的に学ぶには心理学部や心理学科に進学する必要があります。とはいえ，社会心理学に関心を持つ人たちすべてが，社会心理学の「専門家」を目指しているわけではありません。ちょっとだけ興味がある，一般教養として勉強したい，自分の専門の研究に社会心理学の概念を取り入れたい，社会心理学の考え方を自社の営業や広報，人事教育に役立てたい，このような気持ちで社会心理学を学びたいと思う方も数多くいるのではないでしょうか。むしろ，そちらの方が多いことでしょう。

そこで，編者たちは，社会心理学を教養として学びたい人たちのための指南書，心理学を専門とする学生にもそうでない学生にもわかりやすく役に立つ教科書を作るべく，本書を編集・執筆しました。単なる知識としてではなく，「リベラルアーツ」として社会心理学を学ぶ書を執筆者の先生方と協同し，作り上げました。

　本書の目次をご覧いただければわかりますが，社会心理学は，人が自分自身や社会をどのように捉え，人と人とがどのように関係し合い，社会から影響を受け，また社会に働きかけていくのかを扱います。そして，その学びから個々人が生きやすさを感じ，よりよい人間関係，よりよい社会を構築すること，これが社会心理学の目指すものです。社会心理学を学び，実際にご自身の生活や人生に活かすことは，まさにリベラルアーツそのものといえます。

　本書は3部構成で，第1部は「自分を知る・他者を知る・世界を知る」として，人々が自分自身や他者，社会的事象をどのように捉えるのか，また，その捉え方により世の中の見え方や意思決定における判断がどのように異なるのか，その構造やメカニズムについて明らかにしていきます。また，そのような捉え方や判断に個々人が持つ知識や抱く感情がどのように関連するのかについても見ていきます。具体的には「自己」「対人認知」「社会的推論」「態度と説得」「感情と認知」の5章からなっています。第2部は「つながる・争う・和解する・まとまる」として，人々のパーソナルな対人行動や対人関係から集団が個々人に及ぼすさまざまな心理的影響，さらに集団同士の関係性や集団内のダイナミックな人間関係，社会における偏見や差別などについて，その構造やメカニズム，問題に対する対処法などを現代社会における具体的な社会問題も例に挙げつつ説明していきます。具体的には，「反社会的行動と向社会的行動」「対人コミュニケーション」「社会的影響」「集団間関係」「リーダーシップとキャリアデザイン」「ジェンダーと格差」の6章からなっています。第3部は「『メディア社会』に生きる私たち」として，高度に発達したメディアと人々の社会的な行動との関連性について，選挙や災害対策，推し活やインターネットにおける誹謗中傷など，現代社会におけるホットトピックを取り上げながら，社会心理学の視点から読み解いていき

ます。具体的には「政治参加と社会心理」「リスクコミュニケーション」「メディアと集合行動」「インターネットコミュニケーション」の4章からなっています。

　本書の各部，各章はそれぞれ内容的には独立しており，最初から読み進めていただいても，途中の章から読み始めたり興味のある章だけを取り出して読んでいただいたりしても，十分に理解できるようになっています。また，それぞれの章同士の関連についても，本文内に参照箇所を示していますので，他の章を参照しながら理解を深めていくこともできます。また，各章の冒頭には，章の中で取り上げる内容についてのイントロダクションが設けられています。それらを読み本編の内容を想像してみてください。読者の皆さんが実生活での体験や見聞きしたことのある出来事と結びつけながら，本書を読み進めていただけるとリベラルアーツとしての社会心理学をより深く学ぶことができるのではないでしょうか。さらにいくつかの章では，コラムとして社会心理学の最新の知見や詳細な研究方法，関連する時事問題や社会課題を紹介しています。それらは読み物としての面白さとともに，より専門的な学びへと皆さんを誘うことでしょう。

　本書を手にとり，社会心理学の幅広さと奥深さを知っていただき，ますます複雑化する現代社会で生き抜くための力の1つとして活用していただけることを，執筆者を代表して心よりお祈りする次第です。

　最後に，本書を執筆することを編者の1人である山下に勧め，コンセプトや構成などの企画立案の段階から丁寧かつ親身にご助言いただいた八千代出版社社長の森口恵美子さん，編集者として本書の完成にご尽力いただいた井上貴文さんに，執筆者一同，心から感謝申し上げます。

2024年10月

執筆者を代表して　山下玲子・有馬明恵

目　　次

はじめに　i

第1部　自分を知る・他者を知る・世界を知る——個人内過程

第1章　自己——対人関係の中で自分を知り，評価し，表現する　2
　1　自己概念　2
　2　自己評価　5
　3　自己呈示　11
　4　同化と異化の間で　15
　〈コラム〉評判推測の歪み——失敗したので評判がガタ落ちだと感じること　18

第2章　対人認知——他者の印象はどのように形成され，何に影響を受けるのか　19
　1　印象形成の理論——印象はどのように作られるか　19
　2　印象形成におけるバイアス　25
　3　ステレオタイプの影響　30
　〈コラム〉「男は仕事，女は家庭」という考え方は過去のもの？　34

第3章　社会的推論——推測をなぜ・どのように「間違える」のか　36
　1　ヒューリスティックとバイアス　36
　2　原因帰属と属性推論　42
　3　推論の合理性から適応性へ　48

第4章　態度と説得——なぜ，そのひと・こと・ものに影響を受けるのか　52
　1　態　　度　52
　2　説得と態度変化　53
　3　社会的勢力と要請技法　59
　4　消費者に対する影響　65

第5章　感情と認知——感じること・考えることの相互作用　67
　1　感　　情　67
　2　感情が認知に及ぼす影響　69
　3　感情制御　78
　4　社会と感情　81
　〈コラム〉組織における感情の役割——LMX と組織行動　82

第2部　つながる・争う・和解する・まとまる——対人関係・集団

第6章　反社会的行動と向社会的行動——人を攻撃する心理と助ける心理　86

1　攻撃行動　87

2　援助行動　94

3　攻撃行動・援助行動の抑制要因　97

〈コラム〉ボランティアを行う心理　102

第7章　対人コミュニケーション——良好な人間関係を保つために　104

1　対人コミュニケーションの手段　104

2　対人関係の形成・維持　108

3　対人関係の崩壊　114

第8章　社会的影響——他者の存在が私たちの行動に影響する　118

1　他者存在の影響　118

2　多数派と少数派　124

3　相互依存　128

第9章　集団間関係
　　　　——集団同士の争いごとを加速させる原因を知り，対立を解消する　134

1　集団間対立の要因　134

2　集団所属意識と集団間態度　137

3　集団間の感情　143

4　集団間葛藤の低減　145

第10章　リーダーシップとキャリアデザイン——働く人の心理　150

1　リーダーシップ研究　150

2　古典的なキャリア心理学研究　156

3　現代社会を意識したキャリア心理学研究　161

〈コラム〉マミートラックを防ぐ上司の役割　165

第11章　ジェンダーと格差——作られる性，維持される格差　166

1　ジェンダー研究のための基礎知識　166

2　学習されるジェンダー　169

3　自己を縛るジェンダー意識　171

4　男女平等を阻むジェンダー　175

〈コラム〉ルッキズムだらけの現代をどう生きるか　180

第3部 「メディア社会」に生きる私たち——情報行動と社会心理

第12章 政治参加と社会心理——人はなぜ，どのように投票するのか？　184

1　政治参加と民主政治　184

2　投票行動の理論　188

3　投票行動と政治情報　191

4　投票行動研究と社会心理学　198

〈コラム〉「政治の話」はタブーなのか　199

第13章 リスクコミュニケーション
　　　　　——災害や疫病に関する情報をどう共有し，理解するか　200

1　リスクとリスクコミュニケーション　200

2　リスクコミュニケーションにおけるメディアの役割　203

3　メディアがもたらす問題　208

4　情報化時代のリスクコミュニケーションのあり方　214

第14章 メディアと集合行動
　　　　　——エンターテインメントとしてのメディアが人々にもたらすものと
　　　　　ファン心理　216

1　メディアと流行現象　216

2　メディアとファン行動　221

3　インターネット時代のメディアの送り手／受け手像　225

4　メディアの変容と「新しい」集合行動　230

〈コラム〉ファン心理を「抽出」する——因子分析という手法　231

第15章 インターネットコミュニケーション
　　　　　——CMC で変わるわたし・トモダチ・世界　233

1　CMC の特徴　233

2　CMC と人間関係　236

3　SNS におけるコミュニケーション　241

4　これからのインターネットコミュニケーション　247

　引用・参考文献　249

　事項索引　271

　人名索引　277

第 1 部

自分を知る・他者を知る・世界を知る
——個人内過程

第1章

自　　己

——対人関係の中で自分を知り，評価し，表現する

　人にとって，自分自身は特別な興味関心の対象である。自分自身を把握することは，身の振り方を決める上で大事な判断材料となるし，自分を肯定的に評価できれば，日々の生活や将来も安泰に思える。果たして私たちはどのようにして自分を知り，自分に関する知識を得るのだろうか。さらに，私たちは自分自身をどのように評価しているのだろうか。本章ではこれら自己概念，自己評価の問題について議論する。

　私たちは，他者に向け自分自身を表現し演出する存在でもある。SNS 上でも，できるだけよく見えるように工夫をしていることだろう。自分の意図通りに相手から見てもらうために，私たちは自分の立ち居ふるまいを工夫する。どのような工夫があり，他者や自分にどのような影響を及ぼすのだろうか。本章の後半では，他者との関わりの中における自己の認識について議論する。

1　自己概念

（1）内観と自己知覚

　私たちは自分自身のことをよく知っているつもりでいる。それは，私たちが自分の思考や感情の流れを意識して監視できるからである。このような監視過程を**内観**と呼ぶ。その一方で，精神分析の創始者であるフロイトが指摘したように，私たちの心には無意識の側面がある。フロイト（S. Freud）の理論の多くは科学的には否定されているが，無意識の存在は現代の心理学でも支持されている。無意識の存在は，内観では把握しきれない側面があることを示唆する。内観の能力には限界があるのである。

内観で自分に関する情報が得られないとき，自分を知る手段は，他者を知るときの手段と同じものになる。見知らぬ他者を知ろうとするとき，私たちは，その人の行動やその人が置かれた状況を観察し，その人の思考や感情を推測する。同様に，自分自身についても，無意識の部分など，内的状態の手がかりが弱く乏しい場合には，自分の行動や状況を観察し自分の思考や感情を推測する。この推測過程を**自己知覚**という（Bem, 1972）。内観が意識できる思考や感情を直接監視するのに対し，自己知覚は自分の行動や状況から自分の思考や感情を推測するのである。

内観の限界は無意識を知りえないだけではない。内観では思考や感情の形成過程を言語化することが難しく，何とか言語化した内容に基づき自分の思考や感情の認識を成立させる。この言語化は，事実によらない単なる思いつきの側面もあり，自己の認識を歪める可能性がある。ウィルソンら（Wilson et al., 1993）は，事前調査で評価が高かったポスター2枚と評価の低かったポスター3枚を用意し，実験参加者に見せて好みを評定させ，好きな1枚を持ち帰らせた。ただこれだけの手続きの場合，当然，高評価ポスターの評価が高く，持ち帰られやすかった。これに対し，実験中に「なぜ好きか」を言語化させた場合，ポスターの好みの差がなくなり，事前調査で低評価だったポスターも持ち帰られるようになった。この研究は，私たちの内観が言語化を経て自分の好みを歪めて認識させてしまうことを示唆している。

(2) 自己スキーマと作動的自己概念

内観や自己知覚を通じて，私たちは自分に関する知識を獲得する。これらの知識が蓄積する中で，比較的永続した自分自身に関する考え，イメージが形成される。このような自分自身に関するイメージを**自己概念**と呼ぶ。

自己概念は，自己と他の知識とを互いに関連づけた形で記憶されている。この関連づけを**連合**と呼ぶ。「自分は真面目だ」という自己概念は，「自己」もしくは自分という知識と「真面目」という知識を連合させることで構成されている。連合した知識同士は，一方の知識が想起されると連動してもう一方の知識も想起されやすくなる。人の情報処理プロセスを検討する認知心理学では，このような特徴を活性化と活性化拡散と呼ぶ。**活性化**とは，記憶の

中の知識が想起されやすくなる現象を指し，直前にその知識が利用されたり，繰り返し利用されたりすることで生じる。**活性化拡散**は，ある知識の活性化が連合した他の知識に波及することを指す。記憶にある知識は，意味的に関連する他の知識と連合して網目のようになっており，**連合ネットワーク**と呼ばれるネットワーク構造を形成している。自己概念はこの連合ネットワークの中で自分に関わる知識の体系的部分である。

　自己概念の中には，とりわけ連合が強くなっている側面が存在する。連合が強い側面は弱い側面よりも活性化拡散が生じやすい。この連合の強さの差異は，自分にとって重要な側面として繰り返し想起されているかどうかによる。この連合が強くなっている自己概念の側面を**自己スキーマ**と呼ぶ（図1-1）。スキーマという語には枠組みという意味があり，自分自身の把握は自己スキーマに合致するかどうかで判断されて実現する。自己スキーマに関わる情報は，他の情報よりも素早く処理され（Markus, 1977），記憶にも残りやすくなる（Markus et al., 1982）。さらには，他者を認知する際に自己スキーマに関わる側面で他者情報を吟味することもある（Carpenter, 1988）。

　人は，社会生活を送る中で自分に関わる知識を膨大に持ちうる。そこで，

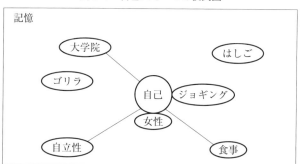

図 1-1　自己スキーマの模式図

注）記憶の中で知識は円形で表現されている。知識は意味的関連で連合しており，連合は円と円とを結ぶ線で表される。連合が強い部分は重なって表現されている。この図だと「私はゴリラ」ではない一方，女性としての私が自己スキーマ化している。

（Markus & Smith, 1981 より筆者作成）

どの知識が自己と連合し，どの連合が他の連合よりも強固なものとなるかは，個人の社会生活のあり方によって異なる。私たちが日々遭遇する社会場面はさまざまであるから，自己概念の複数の側面が自己スキーマ化しうるし，どの場面でどのような自己スキーマが活性化するかも個人で異なる。そのような特定場面で活性化している自己スキーマ群を**作動的自己概念**と呼ぶ (Markus & Wurf, 1987)。社会人としての生活を考えてみても，企業で働いているときはビジネスパーソンとしての私であり，自宅に帰ったときは家族の一員としての私であるかもしれない。その際，各場面で活性化する自己スキーマが異なっていることがある。これはアイデンティティが拡散しているのではなく，場面に合わせた作動的自己概念が活性化しているのである。

(3) 関係性自己

自己概念と自己スキーマは，直面した社会状況に応じて形成される。この社会状況は，レポート作成など何らかの課題遂行場面であることもあれば，家族といる場面など対人場面であることもある。**関係性自己**とは，さまざまな他者との関係性において，相手ごとに異なった自己スキーマを形成していることを指す (Baldwin, 1992)。特に，自分の価値観や人格形成に重要な役割を果たしてきた**重要他者**と呼ばれる人たちとの関係性は，関係性自己を形成しやすい。関係性自己は，自分と重要他者との典型的な相互作用の様子が含まれており，その場にいる重要他者を手がかりとして活性化し，重要他者といるときの行動パターンが生起する。仕事場でひいきの顧客に対して社交的にふるまっているのであれば，その顧客を見たときは意図せず社交的にふるまうだろう。家庭では静かに過ごしているのであれば，家族の前では意図せず静かにふるまうだろう。これらは，相手との間で形成された関係性自己の働きによるのである。

2 自己評価

(1) 可能自己――理想と義務

これまでに概観した自己概念は，現実に存在しうる自分自身に関する知識

6　第1部　自分を知る・他者を知る・世界を知る

であった。その一方で，私たちは未来を想像する存在でもある。将来につい
て考えるときに，こうありたい自分のイメージや，逆にこうありたくない自
分のイメージを形成することもできる。このような現在から離れた想像上の
自己概念を**可能自己**という（Markus & Nurius, 1986）。可能自己は，自分がど
のような状態になりうるかという可能性を表す自己概念である。これに対し，
現在の自分に関する自己概念を対比的に**現実自己**という。可能自己は現実自
己の評価基準となる。たとえば，現在は 1km を 6 分で走るとしても，1km
を 4 分で走る自分の姿を想像したり，走ったらすぐに足が攣るような不摂生
な自分の姿を想像したりすることで，現状を維持し，さらに向上させるト
レーニングに励む気になるかもしれない。私たちは，その状況において，活
性化した可能自己に応じて現状を評価し，評価に見合った行動を選択する。

　可能自己のうち，特に理想自己と義務自己と呼ばれるイメージは自分自身
をコントロールするための指針として働く（Higgins, 1987）。理想自己も義務
自己も，現在とは異なる想像上の望ましい自己である。**理想自己**は，こうな
りたいという理想を示し，好きな活動ができるなどの報酬もしくは賞の獲得
など肯定的結果が存在する状態の自己を指す。**義務自己**は，かくあるべきと
いう義務を示しており，周囲からの悪評といった罰を回避できたような（つ
まり，「評判が悪くない」）否定的結果が存在しない状態の自己を指す。

　制御焦点理論によると，理想自己，義務自己と現実自己のズレは自分をコ
ントロールする際の注意の焦点と手段を規定する（Higgins, 1997：図1-2）。理
想自己と現実自己のズレは**促進焦点**という状態を生み出す。進歩や達成など
広い意味での獲得を目指すよう人を動機づけ，肯定的結果の有無に注目させ
る。肯定的結果が存在するときには快を経験し，肯定的結果が不在のときに
は不快を経験する。そこで，肯定的結果をより多く生み出すように人を促し，
スピード重視の手段を選ばせる。その一方，義務自己と現実自己のズレは**予
防焦点**という状態を生み出す。安全や安心などの広い意味での損失回避をす
るよう人を動機づけ，否定的結果の有無に注目させる。否定的結果が不在の
ときには快を経験し，否定的結果が存在するときには不快を経験する。そこ
で，誤りをより少なくするように人を促し，正確さ重視の手段を採用させる。

図 1-2　制御焦点理論

	促進焦点		予防焦点
	肯定的出来事		否定的出来事
存在	賞の獲得 快経験 （喜び）		罰の存在 不快経験 （焦り）
不在	賞の不在 不快経験 （落胆）		罰の不在 快経験 （安寧）

注）促進焦点は肯定的出来事の存在不在に注目し，予防焦点は否定的出来事の存在不在に注目する。肯定的出来事の存在不在，否定的出来事の存在不在のそれぞれで，快—不快が存在するが，情動としてのニュアンスは異なる。
（Higgins, 1997 より筆者作成）

（2）社会的比較と経時的比較

　私たちを評価する基準は可能自己だけではない。自己と他者とを比較する**社会的比較**によって自己評価することができる。社会的比較理論によると，物理的に規定できるような基準がないとき，人は自分自身を正確に評価するため，周囲の身近な他者と比較する（Festinger, 1954）。たとえば英語力などは物理的な基準が明確に存在し，各種試験で自分の英語力を測り，スコアを見ることで自分の英語力を正確に評価することができる。その一方，自分が格好良いかどうかは明確な基準がないので，周囲を見渡して他者を比較基準として自分を評価する。このとき，マスメディアでも取り上げられるようなアイドルと自分を比較しても，多くの場合かけ離れていて有用な情報は得られない。周囲の身近で能力的にも類似している他者と比較することで自己評価を正確にすることができる。実際に，私たちは，自分の外見や態度を，友人や周囲の人と比較しがちである（高田, 1993）。自分を正確に評価することは，時につらい結果を生むが，無理のない将来計画を立てるなど適応的な行動をとるのに役立つ。

　人は，過去の自分と現在の自分とを比較することもある。これを**経時的比較**という。ただし，過去の記憶は現在の視点や信念から再構成されやすい。人は，自分は時間的に安定した存在で，昔とそれほど変わらないものだと信

8　第1部　自分を知る・他者を知る・世界を知る

じており，このような信念が過去の自分の想起に影響し，過去の自分は現在の自分の立場と変わらないと考えがちである。たとえば，円満なカップルは過去に行った関係性評価を実際よりも肯定的だったと想起し，問題を抱えているカップルは過去の関係性評価を実際よりも否定的だったと想起する（McFarland & Ross, 1987）。これとは反対に，そうあるはずという信念やそうあってほしいという現在の願望が，過去と比べて現在の自分は当然変化したに違いないと推論させることもある。実際には無効果なスキル講習に参加した人が，受講前のスキル，つまり過去の自分を否定的に評価することで，スキルが向上したという幻想を創出することもある（Conway & Ross, 1984）。

（3）自己評価と自尊心

　可能自己と現実自己とのズレ，社会的比較や経時的比較によってもたらされるものは特定の領域，側面における自己評価である。これに対し，全体的で一般的な自己評価として**自尊心**が存在する。高い自尊心は，自分を価値ある存在と思わせ，自分自身や周囲の環境をコントロールできるという統制感を高め，将来を楽観視させる（Taylor & Brown, 1988）。このような自尊心は，状況により変動する側面と変動しない側面が存在する。状況によりほぼ変動しない自尊心を**特性自尊心**と呼ぶ。特性自尊心は，さらに，過去の成功経験の蓄積によって形成され長期的には変動する部分と，養育者によるふるまいが基盤である固定的な部分とに区分できる。養育者により褒められながら育てられると自分を常に価値ある存在と認識しやすくなるが，叱られながら育てられると自分の価値を認識できなくなるのである。特性自尊心とは対照的に，状況に即して刻々と変化する自尊心を**状態自尊心**と呼ぶ。学業成績の良し悪しや対人関係における受容と排斥によって，状態自尊心は変化しうる。

　このような自尊心は何のために存在するのだろうか。**ソシオメータ理論**によると，自尊心は，他者からの評判を監視するために進化的に獲得したシステムであるとされる（Leary & Baumeister, 2000）。他者との関係維持は生存に直結する重要事項であり，ヒトは他者と最低限の関係は維持したいと考える所属欲求を備えるようになった。この欲求を満たすために，自分の評判を監視する装置として自尊心が獲得されたのである。そのため，自尊心，特に状

態自尊心は，周囲からの受容と排斥の程度によって敏感に変動する（Leary & Downs, 1995）。これに対し，特性自尊心は，現在の関係性の基準として将来の相互作用がどうなるかを予測する期待として働く。

特定領域の自己評価は自尊心に影響する。個々の領域の自己評価を合計した指標は自尊心の高さを予測する。その上で，特に個人的に価値を置いている領域の自己評価や，社会的に望ましいとされる領域の自己評価が，他の領域よりも強く影響する（Pelham, 1995）。その一方で，自尊心が特定領域の自己評価に影響を及ぼすという逆の因果も存在する。この因果では，自己のあり方に関するさまざまな動機が影響を及ぼす。動機とは行動を引き起こす内的な衝動を指すが，次項ではこのような動機の影響について紹介する。

（4）自己に関わる動機

自己評価に影響する動機には，自己査定動機，自己高揚動機，自己確証動機，自己改善動機の4つがある（Sedikides & Strube, 1997）。**自己査定動機**は，自己をできるだけ正確に認知，評価したいという動機である。たとえば，人は，能力の低さはわからず能力の高さだけがわかる課題よりも，能力の高さも低さも両方がわかる課題を好む（Trope, 1980）。これは，自分の短所が明確になる可能性があっても診断力が高い課題を好むことを示している。また，社会的比較においては自分と類似した他者が比較対象として選ばれやすかったが，これは自分自身を正確に評価するためであった。言い換えると，自己査定動機の影響を受け，自分と類似した他者と社会的比較をするのである。

他方，人は自分のことを肯定的に評価したいとも考えている。このような動機を**自己高揚動機**という。たとえば，ダニングら（Dunning et al., 1989）は，大学生に意味の曖昧さが異なる肯定的な性格特性，否定的な性格特性について，他の学生よりも自分にどの程度備わっているかを回答させた。たとえば，「洗練された」はどの領域でそうなのかを恣意的に選べる曖昧な性格特性だが，「博識な」は知識に特化した曖昧でない性格特性である。実験の結果，大学生は，意味が明確な肯定的特性よりも曖昧な肯定的特性において他者よりも自分に当てはまると回答した。その一方で，意味が明確な否定的特性よりも曖昧な否定的特性において他者よりも自分に当てはまらないと回答した。

10　第1部　自分を知る・他者を知る・世界を知る

つまり，意味が曖昧な性格特性に対して自分に都合のよい定義をし，自分を肯定的に評価しやすくしたのである。人は，辻褄が合う範囲で自分を最大限肯定的に評価する存在なのである。

　社会的比較においても自己高揚動機が働く。**自己評価維持モデル**によると，人は自分自身への肯定的な印象を維持できるように社会的比較を行う（Tesser, 1988）。そこでは，他者と自分との心的距離，比較する領域が自分にとってどれくらい重要かという自己関連性，そして他者の具体的な遂行水準によって，社会的比較の意味合いが異なる。自己関連性が低い領域で自分と親しい他者が自分よりも優れていたとき，自分の方が劣っていても優秀な他者の素晴らしさを自分に引きつけて自己評価を引き上げる。これを**反映過程**という。自分自身は芸能界に進む気持ちはないが，自分の友だちが芸能人として活躍していると自分も誇らしく思えるのは反映過程の例である。その一方で，自分も芸能界に進む気持ちがあった場合にはそう感じず，嫉妬と劣等感にさいなまれるかもしれない。自己関連性が高い領域で自分と親しい他者が自分より優れていたとき，劣位は肯定的自己評価の脅威となる。これを**比較過程**といい，比較相手との距離をとるなどして脅威から自らを守ることになる。

　自己確証動機は，既存の自己概念と自己に関する新しい情報との一貫性を維持したいと考える動機である。自己概念の存在から示唆される通り，私たちは日頃からある程度一貫した自己イメージを持っている。このイメージと異なる行動をとることは自分らしくないと感じることであろう。スワンとリード（Swann & Read, 1981）は，自己評価が高い人や低い人に，他者が彼らに対して書いた紹介文を読む機会を与えた。このときの紹介文には肯定的なものも否定的なものもあったが，自己評価の高い人は否定的な紹介文よりも肯定的な紹介文を読むことに時間を費やし，その内容をより多く記憶していた。重要なのは次の結果であった。自己評価の低い人は，肯定的な紹介文よりも否定的な紹介文を読むことに時間を費やし，その内容をより多く記憶していたのである。もし自己高揚に動機づけられていたのであれば，自己評価の低い人も肯定的な紹介文に時間をかけ，よく記憶しているはずである。実際はそうではなく，元来の自己評価を確証する情報に時間を費やし，記憶を

していた。自己確証動機が働いたと考えられるのである。

　自己確証動機は，人が外界を安定して知覚，認知することに役立つ。外界を安定して認知するためには，出来事を首尾一貫した視点で見ることが必要だが，これには自己概念の安定が欠かせない。自己確証動機は，自己概念の安定をもたらし，首尾一貫した視点を実現するのである。

　可能自己でも見たように，人は将来を見据える存在でもある。これに呼応するように，今現在の自分を改善させたいと思う動機づけが存在する。これを**自己改善動機**という。自己改善動機は，社会的比較の文脈でも現れる。ロックウッドとクンダ（Lockwood & Kunda, 1997）は，大学1年生もしくは4年生に，同じ学科で彼らよりもはるかに優れている4年生の記事を読ませた。1年生は4年生になるまでまだ時間があり，記事にある4年生のようになる可能性が残されていたが，4年生にとって記事の学生は同学年であり，追いつく可能性は低かった。つまり，記事の学生のようになれるかという獲得可能性に差異があった。このような中で自己評価を求めたところ，4年生では記事を読んだかどうかで自己評価に変化はなかったが，記事を読んだ1年生は記事を読まなかった場合と比べて自己評価を高めた。自分よりも優れた人を見たとき，獲得可能性がある場合にはこの人物に触発されて自己改善動機が高まり，自己評価を上げて自分の可能性を高く見積もったと考えられる。

　このように自己評価は，正確な評価に動機づけられることがある一方で，それとは異なる目標に動機づけられて偏りが生じ，不正確になることがある。ただし，偏りは常に生じるわけではなく，その状況でどのように動機づけられているかによるのである。

3　自 己 呈 示

（1）自己呈示のさまざま

　誰しも，対人関係において相手に良い人だと思われたいときがある。そのようなときには相手に優しくあろうとするし，場合によっては過剰に優しくふるまうかもしれない。その一方，相手に良くないと思われたいときもある。

厄介な仕事を押しつけられそうなときには，自分には能力がないとアピールするかもしれない。このように，自分に対して相手が特定の印象を持つようにふるまうことを**自己呈示**という。

　自己呈示では，自分について見せる側面と見せない側面を区分し編集することもあれば，自分の特定側面を誇張することもある。SNS などで発言や画像などを「盛る」ことがあるが，これは編集と誇張を駆使した自己呈示である。また，見せたい自分のために虚偽を主張することもあれば，実際にその状態を作り出して獲得することもある。たとえば，試験前に実際に勉強をしたにもかかわらず「勉強しなかった」と主張したり，試験前にわざと体調を崩すようなことをして勉強しないでおいたりすることがある。こうすることで，成績が悪いときは言い訳ができるし，成績が良いときは能力を割り増しして見てもらえる。このような自己呈示を**セルフ・ハンディキャッピング**という。

　このように，自己呈示にはさまざまな行動形態があるが，戦術的か戦略的かの次元と，主張的か防衛的かという次元の 2 次元で分類できる（Tedeschi & Norman, 1985）。戦術的な自己呈示は，特定の対人場面において一時的に生じる行動を指し，営業時に取り入ったり，失敗を言い繕ったりすることをいう。その一方で，戦略的な自己呈示は，戦術的自己呈示を組み合わせ，長期にわたって特定の印象を与えようとすることを指す。もう 1 つの次元における，主張的な自己呈示は，特定の印象を他者に与えることを目的として，積極的に自らの行動を組み立てていく自己呈示を指す。営業時に取り入ることは，感じの良い人間であるように見せる努力であり，戦術的でかつ主張的な自己呈示である。その一方，防衛的な自己呈示は，自分の評判を傷つけないようにしたり，少しでも良い方向に戻そうとしたりする試みを指す。失敗を言い繕ったりすることは，戦術的であると同時に防衛的な自己呈示である。

　自己呈示にはいくつかの機能がある（Leary & Kowalski, 1990）。第 1 に，自己呈示によって自分に都合の良い結果を獲得したり，都合の悪い結果を回避したりすることができる。先ほどの例のように，誠実さをアピールすることで新しい仕事を得ることができるかもしれないし，逆に無能さをアピールす

ることで厄介な仕事を回避できるかもしれない。自己呈示は，その状況での目標に応じた手段になる。第2に，自己呈示によって自己高揚が可能になる。ソシオメータ理論から示唆されるように，他者からの評判は自尊心と連動している。自己呈示によって他者からの評判を高めることができれば，自尊心を高めることにつながる。第3に，自己呈示によって自己確証が可能になる。自己概念と他者からの印象とが乖離していることがある。本当はだらしない性格をしているのに，勤勉だと思われていて不便を感じることがあるかもしれない。そのときには，自分がいかにだらしない人間であるかをアピールすることだろう。このように，他者からの印象と自己概念を一致させるような自己呈示を行うことで，自己概念を保つことが可能になる。

　自己呈示はこのように私たちの社会生活と自己のあり方に密接に関連し，肯定的な影響も及ぼすが，問題を引き起こすこともある。対人関係を営む際に感じる不安を**対人不安**というが，自己呈示の問題が関与する。対人不安は，他者に特定の印象を与えたいと動機づけられている一方で，具体的なふるまいがわからなかったりできないと感じたりしたときに生じる (Schlenker & Leary, 1982)。たとえば，地位の高い人や初対面の人と話すときには良い印象を与えたいという気持ちが高まる。他にも，大勢の人の前では奇妙なふるまいはしたくないと考えるかもしれない。このように，他者の特徴や人数が自己呈示への動機づけを高めうる一方で，相手の反応が予測できないなど不確定な要素があったり，自己呈示するだけの技能を持ち合わせていなかったりしたときには，自己呈示をうまくできないと感じることになる。これらの組み合わせによって対人不安は生じる。大勢の聴衆の前で初めて研究発表をするときには，対人不安が高まり緊張するが，自己呈示の問題なのである。

（2）自己呈示の内在化

　自己呈示は，他者の印象に影響するだけではなく，自己呈示をした本人の自己概念を変容させることがある。ファジオら (Fazio et al., 1981) は，質問に対して確証的回答が得られるように質問を工夫し（例，「賑やかなパーティで嫌いなところはどこですか？」と質問して，パーティ嫌いで内向的な回答を引き出す），そのような質問を重ねることで実験参加者が内向的あるいは外向的に回答する

ように誘導した。その後，実験参加者に10分間見知らぬ他者と過ごすよう求め，その様子を観察し，最後に自己評定を求めた。その結果，外向的に回答するよう誘導された実験参加者は，内向的に回答するよう誘導された参加者よりも，自らを外向的であると評定し，他者と話すときに，発話時間が長く，相手との距離を近くとるようになっていた。このことは，自己呈示が自己概念に影響を与えうること，さらには後続のまったく無関連な状況での行動に影響することを示している。このように，自己呈示の内容に応じて自己概念が変容し，それに応じて実際の行動も影響を受ける現象を**自己呈示の内在化**と呼ぶ。帰宅途中にかかってきた家族からの電話に，営業モードの高い声で対応してしまったという失敗例は自己呈示の内在化が引き起こしたと解釈できる。

　自己呈示の内在化が生じる心的過程は複数ある。1つは，自己呈示と自己概念のズレの程度が低い場合の過程で，自己呈示によってその内容に対応する自己概念が活性化し，その状況での作動的自己概念が変化する過程である。タイス（Tice, 1992）は，実験参加者に，この後に参加者と面談予定である学生が聞いている状況で，内向的に自己描写するように求めた。その際，半数の参加者は，自分の過去経験に基づいて内向的に自己描写をした。この場合は自己概念を参照したと考えられる。残り半数の参加者は，奇妙かもしれないが他者の過去経験のメモを見て話をした。この場合は自己概念を参照する可能性は低い。その結果，自分の過去経験に基づいて自己描写をした方が，他者の過去経験を参照した場合よりも自らを内向的だと評定した。これは，自分の過去経験を参照することで自己概念が活性化したためだと考えられる。

　自己呈示の内在化が生じるもう1つの過程は，自己呈示と自己概念の内容が一致しない場面の過程で，**認知的不協和**と呼ばれる不快が生じ，その不快を低減するために自己概念が変化する過程である（Festinger, 1957）。

　ここで，認知的不協和について説明をしておく。人は自分の認識に一貫性を持たせたいと動機づけられている。そのため，2つの認知要素の間に不一致がある場合には不快を感じ，この不快を低減したいと考える。たとえば，本当はつまらない課題を行ったのに，自分の意志で「面白かった」と他の人

に伝えた場合は，つまらない課題を行ったという認知と自発的に「面白かった」と伝えたという認知とが認知的不協和を生む（Festinger & Carlsmith, 1959）。認知的不協和は，自らに責任のある行動で自己概念に関わる認知に関して生じやすい。先の例では，自分の意思で嘘をついたことは自分の責任であるし，誠実さに関する自己概念に関わる内容であるため，認知的不協和を経験しやすい。認知的不協和を低減するためには，一方の認知を変えることになる。たとえば，課題がつまらなかったという認知を課題は「面白かった」という認知に変えれば認知的不協和は解消する。

　自己呈示においても，自らの意思で自己概念と異なる自己呈示を行ったときには認知的不協和が生じる。このとき，自己呈示は他者に向けて行っているので公の事実となっており，これに関わる認知を変えることは難しい。その一方で，自己概念はあくまで自分の私的な認識上のことなので，変容させる余地がある。そこで，自己概念を自己呈示内容に合致するように変容させることで認知的不協和を解消するのである。

4　同化と異化の間で

(1) 個人的アイデンティティと社会的アイデンティティ

　自己概念における自己の記述のあり方には，他者との類似点を強調もしくは同化するか，相違点を強調もしくは対比するかで少なくとも2通りに区分できる。1つは**個人的アイデンティティ**であり，性格や能力など内的属性の点から，自分が他者とは異なる存在であると理解することである。「私は明るい」と自己を記述した際には，暗黙裡に「自分は他者と比べて明るい」といった社会的比較が行われ，自己と他者との対比がなされていることになる。

　これに対し**社会的アイデンティティ**は，所属集団と自己とを同一視し，集団の一員として自己を理解することを指す。この際，所属集団のメンバーと自分とは類似した存在であると認識し，自分が属する**内集団**とそれ以外の**外集団**の区別を設けることとなる。「私は女性だ」と記述した際には，暗黙裡に「自分は他の女性と同じ特徴を有した存在である」と所属集団のメンバー

との類似性を強調して相互交換可能であることを強調していることになる。

　社会的アイデンティティは関係性自己とは異なる。関係性自己は，特定の重要他者との対人関係の中で形成される自己概念であった。これに対し社会的アイデンティティは，集団の一員として記述される自己概念であり，特定の対人関係を含まない。このように考えると，自己概念における記述のされ方には，他者と対比することで記述される個人的アイデンティティ，特定の重要他者との関係で記述される関係性自己，集団の一員として記述される社会的アイデンティティの3区分が存在することになる。言い換えると，私たちは，個人としての自己，対人関係の上での自己，集団における自己の3つの水準において自己を記述，形成しているのである。

（2）文化的自己観

　自己概念において自己がどのように記述されるかには文化差がある。自己をどのようなものとして捉えるかの考え方，自己観に文化差があるのである。**文化的自己観**とは，「ある文化で歴史的に作り出され，暗黙の内に共有されている人の主体の性質についての通念」である（北山，1998，p.29）。文化的自己観には相互独立的自己観と相互協調的自己観がある。

　西洋文化において優勢な文化的自己観が相互独立的自己観である。**相互独立的自己観**によれば，「自己とは他の人や回りのものごととは区別され，切り離された実体」である（北山，1998，p.38）。たとえば，他者にはない個性を探し出して自己を記述することを指す。ここでの個性には，他者と対比して優れていることや劣っていることが含まれる。つまり，前項における個人的アイデンティティに基づいた自己の記述が中心となっていると言い換えられる。このような自己観に基づくと，日常生活において実現を目指すものが，各個人にとって自分を対象化して理解し，ユニークな特徴を外に表し，自分の目標を追求し実現することに特定される。

　その一方で，東洋文化において優勢な文化的自己観が相互協調的自己観である。**相互協調的自己観**によれば，「自己とは他の人や回りのものごとと結びついて高次の社会的ユニットの構成要素となる本質的に関係志向的実体」とされる（北山，1998，p.39）。たとえば，家族で共有されている特徴や価値観

によって自己を記述することを指す。家族ともども「おっちょこちょい」であることを重要視し，自分もそれを備えていると記述することが該当する。つまり，関係性自己や社会的アイデンティティに基づいた自己の記述が中心になっていると言い換えられるだろう。このような自己観に基づくと，日常生活において目指すものが，状況を適切に読み取り，その場に自分を合わせるように調整し，自分の分を越えずにきちんと守ることになる。そうすることで自分と他者の関係を安定させ，ひいては自己のあり方を安定させることにつながるのである。

　カズンズ（Cousins, 1989）は，日本人とアメリカ人を対象に，どのような状況での話か特定し，もしくは特定しないで 20 答法という課題を実施した。これは，「私は」という言葉に続けて自分に関する記述を 20 個生成させる課題である。実施の結果，アメリカ人では状況を特定しないときに，日本では状況を特定したときに，性格特性を多く生成することができた。このような文化差は，アメリカ人の自己が相互独立的自己観に基づき，状況から独立して記述されている一方，日本人の自己は相互協調的自己観に基づき，状況ごともしくは相手ごとに規定されていたからだと考えられる。

　自己は人にとって付き合いの長い対象の 1 つであり，自己に関わる情報を獲得する機会は膨大である。その一方で，認識上の限界や評価基準の多様性，自己に関わるさまざまな動機づけの影響を受け，その認識は必ずしも正確とはいえない。そのような中で獲得された知識は，他の知識と連合して膨大な知識体系の中に埋め込まれていく。その記述のあり方は，対人関係や集団関係，そして文化的影響を受けて多層的である。人にとって自己は，よく知る対象であると同時に，時々で変動する得体の知れない対象なのである。

18　第1部　自分を知る・他者を知る・世界を知る

●おすすめ図書

ウィルソン, T. D.　村田 光二（監訳）(2005).　自分を知り, 自分を変える
　　──適応的無意識の心理学──　新曜社
尾崎 由佳（2020).　自制心の足りないあなたへ──セルフコントロールの心
　　理学──　ちとせプレス
安藤 清志（1994).　見せる自分／見せない自分──自己呈示の社会心理学
　　──　セレクション社会心理学1　サイエンス社

〈コラム〉評判推測の歪み──失敗したので評判がガタ落ちだと感じること

　自尊心のソシオメータ理論（Leary & Baumeister, 2000）から示唆されるように，
私たちは他者からの評判に強く影響される存在である。それだけ強く影響される
のだから周囲からの評判を正確に推測できるかというとそうではなく，不正確で
歪みが存在する。私たちが何か失敗したときには，それを見ていた他者の評判を
実際よりも否定的に見積もる。これを否定的評価の過大推測という。サヴィツ
キーら（Savitsky et al., 2001）は，大学生を2人組にし，解答者役と観察者役に
分けた実験を行った。解答者役は「簡単だ」という課題を解答し，観察者役はそ
の様子を観察した。実際は簡単ではなく極めて難解でほぼ正答できない課題で，
解答者役は失敗を経験した。この課題後，観察者役は解答者の能力を評定し，解
答者役は観察者役からの評判を推測した。その結果，失敗後，解答者役の評判推
測は観察者役の実際の評判よりも否定的なものになっていた。

　なぜこのような歪みが起きるのだろうか。理由の1つは，失敗をするとその失
敗のみに注目し，他のことに目を向けなくなるからである。その結果，失敗のみ
に基づいて評判推測をしてしまう。これを焦点化の錯覚という。もう1つの理由
は，実際のところ観察者役は「自分も解けない」と解答者役に共感し同情して肯
定的評価をしてくれるのだが，解答者役がそれを見抜けないためである。これを
共感性の無視という。これらの理由から否定的評価の過大推測は頻繁に生じる。

　このような認知の歪みは私たちの日常生活に肯定的な影響を及ぼすかもしれな
い。実際よりも評判を否定的に推測することで，失敗した人は自己改善に動機づ
けられ，努力をするかもしれない。周囲の人物にしてみても，予想以上に申し訳
なさそうにする相手を見て，許したい気持ちが高まるかもしれない。このように，
対人関係に肯定的な影響が及ぶ可能性がある。私たちの認知の歪みには不適応だ
とはいえない側面がある。

第2章

対 人 認 知

——他者の印象はどのように形成され，何に影響を受けるのか

　ここ数日であなたは何人の人に出会っただろうか。電車でたまたま同じ車両に居合わせた人，カフェやコンビニの店員なども含めれば，非常に多くの人に出会っていると思われる。出会った全員ではないものの，私たちは「この人はとても親切そうだ」とか「この人は頭の回転が速そうだ」などと，他者のちょっとした言動からその人について何かしらの判断を行うことがある。このように，他者について知ることや，他者に関して得られた情報をもとにその人について判断を行うことを**対人認知**という。他者の全体的な印象を形成する過程である**印象形成**は，対人認知の重要な側面である。

　他者を知り，印象を形成することは，私たちにとって重要な意味を持つ。温かくて優しい人と一緒にいられれば安心感が得られるだろうし，逆に不親切でぶっきらぼうな人と付き合わなければならないときはストレスも生じるだろう。対人関係を築き，円滑な社会生活を営むためには，他者がどのような人であるかを理解しておく必要がある。では，私たちはどのようにして他者の印象を形成するのだろうか。そして，それはどのくらい正確なものなのだろうか。この章では，対人認知研究の中でも印象形成に焦点を当て，その心理プロセスや，印象に歪みを生じさせる要因を検討した研究を取り上げ，他者を知るこころの働きについて考えていく。

1　印象形成の理論——印象はどのように作られるか

（1）印象形成の古典的理論

　私たちが他者の印象を形成する際，そのもととなる情報は複数ある場合が多い。では，他者に関する情報はどのように統合され，全体的な印象が作ら

20 第1部 自分を知る・他者を知る・世界を知る

れるのだろうか。

　印象形成過程を最初に理論的かつ実証的に検討したのはアッシュ（Asch,
1946）である。彼は表2-1のような特性語リストを作成し，ある人物の性格
だとして参加者に口頭で読み聞かせ，その人物の全体的な印象を書き出して
もらうという実験をいくつか行った。1つめの実験では，半数の参加者には
リストAの特性語を，残り半数の参加者にはリストBの特性語を伝えたとこ
ろ，リストAの方が好ましい印象が形成された。続いてリストCとDを
用いて同様の実験を行ったところ，今度はリストによって印象はほとんど変
わらなかった。アッシュはこれらの実験結果から，「温かい」「冷たい」のよ
うに全体的印象に大きな影響を及ぼす特性と，「礼儀正しい」「素っ気ない」
のように全体的印象にあまり影響を及ぼさない特性があると論じ，前者を**中
心特性**，後者を**周辺特性**と呼んだ。

　さらに，リストEとFを用いた実験では，リストEの場合は好ましい印
象が，リストFの場合は好ましくない印象が形成された。これら2つのリ
ストに含まれる特性語は同じであるが，順序は逆になっている。実験結果と
照らし合わせると，最初の方に呈示された特性語の影響を強く受けて印象が
形成されていたと考えられる（**初頭効果**）。アッシュはこうした一連の実験を
通じて，他者に対する全体的印象は，その人物に関する1つひとつの情報の
単なる寄せ集めではなく，各情報の相互関係や全体の中の位置づけに基づい
て，個々の情報を超えて印象が形成されるのだと主張した。

表2-1　アッシュの実験で用いられた特性語リスト

リストA	リストB	リストC	リストD	リストE	リストF
知的な	知的な	知的な	知的な	知的な	嫉妬深い
器用な	器用な	器用な	器用な	勤勉な	頑固な
勤勉な	勤勉な	勤勉な	勤勉な	衝動的な	批判的な
温かい	冷たい	礼儀正しい	素っ気ない	批判的な	衝動的な
決断力のある	決断力のある	決断力のある	決断力のある	頑固な	勤勉な
実践的な	実践的な	実践的な	実践的な	嫉妬深い	知的な
注意深い	注意深い	注意深い	注意深い		

（Asch, 1946 より筆者作成）

図 2-1　加重平均モデル

$$R = \frac{w_1 A_1 + w_2 A_2 + \cdots + w_n A_n + w_0 I_0}{w_1 + w_2 + \cdots + w_n + w_0}$$

R ：全体的印象の好ましさ
w ：各形容詞の心理的重み
A ：各形容詞の好ましさ
I_0 ：初期印象

（Anderson, 1965 より筆者作成）

　これに対しアンダーソン（Anderson, 1965, 1971）は，他者の全体的印象は，その人物に関する個々の情報の好ましさの統合によって形成されるとする，**情報統合理論**を提唱した。彼は人物を記述するときによく用いられる 555 の形容詞の好ましさをあらかじめ調べておき，それらをさまざまに組み合わせて呈示し，全体的印象の好ましさを測定する実験を行った。そして，呈示した形容詞の好ましさの加算的結合や平均的結合で印象を予測する代数モデルを立て，どのモデルが印象の好ましさをよりよく説明できるかを検討した。結果として，アンダーソンは図 2-1 に示すような**加重平均モデル**がもっとも妥当であることを示し，中心特性と周辺特性は重みづけの違い，初頭効果は呈示順による重みづけの変化によって説明できると主張した。

（2）印象形成の二過程理論

　アッシュやアンダーソンの理論は，他者に関する情報から全体的印象がどのように形成されるかを記述したものとして注目されたが，問題点も指摘できる。まず，他者に関する情報として性格特性（形容詞）が用いられているが，他者の印象には服装や顔立ちの良さなどの外見的特徴や，性別や年齢などのカテゴリー（ある基準によって 1 つにまとめられた事象のまとまり）に関する情報なども影響すると考えられる。また，他者の情報が与えられたときに印象が必ず形成されることが暗黙の前提となっているが，私たちは出会ったすべての人に対して同じように判断しているわけではない。今後その相手と多くの相互作用があると予想される場合には，その人に関する多くの情報を吟味してしっかりと判断しようとするだろうが，その場限りの相手であれば簡単な判断のみで終わらせることもある。1980 年代後半になると，こうしたことを

考慮した印象形成プロセスの理論が提案されるようになった。その代表的なものが，ブリューワー（Brewer, 1988）の**二重処理モデル**（dual process model）と，フィスクとニューバーグ（Fiske & Neuberg, 1990）の**連続体モデル**（continuum model）である。ここでは，他者に関する情報が順次処理されて印象が形成されることを記述した連続体モデルを紹介する。

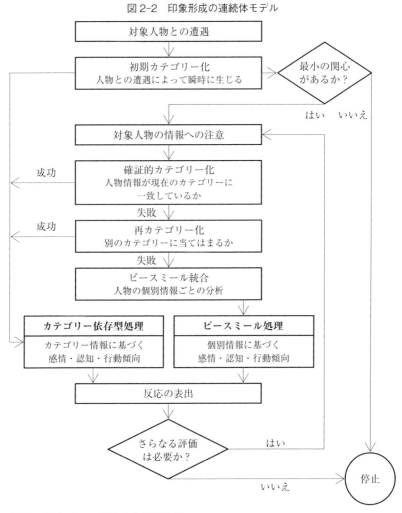

図2-2　印象形成の連続体モデル

（Fiske & Neuberg, 1990 より筆者作成）

連続体モデル（図2-2）では，印象形成の対象となる人物に遭遇すると，まずその人物を何らかのカテゴリーに当てはめる初期カテゴリー化が生じると想定している。ここでのカテゴリーは，性別や年齢などの社会的カテゴリーの他，「おしゃれな人」「親切そうな人」など，外見的な手がかりから導かれる特徴も含まれる。対象人物に関心がない場合はここで処理が停止し，カテゴリーに依存した処理が行われる。関心がある場合は対象人物の個別情報に注意が向けられ，初期カテゴリーの特徴に一致するかが検討される（確証的カテゴリー化）。一致する場合には**カテゴリー依存型処理**が行われるが，一致しない場合には別のカテゴリーや下位カテゴリーに当てはまるかが検討される（再カテゴリー化）。ここでもカテゴリーの特徴と個別情報が一致しない場合は，1つひとつの個別情報を統合して印象を形成する**ピースミール処理**が行われることになる。そして，他者に関する新たな情報が得られ，さらなる処理が必要になると，対象人物の情報に注意を向ける段階に戻り，処理が繰り返される。こうしたプロセスを経て，対象人物に関する最終的な印象が形成される。

連続体モデルがアッシュやアンダーソンの理論と大きく異なるのは，印象形成の過程をカテゴリー依存型処理とピースミール処理という2つの情報処理から記述しているところにある。このように，2つの情報処理方略を仮定する理論は一般に**二過程理論**と呼ばれ，印象形成だけでなく，推論や説得などさまざまな領域で提唱されている。

(3) 処理方略に影響する要因

連続体モデルにおける2つの処理方略の特徴は表2-2のようにまとめられ

表2-2　カテゴリー依存型処理とピースミール処理の特徴

	カテゴリー依存型処理	ピースミール処理
判断方略	カテゴリーに関する知識に基づいて判断（トップダウン）	個別情報を統合して判断（ボトムアップ）
対象人物の捉え方	カテゴリーの一員	個人
印象の正確さ	低い	高い
処理に要する時間	かからない	かかる
認知的労力	少ない労力	多くの労力

24　第1部　自分を知る・他者を知る・世界を知る

るが，ピースミール処理は時間や労力を必要とすることから，連続体モデル
ではカテゴリー依存型処理から出発し，必要に応じてピースミール処理に移
行していくと考えられている。

　では，ピースミール処理を行いやすくなるのはどのような場合であろうか。
モデル内で想定されているように，対象人物に向けられる関心が処理方略を
分ける1つの要因であり，関心がない場合にはカテゴリー依存型処理，関心
がある場合にはピースミール処理が行われる可能性が出てくる。

　2つの処理方略を分ける要因としてフィスクらが重要視しているのは，対
象人物の印象を正確に形成しようとする動機づけ（**正確さへの動機づけ**）である。
ニューバーグ（Neuberg, 1989）は，対象人物を正確に判断するように教示す
ると，ピースミール処理が行われやすくなることを報告している。また，正
確さへの動機づけには結果依存性が影響することも示されている。**結果依存
性**とは，他者の行為によって自分が影響を受ける状態にあることを指す。た
とえば，誰かと共同作業を行い，その成果によって自分の評価や報酬が決ま
るとき，共同作業の相手に結果依存していることになる。ニューバーグと
フィスク（Neuberg & Fiske, 1987）は，こうした状況では相手を正確に見極め
ようとして，カテゴリー依存型処理から脱却してピースミール処理を行いや
すくなることを実証した。実験ではまず，統合失調症の既往歴のある人と共
同作業を行ってもらい，その成果によって報酬が決まると参加者に説明した。
このとき，半数の参加者には共同作業の全体の成果によって報酬が決まると
説明し，残り半数の参加者には作業の貢献度を1人ひとり評価し，個人の成
果によって報酬が決まると説明した。前者は自分の報酬が共同作業の相手に
影響を受ける状態，すなわち結果依存状態にあり，後者は結果依存状態にな
いことになる。その後，作業を開始する前に相手のプロフィールを見せ，印
象を回答してもらった。その結果，結果依存状態にある場合はない場合に比
べ，相手のプロフィールを読む時間が長くなり，印象も好意的であった（図
2-3）。結果依存状態にある場合は，相手がどのような人であるか，どのくら
い作業に貢献してくれそうかが重要となるため，印象形成に対する正確さへ
の動機づけが高まると考えられる。こうしたことから相手にしっかりと注意

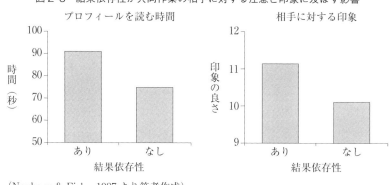

図2-3 結果依存性が共同作業の相手に対する注意と印象に及ぼす影響

(Neuberg & Fiske, 1987 より筆者作成)

を向け，統合失調症というカテゴリー情報ではなく個別情報に基づいて印象が形成されたと考えられる。

　就職面接における面接者と志願者のように，その状況において勢力を持つ側（勢力者）はカテゴリー依存型処理によって勢力を持たれる側（非勢力者）を判断しやすいのに対し，非勢力者はピースミール処理によって勢力者を判断しやすいことも示されている（Fiske & Dépret, 1996）。非勢力者は勢力者に対して結果依存状態にあり，勢力者のことを正確に知ろうとするため，ピースミール処理によって相手を判断しやすいのだと考えられる。

2 印象形成におけるバイアス

(1) 期待の影響と確証バイアス

　私たちが他者の印象を形成する際，事前にその人物に関する情報が得られることもある。たとえば，仕事の取引先の責任者に初めて会いに行くとき，上司から「礼儀作法にうるさい人だから，言葉遣いには気をつけて」と聞かされれば，「厳しそうな人」と予想して会いに行くだろう。事前情報から形成されるこうした期待や先入観は，印象にどのような影響を及ぼすだろうか。

　このことを検討したのが，ケリー（Kelley, 1950）である。彼は，大学のある講義で特別講師を招いて授業を行い，授業後にその講師の印象を測定する

実験を行った。授業に先立ち，講師の紹介文を受講生に読ませたのだが，紹介文には2種類あり，一方では講師は温かい人であると，もう一方では講師は冷たい人であると書かれていた。結果，温かいと書かれた紹介文を読んだ受講生は，冷たいと書かれた紹介文を読んだ受講生に比べ，講師に対する印象が好意的であった。紹介文の内容から講師の人柄に関して期待が抱かれ，その期待に一致するように印象が形成されたのである（**期待効果**）。

　期待効果が生じる理由を考えるために，ここで2つの実験を紹介する。1つは，「A型は几帳面」「O型はおおらか」といった，血液型と性格の関連に関する信念を利用した坂元（1995）の実験である。この実験では，ある人物について書かれた文章を呈示し，特定の血液型を指定して，人物がその血液型に当てはまるかどうかを参加者に判断してもらった。文章には，各血液型の特徴とされている情報が同数ずつ含まれていたのだが，それらのうち指定された血液型の情報には多くの注意が向けられた一方で，別の血液型の情報には相対的に少ない注意しか向けられなかった。血液型に関する信念が期待として機能し，それに一致する情報に注意が向けられやすくなったのである。

　もう1つはコーエン（Cohen, 1981）の実験である。この実験では，ある女性が夫と誕生日を祝っている様子を映した動画を参加者に見せたのだが，その前にあらかじめ女性の職業を伝えておいた。このとき，半数の参加者には女性は図書館司書であると，残り半数の参加者にはウェイトレスであると伝えた。また，動画内には図書館司書にありがちな情報（たとえば，部屋に本がたくさんある，ピアノを弾く）と，ウェイトレスにありがちな情報（たとえば，ビールを飲む，テレビを見る）が半数ずつ含まれており，すべての参加者に同じ動画を見せた。そして，視聴後に動画の内容に関する記憶テストを行ったところ，女性の職業を図書館司書と伝えていた場合には図書館司書にありがちな情報の記憶成績が優れており，職業をウェイトレスと伝えていた場合にはウェイトレスにありがちな情報の記憶成績が優れていた。つまり，参加者は事前に伝えられた職業から期待される情報をよく覚えていたのである。

　これら2つの実験から，いったん期待が抱かれてしまうと，その期待に一

致する情報は一致しない情報よりも注意が向けられやすくなり，記憶もされ
やすくなることがわかる。情報処理におけるこうした歪みは**確証バイアス**と
呼ばれる。事前に期待を抱いたとしても，その人物を注意深く見れば，その
期待に一致する側面だけでなく，一致しない側面もあることがほとんどであ
ろう。しかし，いったん期待を抱いてしまうと，確証バイアスの働きによっ
てその期待に一致した印象が形成されやすくなるのだと考えられる。

（2）文脈の影響

「きたい」と聞いて，真っ先に思いつく単語（漢字）は何だろうか。おそら
く「期待」が思いつくのではないだろうか。前項で期待効果を取り上げてい
たためである。しかし，「きたい」と読む日本語の単語には，「機体」や「気
体」などもある。これがもし，飛行機を利用してどこかに旅行に行く話をし
た後であれば「機体」が，物質の状態変化に関する理科の授業を受けた後で
あれば「気体」が思いつきやすくなるだろう。これらの例は，事前にどのよ
うな情報が処理されていたかによって，同じ情報であってもその解釈が異な
りうることを示している。このように，先行する情報の処理によって，その
後に呈示される情報の処理や解釈が影響を受けることを，**プライミング効果**
という。

プライミング効果は1970年代から認知心理学を中心として検討されてき
たが，その知見は社会心理学に取り入れられ，社会的な判断や行動における
プライミング効果が検討されるようになった（この点については北村，2013が詳
しい）。そうした研究の中で，他者の印象においてプライミング効果が生じ
ることを最初に示したのがヒギンズら（Higgins et al., 1977）である。

ヒギンズらの実験で，参加者は2つの課題に取り組んだ。1つめの課題で
は，単語を音声で呈示した後に，それとは別の単語が書かれたスライドが呈
示された。スライドの背景にはさまざまな色が使われていたが，この課題で
参加者は，音声呈示された単語を記憶し，さらにスライドの背景色を答える
よう求められた（スライドに書かれた単語に対しては特に反応する必要はなかった）。
このとき，半数の参加者には「勇敢な」「自信に満ちた」などのポジティブ
な単語を（ポジティブ条件），残り半数の参加者には「無謀な」「頑固な」など

のネガティブな単語（ネガティブ条件）を音声呈示した。そして，参加者に「別の実験である」と教示した上で，ドナルドという名前の人物に関する文章（表2-3）を読んでもらい，印象を答えてもらった。その結果，ポジティブ条件では好意的な印象が，ネガティブ条件では非好意的な印象が形成されていた。事前に呈示された単語は印象判断のターゲットであるドナルドとは関係ないものであったが，その単語の内容によってドナルドに対する印象が影響を受けていたのである。

　プライミング効果は，事前に呈示された情報が処理されることで，その情報に関連する知識や概念が通常よりも思い浮かびやすい状態になることによって生じると考えられている。知識や概念の思い浮かびやすさを**アクセシビリティ**（あるいは接近可能性），アクセシビリティが高まった状態を活性化という（第1章1節2項参照）。ヒギンズらの実験では，1つめの課題に取り組んだ段階で，ポジティブ条件では「勇敢」といったポジティブな概念が，ネガティブ条件では「無謀」といったネガティブな概念が活性化した。そして，活性化した概念がドナルドに関する情報を解釈する際の枠組みとして機能した。こうしたメカニズムによって印象が影響を受けたのだと考えられる。

　印象におけるプライミング効果については，その後多くの研究が行われた。たとえば，事前処理させる単語を，見えたという感覚が意識的に生じないほどのごく短い時間で呈示（**閾下呈示**）した場合でも同様の影響が生じること（Bargh & Pietromonaco, 1982；池上・川口，1989），活性化した概念を適用できる

表2-3　ドナルドの行動記述文

> ドナルドは，興奮を求めることに非常に多くの時間を費やしてきた。マッキンリーの登頂，コロラド川での急流下り，スタントカーレースへの参加。さらには，操縦方法をよく知らないのにジェットボートを操縦したこともある。怪我はもとより，時には命の危険を伴うようなこともあった。そして，彼はまた新たな興奮を求めている。おそらく，スカイダイビングをしようか，ヨットで大西洋を横断しようかなどと考えているのだろう。自分には何でもできるだけの能力がある。そんな風に周囲の人の目に映っていることだろう。ドナルドの交友関係は限られており，誰かに頼る必要などないと考えているようだった。ドナルドはいったん決めてしまうと，それがどんなに時間がかかろうと，どんなに困難があろうとも，それを成し遂げようとし，決心を曲げようとはしなかった。

注）マッキンリーの現在の正式呼称はデナリ。
（Higgins et al., 1977 より筆者作成）

情報がなければプライミング効果は生じないこと（Higgins et al., 1977；Banaji et al., 1993）などが示されている。

（3）身体感覚の影響

　何かを手に持ったとき，私たちは持ったものの温かさや重さ，硬さなどを感じ取ることができる。近年の研究で，身体で生じたこうした感覚が，判断や感情，行動などに影響することが明らかになってきている。こうした研究は**身体化された認知**（embodied cognition）と呼ばれ，他者の印象においても温かさや重さ，硬さの身体感覚の影響が実証されている。

　たとえば，ウィリアムズとバージ（Williams & Bargh, 2008）は，持つものの温かさが印象に影響することを示している。彼らは，参加者にホットコーヒーかアイスコーヒーを持たせ，ある人物の紹介文を呈示してその人物の印象を答えさせる実験を行った。すると，紹介文は同じであったにもかかわらず，ホットコーヒーを持った参加者はアイスコーヒーを持った参加者に比べ，紹介文の人物を温かい人であると答えていた。アッカーマンら（Ackerman et al., 2010）は，重さや硬さの影響を検討している。彼らの1つめの実験では，就職志願者の履歴書を読み，人事採用者として志願者を判断するよう参加者に求めた。履歴書はクリップボードに挟んで渡されたが，履歴書だけが挟んである軽いもの（約340g）と，多くの白紙も一緒に挟んである重いもの（約2kg）があった。結果，重いクリップボードを持って判断した参加者は，軽いクリップボードを持って判断した参加者よりも，志願者の真剣さを高く評価していた。別の実験では，硬い木のブロックか柔らかい毛布のいずれかを触りながら，ある人物に関する文章を読んで印象を答えてもらった。すると，触っていたものが硬い木のブロックであったときの方が，人物が頑固な人であると評価されていた。

　これらの研究は，身体的な温かさと対人的な温かさといったように，身体から得られる感覚と社会的認知に関わる抽象的な概念が密接なつながりを持っており，私たちの判断などに影響を及ぼすことを示唆している。

30　第1部　自分を知る・他者を知る・世界を知る

3　ステレオタイプの影響

(1) ステレオタイプとステレオタイプ化

　連続体モデルでは，他者の印象に関する判断はカテゴリー依存型処理から出発し，相手を正確に判断する必要がある場合などに個別情報に基づくピースミール処理に移行することが想定されていた。日常では多くの人に出会い，1人ひとりを正確に判断しようとするのは困難であることを考慮すれば，他者に対して抱く印象は多くの場合，カテゴリーに関する情報に依存したものになりやすいと考えられる。

　カテゴリー情報といってもさまざまあるが，性別や年齢，人種など，見た目から判断できるものは使用されやすい。そして，私たちは「あの人は女性だ」と，相手を単純にカテゴリーに当てはめるだけではなく，「あの人は女性だから数学は苦手だろう」などと，カテゴリーに関する知識を使って他者を判断することも多い。カテゴリーに関する知識は**ステレオタイプ**と呼ばれ，「女性は数学が苦手」「高齢者は頑固」「黒人は運動神経がよい」など，カテゴリーや集団の成員が持つ性格や能力，特徴などの属性に関する信念を指す。また，ステレオタイプを当てはめて他者を判断することを，**ステレオタイプ化**（stereotyping）という。

　ステレオタイプが他者に関する情報の処理や判断を歪めることは，数多くの研究で示されてきた。すでに紹介した坂元（1995）やコーエン（Cohen, 1981）の研究は，ステレオタイプが他者情報に向けられる注意や記憶に影響することを示したものとして捉えることができる。他者判断におけるステレオタイプの影響を示した代表的な研究としては，ダーリーとグロス（Darley & Gross, 1983）の実験が挙げられる。参加者はまず，小学校4年生のハンナという女の子が登場する動画を視聴した。前半はハンナの家庭の様子を映したものであったが，その内容には2種類あり，ハンナの家庭が裕福であるか貧しいかがわかるようになっていた。後半はハンナの学習場面を映したもので，問題に正解したり間違ったりして，学力が高いのか低いのかが曖昧な内

容であった。こうした動画を見て，ハンナの学力を評定してもらったところ，ハンナの家庭が貧しいときよりも裕福であるときの方が，学力が高く評定されていた。「裕福な家庭の子は学力が高い」といった家庭環境に関するステレオタイプが，ハンナの学力に関する判断を歪めたのである。

（2）ステレオタイプ化のプロセスと促進要因

　ステレオタイプは，さまざまなカテゴリーや集団に対して抱かれており，ある程度社会・文化的に共有されている。しかし，ステレオタイプに基づいて他者を判断することは，偏見や差別につながる可能性を孕んでいるため，平等規範が流布している現代社会において，積極的にステレオタイプ化が行われる場面は多くないと思われる。では，ステレオタイプ化はどのように，そしていつ行われやすくなるのだろうか。

　デヴァイン（Devine, 1989）は3つの実験を実施して，ステレオタイプがどのように他者判断に影響するか，そのプロセスを検討した。実験1では，白人の大学生を対象として，黒人に対して一般にどのようなステレオタイプが持たれていると思うかを記述してもらった。また，参加者自身の人種偏見の強さも測定した。その結果，偏見の強さにかかわらず，黒人に対しては「攻撃的」などの否定的なステレオタイプが持たれていた。実験2では，まず単語を閾下呈示したのだが，半数の参加者には「black」「Negro」などの黒人関連語を呈示した。これは，黒人に関連する概念をプライミングする操作である。その後，攻撃的であるかどうかが曖昧な人物の紹介文を呈示し，印象を回答してもらったところ，事前に黒人関連語を閾下呈示されていた参加者は攻撃的な印象を形成していた。最後の実験3では，一般ではなく個人の見解として，黒人に対してどのようなステレオタイプを持っているかを記述してもらった。すると実験1とは異なり，人種偏見が強い者の方が弱い者よりも，否定的なステレオタイプを記述していた。

　これら一連の実験結果から，デヴァインは，社会的・文化的に共有されている知識としてのステレオタイプと，そのステレオタイプを信じるかどうかの個人的な信念は区別すべきだと主張した。そして，知識としてのステレオタイプはカテゴリーに関する手がかりによって自動的（非意識的）に活性化

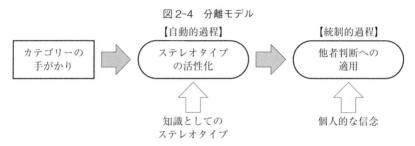

図 2-4 分離モデル
（Devine, 1989 より筆者作成）

するが，それを他者に適用するかどうかは個人的な信念によって意識的に統制することが可能であるとする，**分離モデル**を提唱した（図2-4）。

　どのようなときにステレオタイプ化が生じやすいかについても，多くの研究で検討されている。たとえば，情報処理を行うために必要な資源を**認知資源**というが，他者を判断する際（適用段階）に別の考えごとなどをしていて認知資源が不足しているときは（たとえば，8ケタの数字を暗記しながら他者を判断する），活性化したステレオタイプをそのまま適用しやすくなる（Gilbert & Hixon, 1991；Macrae, Milne et al., 1994）。また，ポジティブな気分のときは簡略的な判断方略（カテゴリー依存型処理）が行われやすくなるため，ステレオタイプに基づいて他者を判断しやすくなる（Bodenhausen et al., 1994）。テストで悪い成績をとるなど，自己評価が脅威にさらされた状況では，自己評価を回復させようとして，ネガティブなステレオタイプを用いて他者を否定的に評価しやすくなることも明らかになっている（Fein & Spencer, 1997）。この知見は，ステレオタイプに自己評価維持機能が備わっていることを示唆している。

（3）ステレオタイプ化の意図的な抑制

　分離モデルで示されているように，カテゴリーの手がかりによってステレオタイプが自動的に活性化してしまうのであれば，意識的にステレオタイプを使わないようにすることが，ステレオタイプ化を避ける1つの有効な方略となる。しかし，ステレオタイプを使わないよう意図的に抑制すると，その後かえってステレオタイプを使いやすくなってしまうことがある。この現象は**リバウンド効果**と呼ばれる。

マクレら(Macrae, Bodenhausen et al., 1994)の実験では，参加者にスキンヘッドの男性の写真を渡し，その人物が1日をどう過ごしていそうかを想像させ，思いついたことを記述してもらった。このとき，半数の参加者にはステレオタイ

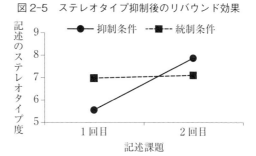

図2-5 ステレオタイプ抑制後のリバウンド効果

(Macrae, Bodenhausen et al., 1994 より筆者作成)

プを使って書かないよう教示し（抑制条件），残り半数の参加者にはそうした教示を与えなかった（統制条件）。次に，別のスキンヘッドの男性の写真を渡し，先ほどと同様にその人物の1日について記述してもらった。そして，参加者が記述した内容にステレオタイプがどの程度使われていたかを条件間で比較した（図2-5）。1回目の結果を見ると，抑制条件の方が統制条件よりもステレオタイプを使用していなかったことが読み取れ，教示に従ってステレオタイプを抑制していたことがわかる。しかし，2回目では，抑制条件の方がステレオタイプをより多く使用していた。つまり，リバウンド効果が生じたのである。

連続体モデルに見られるように，私たちは他者のカテゴリー情報に基づいて他者を判断しやすい。そして，分離モデルやリバウンド効果をはじめ，ステレオタイプの影響に関する諸研究の知見は，カテゴリー情報に付随するステレオタイプが他者の印象や判断に影響しやすく，これを避けることが容易ではないことを示唆している。対象人物に関する事前情報はもとより，プライミング効果のように，その人物とは直接的に関係ない情報も印象に影響を与えうる。本章では取り上げられなかったが，顔の特徴もさまざまな形で印象に影響する（Todorov, 2017/2019）。他者に対する印象や判断の歪みやすさを含め，対人認知に関わる心理を統合的に理解することが，円滑な対人関係や社会生活を営むヒントになるだろう。

34　第1部　自分を知る・他者を知る・世界を知る

●おすすめ図書

トドロフ，A.　中里 京子（訳）作田 由衣子（監修）（2019）．第一印象の科
　学——なぜヒトは顔に惑わされてしまうのか？——　みすず書房
バナージ，M. R., & グリーンワルド，A. G.　北村 英哉・小林 知博（訳）
　（2015）．心の中のブラインド・スポット——善良な人々に潜む非意識のバ
　イアス——　北大路書房
山本 眞理子・原 奈津子（2006）．他者を知る——対人認知の心理学——
　サイエンス社

〈コラム〉「男は仕事，女は家庭」という考え方は過去のもの？

　あなたは，「夫は外で働き，妻は家庭を守るべきである」という考え方に賛成
だろうか，反対だろうか。内閣府が実施している「男女共同参画社会に関する世
論調査」では，この質問に「賛成」「どちらかといえば賛成」と答えた人の割合
は，1992年時点で60.1％であったが，2022年時点では33.5％であった（内閣府
政府広報室，2023）。30年で「男は仕事，女は家庭」という伝統的な性役割観が，
平等的な方向に大きく変化したことがわかるが，本当にそういってよいのだろう
か。
　「男は仕事，女は家庭」という考えは，ジェンダーに基づくステレオタイプと
して位置づけられるが，近年，ステレオタイプは意識できる範囲にある顕在的な
ものと，意識しづらい潜在的（非意識的）なものがあると考えられている（第4
章参照）。潜在的なステレオタイプや態度を測定する代表的な手法としては，グ
リーンワルドら（Greenwald et al., 1998）が開発した潜在連合テスト（IAT：Im-
plicit Association Test）が挙げられる。性役割観をIATで測定する場合，図2-6
のようになる。一致・不一致ブロックがあるが，それぞれ男女の名前や仕事・家
庭に関係する単語が縦一列に並んでいる。一致ブロックでは，男性の名前と仕事
関連語を左側に，女性の名前と家庭関連語を右側に分類する（カッコ内に○をつ
ける）。不一致ブロックでも同様に分類するが，男女の位置が左右逆になってい
ることに注意してほしい。こうした分類を行った結果，もし一致ブロックの方が
素早く分類できたとすれば，伝統的な性役割観が潜在的に持たれていると解釈さ
れる。一致ブロックは「男は仕事，女は家庭」という考えに合った分け方で，そ
ういった考えを持っているなら素早く分類できると考えられるためである。
　平等規範が広く受け入れられている現代社会では，ステレオタイプや偏見は顕
在的には表明しづらい。しかし，潜在的には根強く残っていることが多くの研究
で示されている。性役割についても同様のことが考えられる。性的マイノリティ

の人々に対する偏見なども含め，顕在と潜在の両面で偏りのない態度を浸透させることが，ジェンダー平等社会を目指す上で重要であろう。

図 2-6　潜在的な性役割観を測定する場合の IAT の分類課題

一致ブロック		不一致ブロック	
男性　仕事	女性　家庭	女性　仕事	男性　家庭
（　）　みのる　（　）		（　）　通勤　（　）	
（　）　洗濯　（　）		（　）　かずえ　（　）	
（　）　えりか　（　）		（　）　育児　（　）	
（　）　会議　（　）		（　）　たかし　（　）	

第3章

社会的推論

—— 推測をなぜ・どのように「間違える」のか

　私たちは日頃からさまざまな事柄について推論し、意思決定を行っている。レストランで注文するものを決めるときも、どの大学を受験するか、就職活動でどの業界を目指すかを決めるときも、いくつかの選択肢の中から選び、決定を下す。しかし、私たちは常にすべての選択肢を吟味し、熟慮して決定しているわけではない。時間をかけずに簡略的に決定したり、判断したりすることも多々ある。そこでこの章の前半では、私たちが行う簡略的な判断に着目し、それがどのように行われるか、そしてどのような「間違い」が生じやすいかを考えていく。

　他者の言動を目の当たりにしたときも、私たちはさまざまに考えを巡らせる。行列に並んでいる人々を見れば、なぜ並んでいるのだろうと理由を知りたくなるし、電車の先頭車両で運転席を見たがっている子どもにさりげなく場所を譲る人を見て、子ども思いで気遣いもできる人だなと感じることもある。第2章では、他者に関する情報をもとに印象がどのように形成されるかに着目したが、他者の行動からその原因やその人の性格などを推論することも、対人認知の重要な側面である。この章の後半ではこうした推論を取り上げ、そのプロセスやどのような歪み（バイアス）が生じやすいかを見ていく。

1 ヒューリスティックとバイアス

(1) ヒューリスティックとは

　日常において私たちは多くの判断を迫られるが、そのすべてについて逐一情報を収集し、吟味した上で判断することは困難である。私たちの時間は限られているし、判断材料となる情報を得られないこともままある。たとえイ

ンターネットを駆使してある程度情報を集められたとしても，人が一度に考慮できる情報の量は限られている。そのため，私たちは限られた情報（手がかり）から簡略的・直感的に推論，判断することも多い。こうした判断の近道を**ヒューリスティック**と呼ぶ。

　ヒューリスティックには，時間や労力を節約しながら，多くの場合で適切な判断，少なくとも主観的に満足できる判断にたどりつくことができるという利点がある。しかし，その一方でさまざまなバイアスを生む源泉にもなる。そこで以下では，この領域の代表的な研究者であるトゥバスキーとカーネマンの研究を中心として，ヒューリスティックの具体的な方略や，その使用によって生じる判断バイアスを紹介する。まずは，表3-1に載せた問題を読んで，直感的に答えを出してみてほしい。

表 3-1　推論に関する問題例

> **問 1**
> 　リンダは31歳，独身で，率直に意見をいえるとても聡明な女性である。大学では哲学を専攻し，学生時代には差別や社会正義の問題に関心を持ち，反核デモなどの社会運動にも参加していた。次のAとBのうち，現在のリンダについて可能性が高いのはどちらだと思うか。
> 　　A：リンダは銀行員である。
> 　　B：リンダは銀行員で，フェミニスト運動の活動家である。
> **問 2**
> 　日本における2022年の死因第1位は悪性腫瘍（いわゆるガン），第2位は心疾患，第3位は老衰である。では，交通事故と糖尿病ではどちらが多いだろうか。
> **問 3**
> 　2月29日を含めると，1年間には366日の誕生日になりうる日がある。よって，367人いれば，少なくとも2人が同じ誕生日である可能性は100％である。では，50％の可能性で少なくとも2人が同じ誕生日であるというためには，何人いればよいだろうか。
> **問 4**
> 　アジアで特殊な疾病が新たに発見された。この疾病がアメリカで流行した場合，600人が死亡すると予想されており，疾病の流行に備えて2つの対策が提案されている。あなたなら，対策AとBのうちどちらを選ぶか。
> 　　対策A：200人が助かる。
> 　　対策B：3分の1の確率で600人が助かるが，3分の2の確率で誰も助からない。
> 　では，以下の対策CとDの2つならどちらを選ぶか。
> 　　対策C：400人が死亡する。
> 　　対策D：3分の1の確率で誰も死亡しないが，3分の2の確率で600人が死亡する。

（問1はTversky & Kahneman, 1983より，問4はTversky & Kahneman, 1981より筆者作成）

（2）代表性ヒューリスティック

　牛丼とカツ丼のうち，カロリーが高いのはどちらだろうか。おそらく，カ
ツ丼と推測する人が多いだろう。カツ丼は揚げ物料理で，揚げ物はカロリー
が高いからと考えてのことだと思う。このように，あるカテゴリー（例. 高
カロリーな食べ物）の代表的な特徴（例. 揚げ物）を手がかりとして物事を判断
する（例. カツ丼は高カロリー）直感的な判断方略を，**代表性ヒューリスティッ
ク**という（Kahneman & Tversky, 1972）。

　代表性ヒューリスティックは適切な判断を導く場合が多いが，常に適切な
判断につながるわけではない。たとえば，カロリーが高いのは牛丼と天丼の
どちらであるかと問われた場合も，やはり天丼と推測する人が多いだろう。
しかし，天丼のネタにもよるが，牛丼の方が高カロリーである場合も少なく
ない。また，事前情報を無視しやすくなるという問題もある（**基準比率の無
視**：Kahneman & Tversky, 1973）。たとえば，他者の血液型を推測するとき，何
も情報がなければ A 型と推測するのがもっとも当たりやすい。日本人の血
液型は A 型が 4 割でもっとも多いからである。しかし，その人が気分屋で
二面性があることがわかると，これらの特徴が AB 型のステレオタイプに一
致していることに注目してしまい，AB 型である可能性を高く見積もりやす
い。このとき，A 型の割合が高いことや AB 型が日本人の約 1 割しかいな
いことは無視されやすい。

　代表性ヒューリスティックが原因となって生じる判断バイアスの 1 つに，
連言錯誤がある。これは，2 つ以上の事象（連言事象）が生じる確率を，それ
らのうち 1 つの事象（単独事象）が生じる確率よりも高く見積もってしまう
現象である。トゥバスキーとカーネマン（Tversky & Kahneman, 1983）は，リ
ンダ問題（表3-1 の問1）を用いて，連言錯誤を実証している。論理的には，
「リンダが銀行員であり，かつフェミニストの活動家」（選択肢 B）である確
率は，「リンダが銀行員」（選択肢 A）である確率よりも必ず低くなる。しかし，
実際に選んでもらったところ，約 90 ％が選択肢 B を選んだ。各選択肢を 1
つずつ呈示し，それぞれの確率を判断してもらった場合でも，選択肢 B の
方が選択肢 A よりも高い確率が答えられていた。差別や社会正義に関心が

あり，社会運動に参加していたというリンダの情報は，フェミニストらしさに合致するため，代表性ヒューリスティックを使用して選択肢Bの可能性を高く見積もったと考えられる。

ギャンブラー錯誤も代表性ヒューリスティックが原因となって生じると考えられるバイアスの1つである。たとえば，コイン投げを繰り返し行ったとき，「表裏表裏裏表」と出た後の次の回と，「裏表裏裏裏裏」と出た後の次の回では，後者の方が「表」が出るだろうと推測しやすい。しかし，実際はどちらの場合でも「表」が出る確率は2分の1で同じである。「コインの表裏はランダムに決まるはずで，『ランダムっぽく』なるためには，次は『表』でなければならない」といった推論が働いていると考えられる。

(3) 利用可能性ヒューリスティック

ある事象に含まれる事例をどのくらい容易に想起できるかに基づいて，その事象が生じる頻度や確率を判断することを，**利用可能性ヒューリスティック**という。すなわち，事例の思い浮かびやすさ（利用可能性）を手がかりとして直感的に判断する方略である（Tversky & Kahneman, 1973）。たとえば，飛行機事故のニュースを見ると，飛行機に乗るのは怖いと思いやすいだろう。飛行機事故が思い浮かびやすい状態にあるため，事故が生じる確率を高く感じてしまうのである。このように，最近起こった出来事は記憶が鮮明であるため思い出しやすく，その出来事が生じる可能性を高く見積もりやすくなる。

事例が想起しやすいことは，判断対象となる事象に含まれる事例が多いことをある程度意味するので，利用可能性を手がかりとした判断は適切な場合が多い。しかし，直前に見聞きしたことで事例が想起しやすくなっている場合や，事例に接する機会が実際の頻度よりも多いあるいは少ない場合などはバイアスにつながりやすくなる。たとえば，交通事故で亡くなった人が出るとニュースになるが，糖尿病で亡くなった人がニュースになることはほとんどない。この場合，交通事故で亡くなる事例は思いつきやすくなり，その頻度を実際よりも高く見積もりやすくなる。一方で，糖尿病で亡くなる事例は思いつきにくくなり，その頻度を実際よりも低く見積もりやすくなる。実際，リヒテンシュタインら（Lichtenstein et al., 1978）は，さまざまな死因について

40　第1部　自分を知る・他者を知る・世界を知る

アメリカでの死亡者数を予測してもらったところ，殺人や交通事故は過大に，糖尿病やガンは過小に推測されることを報告している。

　利用可能性ヒューリスティックが原因と考えられる判断バイアスとしては，**フォールスコンセンサス効果**（合意性バイアスとも呼ばれる）が挙げられる。これは，自分の態度（意見）や行動が一般的なもので，他者も自分と同じように考えたり行動したりするだろうと推測する傾向を指す。ロスら（Ross et al., 1977）は，参加者にサンドイッチマン（広告をお腹側と背中側にかけて街頭で宣伝する手法）になってもらえないかと依頼して，承諾するかどうかを回答してもらった後，他の参加者はどのくらいの割合で承諾すると思うかを尋ねた。その結果，自分がサンドイッチマンになることを承諾した参加者の方が拒否した参加者よりも，他の参加者が承諾する割合を高く答えていた。自分の承諾・拒否は事例として利用しやすく，これを手がかりとして承諾率を推測したと考えられる。なお，フォールスコンセンサス効果は，自分の態度や行動を基準として推測すること（係留と調整のヒューリスティック：次項参照）によって生じるとも考えられる。

（4）係留と調整のヒューリスティック

　友人の親の年齢を推測するとき，自分の親の年齢を目安とし，それよりも少し上か下かと調整して推測するだろう。初対面の人の年齢であれば，容貌などからこれくらいだろうと当たりをつけて，失礼にならないようにそれよりも少し下の年齢を推測するといった方略をとることが多いと思われる。このように，何らかの初期値（**係留点**：anchoring）を手がかりとして，そこから調整を行って判断する方略を**係留と調整のヒューリスティック**という（Tversky & Kahneman, 1974）。

　係留と調整のヒューリスティックに基づく判断は，係留点が正解に近い場合には適切なものとなりやすいが，そうでない場合は誤りにつながりやすい。判断対象とはまったく関係のない情報が係留点として機能してしまうことさえある。トゥバスキーとカーネマン（Tversky & Kahneman, 1974）の実験では，国連加盟国に占めるアフリカの国々の割合を参加者に推測させたのだが，その前に0から100までの数字が書かれたルーレットを回して，出た数字より

も割合が高いか低いかを答えてもらった後で，具体的な割合を推測させた。ルーレットは細工されており，半数の参加者には「10」が，残り半数の参加者には「65」が出るようになっていた。その結果，割合推測の平均は，ルーレットで「10」が出たときは25であったが，「65」が出たときは45であった。ルーレットで出た数字が係留点となり，そこから調整して割合が推測されたと思われる。しかし，調整は不十分になることが多い（Epley & Gilovich, 2006）。そのため，最終的な判断は係留点に近いものになってしまい，バイアスが生じるのである。

　表3-1の問3も，係留と調整のヒューリスティックを使用した判断が，確率計算に基づく正解から乖離しやすいことを示す好例である。この問題は俗に誕生日問題あるいは誕生日のパラドックスと呼ばれるが，確率計算によって導かれる正解はわずか23人である。しかし，多くの人は183人前後を答えやすい。366の半分（50％）である183を係留点として，そこから少し多いかもしれない，少ないかもしれないと，調整を行って判断していることがわかる。

（5）その他のヒューリスティックとバイアス

　以上の他にもヒューリスティックの方略にはさまざまなものがある。それらのうち，ここでは2つ紹介する。1つは**シミュレーションヒューリスティック**で，ある事例や出来事を心的にどのくらい容易に思い描けるか，すなわちシミュレーションできる程度に基づいて判断するというものである（Kahneman & Tversky, 1982）。たとえば，手元にある宝くじの番号が1等当選番号と1つだけ数字がズレていた場合は，数字がまったく異なっていた場合よりも，当選していた自分を想像しやすく，感情反応（この場合は悔しさや落胆）が強くなる。もう1つは**再認ヒューリスティック**で，ある対象を知っていると感じられるか，すなわち再認できるかどうかに基づいて判断するというものである（Goldstein & Gigerenzer, 2002）。聞いたことがない会社よりも聞いたことがある会社の製品の方が良い製品だと思えるのは，再認ヒューリスティックが一因であると考えられる。

　特定のヒューリスティックが原因となって生じるわけではないが，よく知

られている判断バイアスとして，**フレーミング効果**がある。表3-1の問4は，トゥバスキーとカーネマン（Tversky & Kahneman, 1981）が考案したもので，アジア病問題と呼ばれる。彼らはこの問題を大学生に答えてもらったのだが，対策AとBから選ばせた場合はAを選ぶ者が多く（72％），対策CとDから選ばせた場合ではDを選ぶ者が多い（78％）という結果が得られた。対策AとC，対策BとDは論理的には同じ対策であるが，AとBが「どのくらい助かるか」というポジティブな（利得の）枠組みで描かれているのに対し，CとDは「どのくらい死亡するか」というネガティブな（損失の）枠組みで描かれている。こうした構造と実験結果を合わせて考えると，ポジティブな枠組みではリスク回避，ネガティブな枠組みではリスク選好の選択をしやすくなることが示唆される。同じことであったとしても，表現の違いによって選好が逆転してしまうのである。

2　原因帰属と属性推論

(1) 原因帰属とその区分

　ある出来事を目の当たりにしたとき，私たちはなぜそうなったのか，その原因を知りたくなる。他者との相互作用場面でも，相手の行動を観察しながら，どのような考え方や態度を持っているのか，どのような性格の持ち主なのかと推論する。このように，出来事や行動の原因を推論することを**原因帰属**，あるいは単に**帰属**という。また，他者の行動からその人の性格（特性）や態度といった安定的な属性を推論することを**属性推論**という。こうした心の働きは，自己を取り巻く社会的環境を理解する上で重要な役割を果たす。

　出来事や行動の原因といっても多種多様であるため，帰属を系統的に理解するためには，ある程度の原因の区分が必要になる。この点について最初に理論的に整理したのがハイダー（Heider, 1958/1978）である。ハイダーは，行動の原因を，行為者自身の内側にある内的要因（例，特性，態度）と，行為者の外側にある外的要因（例，外的な圧力の有無，状況）に区分し，内的要因に原因を求めることを**内的帰属**，外的要因に原因を求めることを**外的帰属**と呼ん

第3章 社会的推論　　**43**

表3-2　達成課題における成功・失敗の原因の区分

	内的		外的	
	安定	不安定	安定	不安定
統制不可能	能力	気分	課題の難易度	運
統制可能	継続的な努力	一時的な努力	教師の偏見	他者の援助

（Weiner, 1979 より筆者作成）

だ。

　また，ワイナー（Weiner, 1979）は，達成場面における成功・失敗の原因は，所在（内的／外的）に安定性（安定／不安定）と統制可能性（統制可能／統制不可能）を加えた3次元に区分できるとした（表3-2）。そして，成功・失敗をどの原因に帰属するかが，達成への動機づけや感情反応，行為者に対する評価に影響することを論じた。たとえば，ワイナーとククラ（Weiner & Kukla, 1970）は，試験で悪い成績をとった学生を評価するよう参加者に求めた。その際，学生の能力が高いか低いか，試験のために努力したかどうかに関する情報を呈示した。その結果，評価対象の学生が努力した場合よりも努力しなかった場合に評価は低くなり，その中でも能力は高いが努力しなかった場合の評価がもっとも低くなっていた。失敗が統制不可能な原因に帰属されるとあまり否定的に評価されないが，統制可能な原因に帰属されると否定的に評価されることが示唆される。

（2）対 応 推 論

　ワイナーの原因区分は主として達成場面に適用されるものであることもあり，行動，とりわけ他者の行動の帰属に関する研究では内的・外的帰属が着目され，どのような場合に内的帰属が行われるかが検討された。ジョーンズとデイビス（Jones & Davis, 1965）の**対応推論理論**は，その代表的な理論の1つである。この理論では，行動と属性の対応性が高いときに，行動の原因が行為者の内的な属性に帰属されやすくなるとされる。対応性とは，行動と属性が論理的にどのくらい結びつけられるかを表す概念であり，以下の3つの要因が対応性の高さを規定する。

　1つめの要因は**非共通効果**である。これは，行動がいくつかの選択肢から

選ばれたものであるとき，選ばれなかった行動からは得られないが，選ばれた行動からは得られる効果を指す。たとえば，旅行の宿泊先を選ぶ場面で，「温泉，部屋食，駐車場」がある宿Ａと，「温泉，駐車場」がある宿Ｂがあったとき，「部屋食」が非共通効果となる。そして，宿Ａが選ばれたなら，選択の原因が「部屋食」にあり，この人は「部屋食」を重視していると推論できる。では，「温泉，部屋食，駐車場」がある宿Ａと，「駐車場」があることだけがわかっている宿Ｃの中から宿Ａが選ばれたとしたらどうだろうか。今度は「温泉」と「部屋食」の２つが非共通効果となるが，どちらが選択の決め手であるかが特定できなくなる。このように，非共通効果が１つのとき対応性は高くなるが，その数が多くなると対応性は低くなり，行動の原因が特定の属性に帰属されにくくなる。

　対応性の高さを規定する２つめの要因は外的な圧力の有無であり，外的な圧力があるときには対応性が低くなり，ないときには対応性が高くなる。たとえば，自ら進んで残業や休日出勤している人に対しては，仕事熱心といった属性が推論されるが，上司からの指示で残業や休日出勤させられているのであれば，それほど仕事熱心だとは思えなくなる。

　３つめの要因は社会的望ましさである。行動が規範に沿った望ましいものであれば対応性は低くなり，規範に反した望ましくないものであれば対応性は高くなる。たとえば，電車でマタニティマークを身につけている女性に席を譲ったとしても，こうした行動は規範に沿ったものであるため，親切といった属性には帰属されにくくなる。

(3) 帰属におけるバイアス

　対応推論理論に代表される帰属に関する初期の理論は，人を「素朴な科学者」と捉え，帰属が合理的に行われることを前提としていた。しかし，ヒューリスティックに関する研究が示しているように，私たちは常に論理的に推論しているわけではなく，エラーやバイアスが生じる危険性を孕みながらもしばしば直感的な推論に頼っている。同様に，帰属も必ずしも合理的に行われているわけではないと考えられるようになり，帰属におけるエラーやバイアスも報告されるようになった。

対応バイアスは，ある行動が外的な圧力によるものであるとわかっている場合でも，その行動の原因を行為者の内的な属性に帰属してしまう傾向を指す。嫁いびりをする姑の役を演じる俳優を意地悪な人と思ってしまうのが，対応バイアスの一例である。対応バイアスは多くの研究で繰り返し確認されており，頑健に生じることから，**根本的帰属のエラー**とも呼ばれる。

対応バイアスを示した代表的な実験として，ジョーンズとハリス（Jones & Harris, 1967）の実験がある。彼らは，キューバ革命の指導者であるカストロを支持する内容のエッセイと支持しない内容のエッセイのどちらかを参加者に読ませ，カストロに対する書き手の態度を推測させた。その際，エッセイの内容は書き手が自由に決めたと伝えておく条件（自由選択条件）と，内容を指定されて書いたと伝えておく条件（強制条件）があった。自由選択条件では，エッセイの内容から書き手の態度を推測するのは妥当で，参加者は実際，内容に応じた態度を推測していた（図3-1左側）。一方，強制条件では，論理的にはエッセイの内容から書き手の態度を推測できないはずである。それにもかかわらず，エッセイの内容がカストロ支持であった場合の方が不支持であった場合よりも，書き手はカストロを支持していると推測されていた（図3-1右側）。対応推論理論によれば，外的な圧力がある場合は，行動（エッセイの内容）から属性（態度）が推論されづらくなるはずである。しかし，そうした場合でも行動に対応する内的な属性が推論されてしまいやすいのである。

では，自分の行動も内的な属性に帰属しやすいだろうか。たとえば，他者がテストで悪い成績をとったときは，能力の低さや努力不足といった内的要因に帰属しやすいかもしれないが，自分が悪い成績をとったときはどうだろうか。「出題者が意地悪で，問題が難しかった」とか，「今回はたまたま運が悪かった」などと，自分以外のことを理由にすることがままあるのではないだろうか。このように，他者の行動

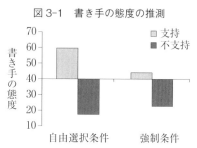

図3-1　書き手の態度の推測

注）書き手の態度は10（カストロ不支持）〜70（カストロ支持）で数値化。
（Jones & Harris, 1967より筆者作成）

を内的な属性に帰属する一方で，自分の行動は他者や状況などの外的要因に帰属することを，**行為者-観察者バイアス**と呼ぶ（Nisbett et al., 1973）。さらに，自分が失敗したときには外的要因に帰属する一方で，自分が成功したときには能力の高さや努力などの内的要因に帰属する傾向もある。自分にとって都合のよい帰属の仕方であることから，この傾向は**自己奉仕的バイアス**と呼ばれる（Miller & Ross, 1975；Snyder et al., 1976）。

　行為者-観察者バイアスや自己奉仕的バイアスは，行為者が他者であるか自分であるかによって帰属のされ方が異なることを示唆する。こうした違いが生じる理由としては，自尊心や自己評価を維持あるいは高揚しようとする自己高揚動機（第1章参照）の働きが挙げられる。また，他者の行動を観察しているときには目に映っている他者自身に注意を向けやすいが，自分が行動しているときに目に映っているのは周囲の状況であるため，外的要因に注意を向けやすい。こうした注意の違いによる説明も考えられている。

(4) 帰属の情報処理プロセス

　1980年頃から，人の心を情報処理システムとみなし，そのプロセスを記述しようとする社会的認知研究が盛んに行われるようになった。こうした視点は帰属研究にも取り入れられ，帰属の情報処理プロセスを記述した理論が提案されるようになった。その1つに，ギルバート（Gilbert, 1989；Gilbert & Malone, 1995）が提唱した**属性推論の三段階モデル**がある。

　このモデルでは，属性推論は，①行動の同定，②行動に対応した属性の推論，③状況を考慮した修正の3つの段階的プロセスで行われるとされる（図3-2）。最初の行動同定の段階では，観察された他者の行動がどのような行動であるかが解釈される。たとえば，電車の中で立っていたAさんが目の前

図 3-2　属性推論の三段階モデル

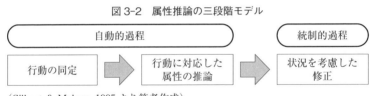

（Gilbert & Malone, 1995 より筆者作成）

に座っていた B さんと入れ替わって座る様子を見て,「B さんは A さんに席を譲った」と解釈するのが同定である。次の属性推論の段階では,同定された行動に対応する属性が推論される。たとえば,「席を譲った」行動に対応する「親切な」という特性を B さんに当てはめる。そして最後に,行動が生起した状況を考慮して,推論された属性が必要に応じて修正される。たとえば,B さんが周囲の人から席を譲るようにいわれていたことがわかったり,A さんがマタニティマークを身につけており,B さんが座っていたのが優先席であることに気づいたりしたときは,「B さんはそれほど親切ではない」と,先の判断を修正する。

　これら 3 つの段階のうち,行動同定と属性推論の段階は認知資源をあまり必要とせず,自動的に行われるのに対し,最後の修正の段階は認知資源を要し,統制的に行われるとされる。そのため,時間がないときや,他の考えごとをしていて認知的に忙しいときには,修正は行われにくくなる。対応バイアスが生じるのも,修正が十分に行われないためであると考えられる。

　ギルバートら (Gilbert et al., 1988) は,次のような実験を実施して三段階モデルを検証した。実験は,ある女性が不安そうな様子で話をしている映像を見て,その女性の不安傾向(特性不安)を回答するというものであった。映像には音声がなかったのだが,何について話をしているかはテロップからわかるようになっていた。テロップには 2 種類あり,「性的な妄想」のような不安を感じやすい話題か,「海外旅行」のような不安を感じにくい日常的な話題のいずれかが表示された。また,半数の参加者には認知的に忙しい状態にする(つまり,認知資源を奪う)ことを狙って,映像の内容をできるだけ記憶するよう求め(認知負荷あり条件),残り半数の参加者には記憶を求めなかった(認知負荷なし条件)。その結果,認知負荷なし条件では,テロップで表示された話題が不安を感じさせるものであった場合よりも日常的なものであった場合の方が,女性の特性不安を高く評定していた(図 3-3 左側)。日常的な話題を不安そうに話しているのであれば,その人の特性不安は高いといえるが,不安を感じるような話題を不安そうに話したとしても,その人の特性不安は高いとはいえない。つまり,認知負荷なし条件では,何を話しているか

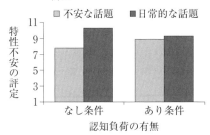

図 3-3 映像中の女性に対する特性不安の評定
(Gilbert et al., 1988 より筆者作成)

という状況を考慮して女性の特性不安が評定されたと考えられる。一方，認知負荷あり条件では，話題の内容によって女性の特性不安の評定に差が生じなかった。この結果は，話題の内容，すなわち状況要因を考慮できず，不安そうに話している様子に対応した特性が女性にそのまま適用され，修正が行われなかったことを示している。

3 推論の合理性から適応性へ

(1) 直感でも正しく推論できるとき

　ここまで見てきたように，私たちは直感的に考えたり，行動に対応する属性を自動的に他者に当てはめたりしながら，推論を素早く，効率的に行っている。しかし，そのように推論するがゆえに，私たちの推論は論理的・規範的な「正解」から逸脱しやすく，エラーやバイアスが生じやすい。こうした推論の性質は，人の合理性は限定的であるとする，当時広く受け入れられていた考え方に沿うものであった。しかし，近年では，私たちの推論は合理性には欠けるかもしれないが，実際に生活している環境ではエラーやバイアスにも適応的な側面があると考えられるようになってきている（e.g., Gigerenzer, 2007/2010）。ここではまず，生活環境の文脈では直感でも正しく推論が行えるようになることを示す事例を紹介する。

　図 3-4 には 2 つの推論問題がある。以下を読み進める前に，基本版，飲酒版の順で自分なりの答えを出してみてほしい。

　基本版の問題はイギリスの認知心理学者であるウェイソン（Wason, 1968）が考案したもので，4 枚カード問題と呼ばれている。確認するルール（命題）は「母音ならば裏は偶数」なので，まずは母音である「A」の裏が偶数に

第3章　社会的推論　**49**

図3-4　4枚カード問題

（基本版）
　以下に4枚のカードがあり，カードの表にはアルファベット，裏には数字が書かれ
ている。「母音ならば，その裏は偶数でなければならない」というルールが成立して
いるかどうかを確かめるためには，どのカードをめくる必要があるか。ただし，めく
れるカードは最大2枚とする。

| A | F | 4 | 7 |

（飲酒版）
　飲食店に4人の客がおり，以下の4枚のカードの表にはそれぞれが飲んでいるもの，
裏には年齢が書かれている。「お酒を飲むならば，20歳以上でなければならない」と
いうルールが成立しているかどうかを確かめるためには，どの客をチェックする必要
があるか。ただし，チェックできるのは最大2名とする。

| ビール | コーラ | 25歳 | 17歳 |

（基本版は Wason, 1968，飲酒版は Griggs & Cox, 1982 より筆者作成）

なっているかを確認する必要がある。また，「7」の裏が母音だとルールが成
立しなくなるので，このカードも確認する必要がある。一方，「偶数ならば
裏は母音」である必要はないため，「4」の裏を確認する必要はない（「4」の
裏は母音でも子音でもよい）。よって，正解は「A」と「7」の2枚となる。

　4枚カード問題はさまざまなバリエーションが考案されており，飲酒版は
その1つである。飲酒版は基本版と論理的にはまったく同じであるため，同
様に考えると正解は「ビール」と「17歳」の2人となる。

　さて，あなたは正解できただろうか。基本版には間違えたとしても，飲酒
版には正解できたのではないだろうか。特に，飲酒版では論理的に考えなく
ても，直感で答えがわかった人も多いと思う。実際，基本版の正解率は5％
〜30％程度だが，飲酒版では65％〜80％程度になることが示されている
(Cosmides et al., 2010)。

　飲酒版の問題で正解率が高くなるのはなぜだろうか。この点に関して，コ

スミデスら（Cosmides, 1989 ; Cosmides & Tooby, 1989）は裏切り者検出の能力が関わっていると主張した（**社会契約仮説**）。集団生活を送る私たちにとって，利益を得ているにもかかわらずコストを払っていない裏切り者（フリーライダー）を検出する能力は非常に重要であり，適応的である。そして，飲酒版の問題は飲酒ルールの違反者，すなわち裏切り者を検出する形式になっている。つまり，コスミデスらは，ヒトには裏切り者検出の能力が備わっており，この能力を働かせられる飲酒版のような生活環境の文脈で問題が呈示されると正解率が高くなると考えたのである。

（2）ヒューリスティックやバイアスの適応性

ヒューリスティックも，現実的な社会環境では優れた判断につながることが示されている。たとえば，ゴールドスタインとギーゲレンツァー（Goldstein & Gigerenzer, 2002）は，2つの都市のうち人口が多いのはどちらかを答える課題において，都市の人口に関する知識が少なく再認ヒューリスティック（1節5項参照）を用いて判断した場合の正解率は，知識がある場合と同じか若干高いくらいであることを示している。つまり，知識が少ないときに再認ヒューリスティックを使用することは適応的だということである。

ヘイゼルトンとバス（Haselton & Buss, 2000）は，推論や判断におけるバイアスは，より重大な誤りを犯さないようにするために生じるのだと論じている（**エラー管理理論**）。たとえば，裏切り者を裏切り者でないと判断する誤りと，裏切り者ではない者を裏切り者と判断する誤りとでは，前者の方がコストが大きい。他者が裏切り者であるかどうかを完全に見抜くことは困難である以上，コストの大きい誤りを避ける方が適応的である。結果として，裏切り者検出能力は，裏切り者ではない者を裏切り者と誤って判断しがちになるバイアスを生じさせやすくなると考えられる。

以上のような視点は，私たちの推論は合理的ではないかもしれないが，社会生活上では意味のあるものであることを示唆している。もちろん，すべての推論（ヒューリスティックやバイアス）が適応的であるわけではないが，適応性の観点から推論の性質を捉えることで，私たちがそもそもなぜそのように推論するのかが理解できるようになるであろう。

●おすすめ図書

カーネマン, D. 村井 章子 (訳) (2014). ファスト＆スロー———あなたの意思はどのように決まるか？ (上・下) —— 早川書房

唐沢 かおり (2017). なぜ心を読みすぎるのか——みきわめと対人関係の心理学—— 東京大学出版会

ピンカー, S. 橘 明美 (訳) (2022). 人はどこまで合理的か (上・下) 草思社

第4章

態度と説得

——なぜ，そのひと・こと・ものに影響を受けるのか

　次のシーンを想像してみよう。ヘアケア商品を試してみたいが，店には多くの商品が並んでおりどれを選べばよいのか迷う。そのようなとき次の行動をとるかもしれない。選ぶ時間は十分にあるので，各商品ボトルに書かれている情報をよく読み，自分が求める効能をうたう商品 A を選択する。そこまで真剣に選ぶつもりはなく，POP に“売れ行き好調”と書かれている商品 B を選択する。もしくはいつもおしゃれに気を遣っている友人が薦めた商品 C を選択する。あるいは期間限定で発売された商品 D を選択する。または好みのタレントが SNS で紹介していた商品 E を選択する。インターネットの口コミサイトを調べて評価が高い商品 F を選択する。いずれの場合でも，商品に対する肯定的な態度が形成されている。さて，選んだ商品を試したところ，期待したほど使い心地は良くなかった。次はもうこれを買うのをやめようと思う。このとき，商品に対する態度は否定的なものへと変化している。

　上記のように，日常生活において私たちはさまざまなものに対し態度を形成したり，態度を変化させたりする。対人状況における依頼や要請だけではなく，企業による広告や宣伝によっても態度は影響を受ける。本章では説得と態度変化，また社会的影響における現象とそれらを説明する理論を理解し，現実社会や社会問題との関わりを理解する。

1 態　　度

(1) 態度の成り立ち

　態度とは特定の対象に対する評価のことであり，感情価（肯定—否定）と強

度（強い—弱い）という2つの次元で構成されている。各次元ともそれぞれ連続性を持つため，たとえば感情価の次元においては"好きでも嫌いでもない"といったような中立的な態度も存在しうる。

　なお二重態度（dual attitudes）に関する理論によると，人は1つの対象に対して**潜在態度**と**顕在態度**を持つ（Wilson et al., 2000）。潜在態度は顕在態度と異なり，自動的で自分では意識しづらい態度である。両者は一致しないこともあるが，潜在的態度にはアクセスが困難であるため私たちが両者の乖離に気づく可能性は低い。

（2）態度と行動の関係

　章の冒頭で挙げた例では，商品に対し好ましい態度を持ったためその商品を購買していた。このように顕在態度はしばしば顕在的行動に結びつく。同様に，潜在態度もまばたきや視線といった本人の統制が難しい行動を予測する場合もある（e.g., Dovidio et al., 1997）。顕在態度が顕在的行動を予測し，潜在態度が潜在的行動を予測するという現象は，**反映-衝動モデル**（Strack & Deutsch, 2004）の考え方とも一貫する。モデルによると行動は2つのシステムによってコントロールされており，反映システムが利用可能な情報を考慮した行動を生じさせるのに対し，衝動システムはより自動的に態度と行動を結びつけるという。たとえば，送り手から見え透いたお世辞を受け取った場合，その対象への顕在態度はお世辞の影響を割り引いたものとなる。他方，潜在態度はポジティブなままであり，送り手への肯定的行動を導くことがある（Chan & Sengupta, 2010）。自分では潜在態度を意識することは難しいものの，自分の行動から潜在態度を類推することが可能な場合もあるだろう。

2　説得と態度変化

（1）説得のメカニズム

　説得の目的は受け手の態度や行動を変化させることである。言語的な働きかけによる説得においては，送り手の要因，説得メッセージ内容の要因，受け手の要因，受け手の反応の要因が影響を与える（Hovland et al., 1953, p.12）。

54　第1部　自分を知る・他者を知る・世界を知る

送り手の要因の1つとして信頼性（credibility）が挙げられ，信頼性が高い場合は低い場合よりも受け手の態度が説得の方向に変化することが見出されている。しかしこの効果はずっと続くとは限らず，ホヴランドとワイス（Hovland & Weiss, 1951）の研究では4週間後に受け手の態度を測定したところ，信頼性の高低による差が小さくなっていた。時間の経過とともに送り手に関する情報の記憶が弱まったためと考えられている（**スリーパー効果**）。

　なお，説得の要因は互いに影響し合うことがわかっている。たとえば，送り手の信頼性が説得に与える効果は受け手の要因によって異なる。この点について検討したスターンサルら（Sternthal et al., 1978）の研究では，もともと受け手が説得メッセージの内容に対して否定的な態度を持つ場合には，送り手の信頼性が高いときの方が中程度のときよりも説得効果が高かったが，もともと肯定的な態度を持つ受け手にとっては中程度の信頼性を持つ送り手からの説得の方が効果的であった。なおこの研究においてはメッセージ内容に対する受け手の反応についても検討されており，内容を支持する思考が多く生成されていることと説得効果との関連が確認されている。

（2）コミュニケーションを通じた態度変化——精緻化見込みモデル

　上記で見たように，説得の送り手の要因や説得メッセージ内容の要因だけではなく，もともとの態度といった受け手の要因，また説得に対する思考内容という受け手の反応の要因も説得効果に影響を与える。**精緻化見込みモデル**（elaboration likelihood model：Petty & Cacioppo, 1986）は，態度変化に向かう受け手の処理過程を精緻化という概念を用いて説明するモデルである。

　このモデルにおいて精緻化は「人がメッセージに含まれる問題関連論点に対して考える程度」と定義される（Petty & Cacioppo, 1986, p.128）。モデルでは精緻化の程度が高い，すなわちメッセージの本質的な論点に関して受け手がよく考えて生じる態度変化のルート（**中心ルート**）と，メッセージの本質ではない周辺的手がかりによって生じる態度変化のルート（**周辺ルート**）の2つを想定している。そしてメッセージの処理に対する受け手の動機の程度や，メッセージを処理するための能力（認知容量）によって，どちらのルートを通るのかが決まると考える。説得メッセージの処理に対する受け手の動機や

能力が高い場合には，メッセージの精緻化によって認知的反応が生じ，その反応が認知構造を変化させて態度変化が生じる（中心ルート）。もしメッセージ内容に対して肯定的思考（認知的反応）が生じるとメッセージの唱導方向に対し態度は肯定的なものとなる。他方，否定的思考が生じると態度は否定的なものとなる。いずれの場合も中心ルートを通って生じた態度は持続的で抵抗力を持ち，また行動を予測しやすい。他方，受け手の動機や能力が低い場合には周辺的な手がかりがあるとそれによって態度は影響を受ける（周辺ルート）。このルートによって生じた態度は一時的で変化しやすく，行動を予測しにくいと考えられる。本章の冒頭でヘアケア商品の選択の例を挙げたが，商品ボトルに書かれている情報をじっくり読み，自分が求める効能をうたった商品Aを選択したとすれば，中心ルート，すなわちメッセージを精緻化したと考えられる。メッセージ内容に対し生じた肯定的思考によって肯定的な態度が生じたのである。

　なお説得研究においては精緻化の程度を次の指標により測定することが多い。1つは説得メッセージの中心的要素に対する記憶である。記憶が優れているほどメッセージ内容が精緻化されたと解釈される（e.g., Eagly & Chaiken, 1984；Mackie & Worth, 1989）。もう1つは受け手の態度である。研究では，説得の論点に対して論拠の強いメッセージもしくは弱いメッセージを受け手に提示する。受け手が精緻化すれば，論拠が強いメッセージに対しては説得されるが，論拠が弱いメッセージには説得されないと考えられる。他方，精緻化しなければ論拠の強弱が態度に及ぼす影響は小さくなると考えられる。このことから，論拠の強弱による態度の差が大きいと精緻化の程度が高いとみなされる（e.g., Petty & Cacioppo, 1984；Petty et al., 1983）。

　精緻化見込みモデルの研究において受け手の処理動機を高める変数としてしばしば用いられるのが関与である。ペティら（Petty et al., 1983）の研究では，実験参加者に商品広告を提示する際，説得メッセージに対する関与の程度を操作した。高関与条件には，後でその商品カテゴリーから自分が選択したものを提供されることや商品が自分の住む地域で販売されると告げた。低関与条件には，他の商品カテゴリーから選択したものを提供されることや自分の

住む地域では商品が販売されないと告げた。このような関与の操作に加えて，研究では広告の表現によりメッセージ論拠の強弱を操作した。さらに商品の推奨者を有名人もしくは一般人として操作した。これはメッセージの本質ではない周辺的手がかりの操作である。広告商品に対する態度を検討したところ，高関与条件では低関与条件よりも論拠が強い場合に態度が肯定的であった。メッセージ処理に対する動機が強く，精緻化見込みモデルの中心ルートを通る処理がなされた結果と考えられる。他方，低関与条件では高関与条件よりも推奨者が有名人である場合に態度が肯定的であった。メッセージを処理する動機が低く，周辺ルートを通る処理がなされたため，周辺的手がかりによって態度が影響を受けたと考えられる（図4-1）。

　ただし，こうした受け手の関与が説得効果に与える影響は，情報処理の目的によって調整されることも明らかになっている。カンセラら（Cancela et al., 2021）の研究では，2つのトピックに関する説得メッセージを実験参加者に提示する際，情報や知識を得るため（認知目標）もしくは楽しい経験をするため（快楽目標）と告げた。またメッセージ内容が自己概念に関わるか否かによってメッセージに対する関与の高低も操作した。さらにメッセージ論拠の強弱も操作した。メッセージに対する態度を検討したところ，認知目標条件においてはメッセージに対する関与が高いとメッセージ論拠が強い場合

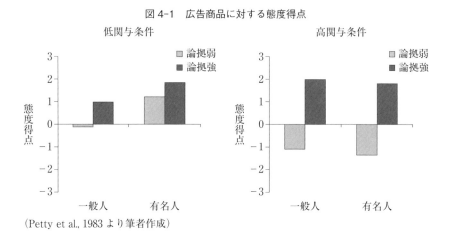

図 4-1　広告商品に対する態度得点

（Petty et al., 1983 より筆者作成）

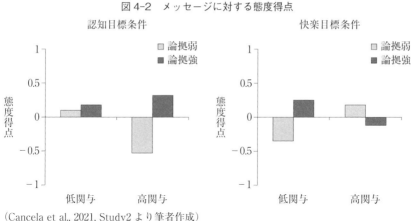

図 4-2　メッセージに対する態度得点

(Cancela et al., 2021, Study2 より筆者作成)

に態度が肯定的であった。関与が低いとメッセージ論拠の強弱によって態度に違いは見られなかった。この結果は従来の研究で認められてきた結果と一貫するものである。しかし快楽目標条件における結果は上記とは異なるものであった。メッセージに対する関与が低いとメッセージ論拠が強い場合に肯定的態度が示され、関与が高いと論拠の強弱によって態度に違いは見られなかった。この結果はコミュニケーションの文脈によっては低関与のときの方が受け手の精緻化の程度が高くなる可能性を示している（図 4-2）。

(3) 思考の妥当化が説得に及ぼす影響——自己妥当化仮説

　精緻化見込みモデルではメッセージの精緻化によって生じる認知的反応が態度に結びつくと考えているが、認知の内容だけではなく、認知的反応に対する受け手自身の思考も説得に影響を与える。すなわちメタ的な思考である。**自己妥当化仮説**（self-validation hypothesis：Petty et al., 2002）は上記の考えに基づき、精緻化による肯定的思考という認知的反応とともに、その思考を妥当とみなすことが判断や行動の予測に影響を与えることを想定する。

　自己妥当化のプロセスは受け手が自身の思考に対してよく考える動機と能力がある場合、また生成された思考に対する確信度が高い場合に生じやすい。ブリノールとペティ（Briñol & Petty, 2003）の研究では、実験参加者にヘッドホンを使って論拠の強いもしくは弱い説得メッセージを聴かせる際、首を縦

に振るもしくは横に振ることを依頼した。前者はうなずきの動作であり，後者よりも思考の確信度を高めると想定されていた。メッセージに対する態度を検討したところ，首を縦に振る条件では論拠が強い場合に弱い場合よりも態度が肯定的であった。研究では思考生成の際にうなずきの動作をすることにより論拠の強いメッセージから生成された肯定的思考の確信度が高まり，また弱い論拠によって生成された否定的思考の確信度が高まった結果，態度に相違が生じたと解釈している。

　こうした身体的動作の他，勢力感や達成経験想起（DeMarree et al., 2012）も思考の確信度を高め態度や行動に影響を与えることが明らかになっている。

　ここまで見たように，説得のコミュニケーションが受け手の態度変化をもたらし，またその変化が行動を導くのかという点に対し，精緻化と妥当化というメカニズムが大きく関わっている。研究において説得メッセージ論拠の強弱を操作するということはさまざまな変数が思考の量（精緻化）もしくは生成された思考への確信度（妥当化）に影響を与えるのか検討することに役立つ（Petty & Briñol, 2020）。その変数が精緻化に影響を与えていれば論拠の強弱を区別することが可能となるため，論拠の強いメッセージを提示された場合と弱いメッセージを提示された場合では受け手の態度に相違が生じるはずである。精緻化に影響を与えていなければ，論拠の強弱による態度の相違は見られないだろう。他方，その変数が妥当化に影響を与えていれば論拠の強いメッセージに対する肯定的思考や論拠の弱いメッセージに対する否定的思考の確信度が高まり，受け手の態度に相違が生じるはずである。

　なお同じ変数であっても説得の過程において精緻化に影響を与える場合と妥当化に影響を与える場合がある。この点について検討したブリノールら（Briñol et al., 2007）の研究では，実験参加者に対し説得メッセージの提示前もしくは後に，地位が高いもしくは低い立場でロールプレイング課題に従事するように求めた。この課題は勢力感を操作するためのものであった。説得メッセージに対する態度を検討したところ，勢力感操作がメッセージ提示前に行われた場合には高地位条件の態度は低地位条件よりも否定的であった。他方，勢力感操作がメッセージ提示後に行われた場合には高地位条件の態度

は低地位条件よりも肯定的であった。提示前に勢力感が高まると，もともとの信念が強まり説得的メッセージの影響を受けにくかったのに対し，提示後に勢力感が高まる場合には説得メッセージによって生じた肯定的思考の確信度が高まりメッセージ唱導方向の態度が示されたためと解釈されている。この結果は，勢力感という変数がメッセージ提示前に操作されると精緻化に影響を与え，提示後に操作されると妥当化に影響を与える可能性を示唆している。

　説得と態度変化の過程においては受け手の認知的反応の要因，すなわち思考の量と，その思考に対する妥当性の知覚が重要な役割を果たすといえよう。もし思考の量が多い，すなわち精緻化の程度が高い場合でも，そこで生じた思考の内容が態度に結びつくのかどうかは受け手がその思考を妥当と思うかどうかによって調整される。自己妥当化仮説が想定するプロセスは，精緻化見込みモデルでは説明できない現象の解釈に役立つ可能性がある。

3　社会的勢力と要請技法

（1）社会的勢力の種類

　前節では，説得コミュニケーションにおいて受け手の態度の形成や変化が生じるプロセスについて説明した。私たちの態度はこうした説得メッセージの情報処理によって影響を受けるだけではなく，他者に知覚する**社会的勢力**によっても影響を受ける。「社会的影響は主体（agent）の行為から生じたターゲットの信念，態度，もしくは行動の変化であり，社会的勢力はそうした影響の潜在性を持ち，主体が自身の資源を用いて変化を生み出す能力」と定義されている（Raven, 2008, p.1）。すなわち社会的影響がターゲットの変化であるのに対し，社会的勢力とは影響が生じる可能性がある状態といえるだろう。

　社会的勢力としては当初，報酬勢力，強制勢力，正当勢力，準拠勢力，専門勢力の5種類が挙げられたが（French & Raven, 1959），これらに情報勢力を加えた6種類（Raven, 1965）として説明されることがある。いずれも他者（行為の主体）に対する知覚に基づいており，報酬勢力は自分との関係性に報酬

60　第1部　自分を知る・他者を知る・世界を知る

を介在させる能力，強制勢力は関係性に罰を介在させる能力，正当勢力は行動を指示する権利，専門勢力は特別な知識や専門性を他者に知覚した場合に成立する。また準拠勢力は他者に対する同一視に基づいて成立する。情報勢力は他者が有益な情報を持つと知覚した場合に成立する（正当勢力を前提とした権威の影響については，第8章1節3項参照）。

　社会的勢力の研究ではしばしば企業組織場面が用いられるが，その状況に限らず私たちは日常生活において他者に対し社会的勢力を知覚し，その影響を受けることがある。たとえば報酬勢力については，仕事やアルバイトの上司にいわれたことには従うが，これは相手が自分に報酬を与える立場にあることを知覚しているためである。親からお小遣いをもらうためいわれた通りに家の手伝いをすることも同様である。強制勢力については相手からの暴力を避けるために犯罪者に従うといったことだけでなく，授業単位を落とさないために大学講義に出席するというケースも該当する。正当勢力については所属するスポーツチームの監督の指示に従うことが挙げられる。ただし，もしも監督の人間性に魅力を感じ尊敬しているために監督に従う場合は，準拠勢力の影響を受けているといえるだろう。周囲から薦められても運動しないが，医師や保健師など専門性を持つ人のいうことは聞くかもしれない。それは相手に専門勢力を知覚するからである。誰も知らないと思われるような投資情報を相手が持っていると思えば，相手に情報勢力を知覚しその人が薦める対象への投資を始める可能性がある。

　しばしば人が相手に知覚する社会的勢力と，相手が利用しようとする社会的勢力の種類にズレが生じる場合もある。たとえばアルバイト先の部下が上司に従うのは相手に報酬勢力を知覚しているためであるにもかかわらず，上司は自分が準拠勢力者としてみなされていると誤解するようなときである。報酬勢力はアルバイトの場面に限り影響を持つため，就業時間外に上司から仕事中と同様な接し方をされれば部下は大きな違和感を抱くだろう。こうしたズレが，両者の関係性に与える影響は大きいと考えられる。

　なおもともとの議論においては行為の主体に対するターゲット側の知覚が社会的勢力を成立させると考えられていたが，主体側に注目し，主体自身の

動機や勢力行使に対するコスト・ベネフィットの査定，また事前状況が社会的勢力の種類を選択させることに注目し，どのような場合に主体がどの社会的勢力を行使しようとするのか区分を試みた研究がある（Raven, 1992）。また社会的勢力の知覚や行使に対する個人差も検討されている。レイヴンら（Raven et al., 1998）は社会的勢力に関する尺度作成の際，概念的な区分として，報酬勢力をパーソナルな内容（例．好意）とそうでない内容（例．昇任）の2つ，強制勢力をパーソナルな内容（例．非難）とそうでない内容（例．望ましくない仕事の采配）の2つ，また正当勢力を地位と応報性，負債，依存という4つの内容に区別した。そしてこれらに専門勢力，準拠勢力，情報勢力を加えた尺度を作成した。調査参加者に部下の立場としてこれらの尺度項目への回答を求め，結果を分析したところ，厳しい方略に関する社会的勢力（強制．報酬．正当の応報性．正当の負債）と穏やかな方略に関する社会的勢力（専門．準拠．情報．正当の依存．正当の地位）の2つにまとまることが示された。研究ではこの2つの変数と職務満足度との関連も検討された。その結果，穏やかな方略に関する社会的勢力者への応諾は職務満足感の高さと関連する一方，厳しい方略に関する社会的勢力者への応諾と職務満足感との関連は見出されなかった。

　上記の研究では，社会的勢力と職務満足感を同時に測定しているため，穏やかな方略に関する社会的勢力者への応諾が職務満足感を高めているのか，あるいはもともと職務満足感の高い人がそうした社会的勢力者に応諾する傾向にあるのか区別することができない。社会的勢力による影響が生じた結果や影響が生じる前提条件については，さらに実証的な検討が必要であろう。

（2）要請技法

　私たちの態度は，単純な手がかり要因によって影響を受け，繰り返し要請をされる中で影響を受けたりすることもある。その際に働く心理的原理として，社会的証明，好意，権威，希少性，返報性，一貫性（Cialdini, 1988），また一体感（Cialdini, 2016）の影響が挙げられている。

　社会的証明の原理とは，他者が正しいと考えているだろうという推測に基づいて人が物事の正しさを判断することである。これは対象に対する態度が決まっていないとき，また置かれた状況に適した行動が不確実であるときに

生じやすい。そのような際，私たちは周囲の人，特に自分に類似した他者の行動に従うことがある。冒頭のヘアケア商品選択の例で，"売れ行き好調"と紹介されている商品Bを選択したとすれば，他の多くの人が選ぶものであるからその商品がきっと良いものだろうと考えたためである。なお社会的証明の原理はその行動の実行可能性が高い場合に働きやすいことが示されている（Cialdini, 2016）。ゴールドスタインら（Goldstein et al., 2007）の研究では，ホテルのタオル再利用プログラムというエコロジー活動推進のため，4つのメッセージのいずれかが書かれたカードを宿泊客の部屋に置いた。その内容は環境保護のメッセージ（環境保護アピール条件），プログラムに参加する宿泊客数に応じてホテルが環境保護団体に寄付するというメッセージ（環境協力アピール条件），ホテルはすでに環境保護団体に寄付をしておりそれをカバーしてほしいというメッセージ（返報性規範条件），すでにホテル宿泊客の約75％がプログラムに参加しているというメッセージ（記述的規範条件）であった。最後のカードが社会的証明の原理を働かせるものである。こうした操作を行い，実際にタオルを再利用した宿泊客の割合を検討したところ，環境保護アピール条件では35.1％，環境協力アピール条件では30.7％，返報性規範条件では45.2％，記述的規範条件では44.1％であった。つまり単に環境保護を訴えるよりも他者が実際に環境保護行動をとっていることを伝える方が，宿泊客の態度や行動の変化に結びついていた。行動の実行可能性に対するアピールが効果を持つと考えられる。

　好意の原理とは好意を持つ相手からの要請を受け入れやすいということである。他者への好意を高める変数として相手に知覚する身体的魅力や態度の類似性，また熟知性が挙げられる。身体的魅力の高い人が好まれる理由の1つは"美は徳"ステレオタイプ（Dion et al., 1972）の影響と考えられる。私たちは美しい人が社会的に望ましい特性を持っていると推論するのである。ディオンら（Dion et al., 1972）の研究では参加者に魅力の程度が高，中，低と異なる3名の人物写真を見せ，パーソナリティや将来の生活，また幸福の程度について予測させた。さらに社会的地位の異なるさまざまな職業に3名のうち誰が就くと思うか回答させた。その結果，対象の性別にかかわらず魅力

の程度が高い人が望ましい特性を持ち，将来も良い生活を送ると回答された。

　態度の類似性もまた他者への好意を高める。他者が同じ態度であることで自身の態度の正しさを確認するためと考えられる。態度の類似性に関する知覚の程度が高いほど相手への好意が高いこと（Byrne & Nelson, 1965：第7章2節1項参照）や，特性や態度における類似度と相手の魅力度の関連性（Montoya et al., 2008）が検討されている。

　熟知性はよく知っているという感覚のことであり，私たちはよく顔を合わせる相手に対し好意を持つ場合がある。近くの相手と相互作用するコストは小さく，接触の機会が多い。相手をよく知ることができ好意が高くなると考えられる。ただし実際に相互作用しなくとも相手をよく見かけるだけで好意が生じる場合もある。対象に複数回接触すると対象への肯定的態度が生じる現象を**単純接触効果**（Zajonc, 1968）という。対象の処理効率が高まり，生じた親近感が対象の好ましさに誤帰属されて生じる現象と解釈されている（Bornstein & D'Agostino, 1992）。見慣れた対象へのスムーズな処理がポジティブ感覚を生じさせ，その感覚が判断対象自体から生じていると勘違いされて肯定的態度につながるという説明である。

　権威の原理とは権威を持つ人の要請を受け入れやすいことであり，これまで専門性や信頼性の影響について検討されてきた。私たちは自分がよく知らない領域において何かを選択する場合に，専門知識を持つ人の意見に従うことが多い。その選択が良い結果につながると思うからである。冒頭のヘアケア商品選択の例で，もしいつもおしゃれに気を使っている友人が薦める商品Cを選択したとすれば，友人がその領域において専門知識を持つと思い，相手の要請を承諾したということである。権威の原理の働きは社会的勢力の説明（1項）で取り上げた専門勢力の影響と同様である。

　希少性の原理とは手に入りにくい対象の価値を高く感じることである。獲得できないことが損失としてみなされ，対象を手に入れようとする働きが生じる。また獲得できないことは自由が制約された状況であるため，私たちは対象を手に入れることでその自由を回復させようとする（心理的リアクタンス理論：Brehm, 1956）。冒頭のヘアケア商品選択の例で，もし期間限定商品Dを

選択したとすれば希少性の原理が働いたということである。

　次に挙げる返報性や一貫性の原理は，相手からの連続した働きかけや相手との相互作用において，受け手の態度に影響を与えるものである。

　返報性の原理とは相手から受け取ったものに対しお返しをしようとする働きのことである。この原理を利用した要請技法としてドア・イン・ザ・フェイス・テクニック（door-in-the-face technique）がある。これはあえて大きな要求をしてそれを受け手に断らせてから，次に本来の要求をするというものである。受け手にしてみると相手が要求の水準を引き下げたように感じられ，それに返報しようとして要求を承諾しやすくなる。またザッツ・ノット・オール・テクニック（that's not all technique）は後から特典をつける方法であるが，受け手にしてみると相手が譲歩したように感じられるため返報性の原理が働き承諾しやすくなる。

　一貫性の原理とは人が一貫した行動をとり，また他者からも一貫していると見られることを望むというものである。この原理を利用した要請技法としてフット・イン・ザ・ドア・テクニック（foot-in-the-door technique）がある。受け手にレベルの低い要求を承諾させ，次に本来の要求をするものである。受け手は一貫した行動をとろうとし要求を受け入れやすくなる。またロー・ボール・テクニック（low-ball technique）は最初に受け手に特典を与えて要求を承諾させた後でその特典を取り除いてしまう手法である。人がいったん表明した態度を変えづらいことを利用している。

　なお**一体感の原理**により，私たちは遺伝的あるいは地理的な意味において近い相手や，同期的あるいは協調的行為をする相手の要請を受け入れやすい（Cialdini, 2016）。これらの単純な手がかりは情報処理の十分な動機のない対象に対して働く。先ほど精緻化見込みモデルに関する説明（2節2項）にて紹介した研究（Petty et al., 1983）では，商品の推奨者を有名人もしくは一般人として操作し，低関与条件ではこの違いが広告商品態度に影響することを示した。単純な手がかりは受け手に十分な処理能力がないときにも働きやすい。これを利用し受け手の処理能力を減じて（認知的容量の減少），心理的原理を働かせやすい状況にして要請を承諾させることも可能である。この点については

4節2項において後述する。

4　消費者に対する影響

（1）広告・宣伝・メディアの影響

　企業の**広告**や**宣伝**も説得的コミュニケーションの1つである。これらはさまざまな心理メカニズムを利用し，商品・サービスに対する消費者の態度や購買行動に影響を与えている。ここまでの説明においても，章の冒頭で取り上げたヘアケア商品選択を例にして精緻化見込みモデルで想定されるメカニズムや社会的証明の原理，権威の原理，また希少性の原理が購買場面で働くことについて述べてきた。ほかにも**メディア**を通じたさまざまな試みが行われている。たとえば好みのタレントがSNSで紹介していた商品Eを選択する場合，インフルエンサーマーケティングの影響を受けている可能性がある。すなわちタレントが商品PRのためキャスティングされて行った投稿の可能性である。PRの対価として報酬や物品・サービスが企業から提供されている場合は情報が宣伝目的であることを消費者に示す必要がある。消費者としては商品の紹介が巧妙な宣伝であることを理解した上でその選択を検討すべきであろう。なお宣伝目的であることを隠した商品紹介はステルスマーケティングとなり，景品表示法に違反する。またインターネットの口コミサイトを調べて評価が高い商品Fを選択する場合にも注意が必要である。実際の利用者によるレビューであれば，購入の際に参考にすることができる。しかしサイトの情報には事実とは異なることが書き込まれている場合もある。特に匿名で評価やコメントを投稿できるサイトの場合はその内容を精査する必要があるだろう。

（2）悪質商法の影響

　悪質商法の目的は消費者の心理メカニズムを悪用し不当な利益を得ることである。社会的勢力による影響を利用した商法もその1つであろう。社会的勢力は主体に対する知覚によって成り立つため，本来はそうした勢力を持たない主体であるにもかかわらず，あたかも勢力を持つかのように見せかける

ことが可能である。たとえば宅配業者をよそおってドアを開けさせ窃盗を行うことや，銀行員のふりをして口座の暗証番号を聞き出すこと等は正当勢力の持つ影響力を犯罪に用いたものである。官公署から依頼された業者のふりをして不要な工事契約や商品の売りつけをする場合も同様である。また偽情報を与えて投資詐欺を行う等は情報勢力の影響力を利用した犯罪である。このようなたくらみに対抗するためには，相手が本当に勢力を持つのかどうか精査する必要がある。

　催眠商法では安価な粗品無料配布などで消費者を集め，会場の雰囲気を興奮状態にし，消費者の冷静な判断力を奪って高価な商品を売りつける。粗品を無料で受け取ったことによる返報性の原理，また親切なふりをした販売員に対する好意の原理，さらに皆で大きな声で返事をしたり挙手をしたりすることで生じる一体感の原理など，単純な手がかりは受け手に十分な処理能力がないときに働きやすい。催眠商法は消費者の情報処理能力（認知容量）を減じた状況にした上でこれらの原理の働きを悪用する例である。

　またキャッチセールスでは，路上でアンケートへの回答を求めるなどにより人を呼び止め，それに応じた場合に別の場所に連れて行き商品等を売りつけるが，ここでは一貫性の原理が悪用されている。アンケート回答という要求を承諾した受け手に対しフット・イン・ザ・ドア・テクニックを用いて商品購入や契約を要求するのである。偽の当選情報を与えて呼び出し，商品の契約を迫る等のアポイント商法も同様である。悪質商法の被害から身を守るためには，説得や態度変化における人の心理メカニズムを知ることが重要といえる。これにより相手の悪質なたくらみを看破することが可能であろう。

●おすすめ図書

今井　芳昭（2006）．依頼と説得の心理学——人は他者にどう影響を与えるか——　サイエンス社

深田　博己（編著）（2002）．説得心理学ハンドブック——説得コミュニケーション研究の最前線——　北大路書房

第5章

感情と認知

——感じること・考えることの相互作用

　次のシーンを想像してみよう。Ａさんは食べるのを楽しみにしていたスイーツを家族に食べられてしまったが，ダイエット中なのでまあよしとした。良いことがあった日はうきうきしているせいかＢさんはショッピングモールでつい洋服を買いすぎてしまう。就職面接で自分の成功経験を挙げるよういわれたＣさんだが，そうしたエピソードがなかなか思いつかずがっかりして自信をなくす。Ｄさんは定期試験前に，いま勉強しなければ後で後悔すると思い遊びに行くのを諦める。Ｅさんは友人のアルバイト先の話を聞きながら会ったこともない同僚のエピソードに笑い，その人を好ましく思う。

　上記のように，日常生活において私たちはさまざまな感情を経験する。また感情を予測したり制御したりもする。本章では感情と認知の相互作用過程や感情制御の働き，さらに集合行動やコミュニケーションにおける感情共有の役割について理解する。

1　感　　　情

（1）感情とは

　日常生活において私たちはしばしば**感情**という言葉を用いる。たとえば感情的になる，感情に流される，感情を露わにするなどである。こうした場合，その表現には否定的な意味合いが含まれている。他方，感動する，感激する，感銘を受けるなど，感情に関わる表現には肯定的な意味を持つものもある。また文脈によって否定・肯定どちらにも用いられる言葉もある。"エモーショナル"はその一例であろう。このように感情に対しては理性的なふるまいを阻害するというネガティブな見方と，心を揺さぶられる対象に向けたポ

68 第1部 自分を知る・他者を知る・世界を知る

ジティブな見方がある。

　エクマン（Ekman, 1992）は表情認識研究を通じ，人間に共通で普遍的な感情（基本感情）として，喜び，怒り，悲しみ，恐怖，嫌悪，驚きの6つを挙げた。こうした基本感情の考え方に対しては，文化間で感情の捉え方が異なる点を指摘し，新たな枠組みを提案する理論もある（Russell, 2003）。その理論によると，感情とは「ムード（mood）や情動（emotion）に示される，シンプルな生の（raw）感覚として意識的にアクセス可能な神経生理学的状態」（p.148）であり，2つの次元を持つ。1つは快―不快の方向性を示す感情価（valence）の次元であり，もう1つは不活性―活性の方向性を示す喚起（arousal）の次元である。2つの次元は独立で直交するとされ，感情はこの2次元の空間上で捉えられる。この理論ではムードや情動を包括するものとして感情を定義している。

　フォーガス（Forgas, 1995, 2002）による感情の定義もこの考え方と一貫する。**情動**は比較的強く，対象や原因が明らかで一時的な感情状態であり，**ムード**は比較的弱く，対象や原因がはっきりとしない持続的な感情状態である。本章でも情動とムードを包括した概念として感情を取り上げる。

（2）感情に対する認知の影響

　本章の冒頭で挙げたAさんはスイーツを食べられてしまったが，そのときに"家族が自分のダイエットに協力してくれた"と思えば，怒りや悲しみではなくむしろ感謝が生じるかもしれない。これは認知的再評価の例である。

　認知的再評価とは，問題のある状況に意味を見出すこと，またその状況に対してポジティブな解釈をすることである。人はネガティブ感情を経験しているとき，その感情を軽減するための認知的活動や行動的活動に従事する（Cohen et al., 2008）。こうした感情制御のプロセスを示したモデルでは，感情経験の前に行われる**感情制御**を先行焦点型，感情経験の後に行われる感情制御を反応焦点型と呼んでいる（Gross, 1998）。先行焦点型感情制御は状況や特徴，意味に対する認知的再評価をすることで感情反応を調整する段階であり，反応焦点型感情制御は感情表出を抑制することで感情反応自体を調整する段階である。

リチャーズとグロス（Richards & Gross, 2000, Study2）の研究では，実験参加者に対し研究目的を怪我人に対する印象形成と告げた。そして怪我人の写真スライドを複数提示しながらその説明を音声で聴かせた。スライドの半数は強いネガティブ感情を導出するような写真，残り半数は弱いネガティブ感情を導出するような写真であった。スライド提示の際，実験参加者には，見ている間にできるだけ感情を顔に出さないこと（感情表出抑制条件），もしくは医学の専門家のようにできるだけ客観的・分析的に見ること（認知的再評価条件），もしくは写真を注視すること（統制条件）のいずれかを求めた。参加者の感情状態に関する自己報告を比較したところ，強い感情を導出する写真に対し，認知的再評価条件は統制条件よりもネガティブ感情の程度を低く回答していた。他方，感情表出抑制条件の報告には統制条件との差は見られなかった。音声内容に対する参加者の記憶を条件間で比較したところ，写真から導出される感情の強弱にかかわらず，感情表出抑制条件は統制条件よりも記憶の程度が低かった。認知的再評価条件と他の2条件の間には差は見られなかった。また写真内容の記憶について検討したところ，強い感情を導出するような写真に対し認知的再評価条件は統制条件よりも記憶の程度が高かった。他方，感情表出抑制条件では写真から導出される感情の強弱にかかわらず記憶の程度は統制条件と同等であった。これらの結果は，認知的再評価によって，生じる感情の程度が変わることや感情を生じさせる対象への注意が継続されることを示唆している。上記の研究では参加者に教示を与え感情制御の方略を操作していたが，日常生活において私たちも置かれた状況の捉え方を変えればAさんのように感情の調整が可能となるかもしれない。

2　感情が認知に及ぼす影響

(1) ムードの影響

　感情価や喚起の程度が低い感情であるムード，つまり良い気分や悪い気分のような感情状態が判断や情報処理に影響を与えることが明らかになっている。人はムードの源泉（感情が生じる原因）をはっきりと自覚しないこともあ

70 第1部 自分を知る・他者を知る・世界を知る

る。そのためしばしば別の対象に対する感情と取り違え（誤帰属），その対象
の判断時に感情の影響を受ける場合がある。本章の冒頭で紹介したBさん
のように，良いことがあった日に買い物をすると想定以上の出費につながる
かもしれない。楽しいショッピングであるが，その楽しさは商品それ自体に
対するものか，もしくは買い物をする前にたまたま経験した出来事から生じ
たものか，私たちは混同することがある。ヤンとワイヤー（Yeung & Wyer,
2004）の研究では，実験参加者にポジティブな出来事もしくはネガティブな
出来事を想起させ，いずれかの感情を導出した。その後，別の課題として魅
力的な商品写真を見せて評価を尋ねた。参加者の回答を確認したところ，ポ
ジティブな感情状態にあった参加者の方が商品に対し好意度を高く回答して
いた。商品とは無関連な出来事想起から生じた感情が，商品に誤帰属されて
その評価に影響を与えたと考えられる。こうした現象は**感情一致効果**と呼ば
れる。

　感情一致効果が生じる理由として次のプロセスが挙げられる。ポジティブ
な感情は判断対象が良いことを人に知らせる働きをし，ネガティブ感情は判
断対象が悪いことを知らせる働きをする。すなわち，感情が判断の際に情報
として働く（Schwarz, 1990）。対象からポジティブ感情が生じれば，その情報
が手がかりとなり対象を肯定的に評価できる。しかしながら，対象とは無関
連な源泉から感情が生じていても，私たちはその商品に対する感情と誤って
捉え，判断の手がかりとする。感情の原因を取り違えていることに人は無自
覚であるため，判断に感情一致効果が生じていることも気づきにくいのであ
る。ただし正しい原因を顕現的，すなわち目立つようにした場合には，感情
一致効果が見られなくなる場合もある。シュワルツとクロア（Schwarz &
Clore, 1983）の研究では，晴れた日もしくは雨の日に電話調査を実施して参加
者に生活満足感を尋ねた。参加者の回答を確認したところ，晴れた日には雨
の日よりも生活満足感の程度が高かった。良い天気から生じたポジティブ感
情が生活満足感に対する感情と取り違えられたためであろう。ただし，生活
満足感について尋ねる前に参加者が住む地域の天気について回答を求めると，
天気が悪い場合の感情一致効果が見られなくなった。自分のネガティブ感情

の原因を正しく天気に帰属でき，生活満足感の判断に感情が用いられなくなったためと考えられる。冒頭に挙げたBさんも，うきうきした気分が無関連な出来事から生じていることに気づけば，ショッピングモールで物を買いすぎずに済んだかもしれない。

　上記で見たように感情の影響が判断に対して見られやすい場合とそうでない場合があるが，これらを整理したのが**感情混入モデル**（affect infusion model）である（Forgas, 1995：図5-1）。このモデルは，感情の影響を受けた情報が判断者の思考過程に混入することを前提とし，課題や判断者の特徴，また状況要因によって感情混入の程度や性質が決まると仮定している。そして"課題の質"に関する軸と，課題に対する認知的な"努力の量"という軸により4つの処理方略を区分して感情混入を説明する。

　課題の質の軸は，構成的（constructive）課題と復元的（reconstructive）課題とを区分する。両者の相違は，判断対象に関する知識がすでに関連づけられて記憶に保持されているかという点である。すでによく知っている対象の判断，すなわち復元的課題に対しては既存知識を復元して判断すればよく，新しい情報を考慮する必要がない。他方，あまりよく知らない対象の判断（構成的課題）をする場合には，情報を統合し知識を構造化する必要がある。新

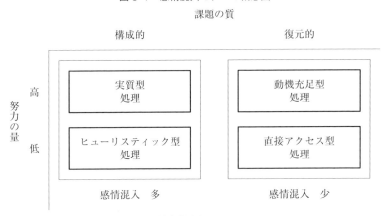

図5-1　感情混入モデルの概念図

（Fiedler, 2001, p.172, Fig.8.1 より筆者作成）

たな情報も考慮する必要があるため，こうした構成的課題の判断には感情が影響を及ぼしやすい。モデルではさらに，それぞれの課題に対して努力の程度が高い場合と低い場合を想定している。

　構成的な課題であり，処理に対する特定の目標がなく，また認知容量が十分にある場合，実質型処理（substantive processing）がとられる。記憶の中の情報と感情は結びついており，楽しい感情状態になったときには過去の楽しい思い出が想起されやすいように，感情が生じると記憶の連合ネットワーク（Bower, 1981）を通じてその感情と一致する感情価を持つ情報が選択的に利用されやすくなる。実質型処理においては，判断に関連する情報を解釈し既存知識と統合する過程が必要なため，そのときの感情状態に結びついた情報が判断に混入し，感情一致効果が見られやすい。

　他方，構成的課題であっても，判断に対する個人的関与が低い場合や認知的容量が制限されている場合には，ヒューリスティック型処理（heuristic processing）がとられる。先述した通り感情は情報として働き（Schwarz, 1990），対象の判断に利用される。そのため判断に感情が混入し感情一致効果が見られやすくなる。

　復元的課題であり，特定の目標が存在してその遂行のために認知的努力の量が高い場合には，動機充足型処理（motivated processing）がとられる。ネガティブな感情状態を改善するために自分の好きな活動に従事するといったこともこうした処理の例である。この場合，ネガティブ感情が生じていたとしても，好きな活動に対する判断に感情が混入する余地は小さく，感情一致効果は見られにくい。

　同様に復元的課題であっても，特定の目標が存在せず認知的努力の量が低い場合には，直接アクセス型処理（direct access processing）がとられる。この場合，アクセスされるのは既存知識であり，判断はその知識に基づいて行われるため感情が混入する余地は小さい。つまり感情一致効果は見られにくいと考えられる。このように，感情混入モデルは感情が判断に混入し感情一致効果が見られやすい場合として2種類の異なるプロセス，また感情が判断に影響を与えにくい場合として2種類の異なるプロセスを想定している。

なお感情は判断に影響を与えるとともに，情報処理にも影響を与える。ポジティブな感情状態にある場合とネガティブな感情状態にある場合とでは，情報について考える程度が異なる可能性がある。第4章において精緻化見込みモデル（Petty & Cacioppo, 1986）を紹介する際，論拠の強いメッセージに対する態度と論拠の弱いメッセージに対する態度の差が大きいと精緻化の程度が高いとみなされることを説明した。この精緻化の指標を用いて感情が情報処理に与える影響について検討したブレスら（Bless et al., 1992）の研究では，実験参加者である大学生に楽しい出来事（ポジティブ感情条件）もしくは悲しい出来事（ネガティブ感情条件）を想起させレポートを書くよう依頼した。その後，学費値上げに関する説得メッセージを聞かせたが，その際，メッセージ論拠の強弱が操作されていた。学費値上げに対する参加者の態度を確認したところ，ネガティブな感情状態にある参加者の態度は弱い論拠よりも強い論拠のメッセージに対し肯定的であった。他方，そうした論拠の強弱はポジティブな感情状態にある参加者の態度には影響を与えていなかった。またバトラとステイマン（Batra & Stayman, 1990）の研究では，参加者の半数にポジティブな感情が生じるストーリーを読ませ（ポジティブ感情条件），残り半数には何も読ませなかった（ニュートラル感情条件）。続けて別の研究として銀行の広告を提示し，銀行に対する評価を求めた。広告には論拠の強いメッセージ（たとえば，預金金利が高い）もしくは論拠の弱いメッセージ（たとえば，コーヒーが無料で提供される）が書かれていた。参加者の評価を確認したところ，ニュートラル感情条件においては，論拠の強いメッセージの場合には論拠の弱いメッセージの場合よりも，銀行のブランドが高く評価されていた。他方，ポジティブ感情条件においては，論拠の強弱によってブランド評価に差が見られなかった。

　これらの結果は，ポジティブな感情状態にあると，ネガティブな感情状態やニュートラルな感情状態にある場合よりも，情報処理に対する努力の程度が低くなる可能性を示唆している。こうした影響が生じる理由として，ネガティブ感情が状況に問題のあることを知らせて「努力を要し詳細で分析的な処理方略を促す」一方，ポジティブ感情が状況に問題がないことを知らせて

74 第1部 自分を知る・他者を知る・世界を知る

「努力の程度の低いヒューリスティックな処理方略を促す」ためという説明が提出されている（Schwarz, 1990, p.527）。

　このような感情状態と情報処理の関係は，説得メッセージだけではなく，他者に関する情報（e.g., Bless, Schwarz et al., 1996；Bodenhausen et al., 1994；Unkelbach et al., 2008）や他者の発話内容（Forgas & East, 2008）など他の社会的情報を処理対象とする研究においても認められている。なお，先に紹介した感情と判断に関する研究（Schwarz & Clore, 1983）と同様，人が感情の源泉を正しく意識すると，こうした処理方略に対する感情の影響が見られなくなることも示されている。シンクレアら（Sinclair et al., 1994）の研究では，調査参加者に論拠の強いもしくは弱い説得メッセージを聞かせ，その内容に対する態度を測定した。その結果，調査の際の天気が悪い場合には，論拠が弱いメッセージよりも論拠の強いメッセージに対して肯定的態度が見られた。対照的に，天気が良い場合では論拠の強弱は態度に影響を与えていなかった。他方，参加者の意識を天気に向けさせた場合には，天気の状況にかかわらず論拠の強いメッセージに対して弱いメッセージよりも肯定的な態度が見られた。感情の源泉を自覚すると，私たちはその影響を修正することができるようである。また上記の結果は，ポジティブな感情状態が情報処理を阻害したり，処理動機を低めたりするわけではないことも示唆している。ブレスら（Bless, Clore et al., 1996）の研究では，ポジティブな感情状態もしくはネガティブな感情状態の参加者に，レストランでの食事に関するストーリーを聞かせた。ストーリーには典型的なエピソード（たとえば，テーブルにつく）と非典型エピソード（たとえば，床からナフキンを拾う）が含まれていた。またストーリー提示中には認知資源を必要とする別の課題（文字列の中から指定された字にマークする）への従事も求めた。ストーリーの記憶を確認したところ，ポジティブ感情の参加者は典型的な内容に対して，ストーリーになかったものもあったと誤って回答したものの，もう1つの課題ではネガティブ感情の参加者よりも成績が良かった。この結果は，ポジティブ感情にある場合には既存の知識構造に依存した処理がとられやすいものの，もし他の目標のために注意深い情報処理が必要とされる場合には精緻な処理が可能なことを示している。

（2）主観的感覚の影響

　感情の情報的機能については，ムードの影響を取り上げて検討されること
が多いが，恐怖などの情動，また表情などの身体的経験，また処理の流暢性
などの認知的経験においても同様のプロセスが生じうる（Schwarz & Clore,
2007）。たとえば情動に関し恐怖感情の影響を検討したシュワルツら（Schwarz
et al., 1985）の研究では，喫煙者である参加者に偽薬としてビタミン剤を投与
し，その薬には覚醒作用（覚醒条件），もしくは鎮静作用（鎮静条件），もしく
は副作用がない（副作用なし条件）と告げた。続けて喫煙に対する恐怖を導出
するような映像を視聴させた。なお映像を視聴しない統制条件も設けられて
いた。参加者の減煙意図を確認したところ，鎮静条件では副作用なし条件や
統制条件よりも減煙意図が高かった。他方，覚醒条件では副作用なし条件や
統制条件と差が見られなかった。また実験後2週間の喫煙状況について報告
を求めたところ，鎮静条件と副作用なし条件では，覚醒条件や統制条件より
も減煙を報告していた。鎮静条件の参加者は薬の作用によって自分が鎮静状
態になると信じていた。そのため映像によって恐怖感情が導出されるとその
恐怖の影響を受けやすく，減煙意図や行動が高まったと考えられる。他方，
覚醒条件の参加者においては恐怖感情による生理的喚起が薬の作用に誤帰属
され，減煙の意図や行動への影響が小さかったと考えられる。こうした結果
は，情動も情報として働く可能性を示唆している。ただし情動は特定の出来
事に対する反応であり，ムードのように源泉が曖昧ではない。そのため無関
連な対象に影響を与えることはムードと比べて少ないだろう。なお身体的感
覚の情報としての働きについては，表情によって生理的反応が変化すること
（Ekman et al., 1983）などがその可能性を示唆している（Schwarz & Clore, 2007）。

　認知的経験から生じる**主観的感覚**（subjective feelings）もまた，情報として
働き判断に影響を与える可能性がある。以下ではこの点について知覚的流暢
性と検索容易性を取り上げて説明する。**知覚的流暢性**とは対象の処理のしや
すさのことである。たとえば，対象の説明文の読みやすさといった刺激的特
徴，また以前その対象に接触した経験により，その対象の処理が容易に感じ
られる。こうした知覚的流暢性の感覚は，対象の好ましさによって生じたも

のとしばしば誤って捉えられる。第4章で紹介した**単純接触効果**（Zajonc, 1968）が生じる理由として，刺激の処理効率が高まり，生じた親近感が刺激の好ましさに誤帰属されるという説明が提示されている（Bornstein & D'Agostino, 1992）。また，このような単純接触効果が生じる過程においては，流暢性の感覚自体がポジティブなものであると考える立場もある。ウィンケルマンとカシオッポ（Winkielman & Cacioppo, 2001）の研究では，ニュートラルな対象を白黒の線で描いたさまざまな絵（たとえば，馬，飛行機，鳥，犬，家）を刺激として実験を行った。実験では，判断対象となるターゲット刺激もしくは異なる刺激を，見たと自覚できないほど短時間で閾下呈示した。続けてターゲット刺激を見せ，その際の感情反応を検討するため顔の皮膚電位を測定したところ，あらかじめターゲット刺激を閾下呈示されていた条件は，異なる刺激を呈示されていた条件よりも，ポジティブ感情を示す表情反応を示していた。この結果は，同じ刺激に繰り返し接触したことで判断対象の処理に対する知覚的流暢性が生じること，またその感覚がポジティブなものであることを示唆している。なお単純接触効果の現象は商品選択という応用場面でも生じる。松田らが行った研究（松田ら，2006）では，商品名や企業名，ブランド名などをメロディに乗せたサウンドロゴを用いてこの点について検討している。研究では1回，もしくは3回，もしくは5回と呈示回数を変えて実験参加者にサウンドロゴを聞かせた。また一度も聞かせない統制条件も設けた。またサウンドロゴに用いるメロディの親近性（聴きやすさ，馴染みやすさ）の高い条件と低い条件も設けた。参加者に商品名の評価を尋ねたところ，サウンドロゴの反復呈示とメロディの親近性が商品名に対する安心感や好意度を高めていた。またこれらの安心感や好意度は購買意図に結びついていた。

　知覚的流暢性と同様，検索容易性や検索困難性も私たちの判断に影響を与える。**検索容易性**とはある対象について記憶している材料を想起する際の容易さの感覚であり，**検索困難性**は困難さの感覚である。こうした感覚は対象に対する判断の際に情報として用いられる（Schwarz et al., 1991）。ヴァンケら（Wänke et al., 1997）の研究では，実験参加者にBMW車の印刷広告4種類のうち1つを提示してブランドに対する評価を確認した。どの広告にも"BMW

かメルセデスか？"というヘッドラインが記載されていたが，それに続く文章が異なっていた。2つの広告には"BMWを選ぶのには多くの理由がある"と書かれており，もう2つの広告には"BMWを選ばないのには多くの理由がある"と書かれていた。さらにそれぞれに続けて"あなたは1つ挙げることができるか"もしくは"あなたは10個挙げることができるか"と書かれていた。つまり，ブランドを選ぶ理由もしくは選ばない理由，またその理由について1つもしくは10個を参加者に考えさせるような内容になっていたのである。各条件のブランド評価を確認したところ，選ぶ理由に対して10個と記載されていた場合の方が，1つと記載されていた場合よりもブランド評価が低かった。対照的に，選ばない理由に対して10個と記載されていた場合の方が，1つと記載されていた場合よりもブランド評価が高かった。選ぶ理由もしくは選ばない理由を多く挙げることは困難に感じられる。たとえば選ぶ理由を10個挙げることが難しいと感じられた場合，そうした検索困難性の感覚が判断に用いられ，1つ挙げる場合よりもブランド評価が低くなったと解釈されている。

　私たちは日常生活においてこうした検索容易性や検索困難性の影響を気づかず受けている可能性がある。本章の冒頭で紹介したCさんは成功経験のエピソードをなかなか思いつけず自信をなくした。検索が困難であったため，自分は物事に成功した経験が少ないと判断したのである。ただしこうした効果は，正確な判断を動機づけられている場合には認められていない（Aarts & Dijksterhuis, 1999）。対象についてよく考えて判断する動機や認知容量が十分にあるときには検索容易性や検索困難性が手がかりとして用いられない可能性がある。じっくり考えることができる状況であれば，Cさんも成功体験と呼べるエピソードを思い出し，目標に向けた努力ができる自分を評価できただろう。思い出しやすさの感覚ではなく，思い出した内容に基づいた判断である。

3 感情制御

(1) 生じた感情の制御

　先述したように，感情に対する認知の影響として感情制御の働きが挙げられる。紹介した研究（Richards & Gross, 2000）では，認知的再評価をするよう参加者に教示すると刺激に対するネガティブ感情の程度が低まった。なお認知的再評価のために方略を使用する程度には個人差があるとされ，それを測定する尺度も開発されている（Gross & John, 2003）。この尺度を用いて消費場面での感情制御について検討したケンプとコップ（Kemp & Kopp, 2011）の研究では，参加者に映像を視聴させ，楽しみ感情（楽しみ条件）もしくは悲しみ感情（悲しみ条件）を導出した。またニュートラルな映像を視聴する条件も設けた（ニュートラル条件）。続けて参加者にあるシナリオを提示してその状況を想像するよう依頼した。シナリオでは，オークションに参加してレストランディナーのギフト券（快楽的消費）もしくはそれと同額の食料雑貨のギフト券（機能的消費）のいずれかに入札するという内容が書かれていた。ギフト券に対する参加者の購入意図を確認したところ，楽しみ条件と悲しみ条件は，ニュートラル条件よりもディナーのギフト券に対して購入意図を高く回答した。また悲しみ条件においては認知的再評価の程度による差が認められ，低い群は高い群よりもディナーのギフト券の購入意図が高かった。この結果は，人がポジティブ感情を維持するため，またネガティブ感情を改善するために，機能的消費よりも快楽的消費をすること，また感情制御の方略によって消費意図が調整されることを示している。認知的再評価という感情制御方略を使用する程度が低いと，ネガティブ感情改善に必要な内的過程にアクセスしにくく，快楽的消費という外的な方法がとられやすいのであろう（図5-2）。

　この研究では感情を制御するために快楽的消費という行動がとられていた。これは意識的な感情に対する制御であるが，私たちは主観的に経験していない感情，つまり非意識的な感情も制御する可能性がある。この点について検討したゼマック＝ルガーら（Zemack-Ruger et al., 2007）の研究では，参加者に

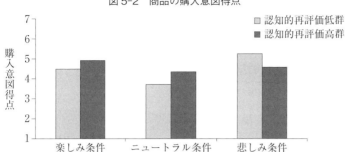

図 5-2 商品の購入意図得点

得点が高いほど快楽的商品の購入意図が高いこと，得点が低いほど機能的商品の購入意図が高いことを示す。
(Kemp & Kopp, 2011, Fig.1 より筆者作成)

視覚課題として，本人が意識できないくらい短い間で刺激を閾下呈示した。刺激は罪悪感情に関連する語（罪悪感情条件）もしくは悲しみ感情に関連する語（悲しみ感情条件）であった。続けて研究者のために退屈な課題に無報酬で協力することを依頼し，従事可能時間について0分～20分の間で回答を求めた。また罪悪感の感じやすさの程度を測定する尺度への回答も求めた。実験後に他の予定がなく協力が可能であった参加者の回答時間を比較したところ，罪悪感の感じやすさが低い参加者では感情の影響が認められなかった。他方，罪悪感の感じやすさが高い参加者では，悲しみ感情条件よりも罪悪感情条件の方が援助行動の従事時間を長く回答していた。人は罪悪感を低減するために援助行動をとることが確認されているが (Estrada-Hollenbeck & Heatherton, 1998)，この研究では感情に関連する語は閾下呈示されており，参加者はそれを意識することはなかった。それにもかかわらず感情制御の目標も非意識的に活性化されて援助行動に結びつくことが示唆された。

　感情制御が非意識的に行われる理由として，1つは自動的な感情均衡のメカニズムの働きが挙げられる (Bargh & Williams, 2007)。身体システムにおけるホメオスタシス（恒常性）と同様に，私たちには感情を一定の状態に保とうとするシステムが備わっているという可能性である。もう1つの理由は，意識的な感情制御を繰り返すことによって感情制御が自動的になった可能性である。怒り感情に任せた他者への攻撃などは社会生活において不適切な行

為であるため，私たちは感情を静めることや他の方向へそのエネルギーを向けることを学習する。そうした感情制御が習慣となり自動的に行われるようになるのだろう。

（2）予期される感情の制御

　私たちは将来の出来事に対する感情的反応を予測することがある。本章の冒頭で紹介したDさんは勉強しないと後で後悔すると思い遊びに行くのを諦めた。定期試験で失敗することに対して後悔を予期したのである。このような**感情予期**にはバイアスが伴う場合がある。たとえば，人が感情の持続期間を実際よりも長く見積もることや（Gilbert et al., 1998；Wilson et al., 2000），感情の強さを実際よりも大きく見積もること（Buehler & McFarland, 2001）である。将来の出来事の感情的反応が自分の人生に及ぼす影響を過大視する傾向は**インパクト・バイアス**と呼ばれ（Wilson & Gilbert, 2003, p.351），さまざまな場面で生じることが確認されている。インパクト・バイアスが生じる理由として，当該の出来事の結果に対する**焦点化傾向**が挙げられる。実際には他に経験する出来事によって当該の出来事に対する感情反応は和らぐ可能性があるが，予測する時点ではそのことが考慮されない。またネガティブな出来事に対して生じるインパクト・バイアスの理由としては，**免疫の無視**も挙げられる。これはネガティブな出来事への適応能力に対し人が無自覚であることを指す。身体の免疫システムと同様，人には心的な免疫システムが備わっているため，ネガティブな出来事が起こった場合にもそのダメージから回復することができる。ただし予測する時点ではそうした能力を考慮しないため，実際以上にネガティブ感情を過大視するという。

　先の例で挙げたDさんも，定期試験の失敗に対し予測したほど後悔はしないかもしれない。つまりインパクト・バイアスが生じる可能性がある。それでもあらかじめ否定的な感情を予測することは目標への課題遂行を動機づける働きをした。このように，予測された感情を制御することにおいてインパクト・バイアスは適応的な機能を持つ場合がある。

4　社会と感情

（1）集団における感情とその影響

　個人の心的過程における感情と認知の相互作用について説明したが，感情はこうした個人内過程のみならず，他者との関係性や集団内，また集団間の多様な現象に対しさまざまな影響を及ぼす。

　集団間感情理論（intergroup emotion theory：Mackie et al., 2000）では集団間感情を，自分が所属し同一視している集団の成員に起きた出来事に対する感情と定義している。集団間感情は集団間行動に結びつく。他の集団によって生じる怒りや不安，プライド，罪悪感は，相手集団に対し社会的，政治的，そして身体的反応をとらせる（Mackie et al., 2008）。その１つが集団への攻撃行動である。これは社会的な問題であるが，先述した個人内過程における感情制御と同様，**集団における感情制御**（group-based emotion regulation）のアプローチでそれらの現象を説明しようとする理論がある。その理論では，集団成員が自分たちの感情を制御するため，集団に関連する状況の認知や行為を変えようとする点に注目している（Goldenberg et al., 2016）。またこうした方略がとられる理由について検討した研究では，自分と所属集団との関係に関わる集団内動機，所属集団と他の集団との関係に関わる集団間動機，所属集団の存在に関するメタ的動機（たとえば所属集団に対する肯定的知覚）という３つの動機の存在を挙げている（Porat et al., 2020）。このような集団間感情やその制御による影響のプロセス，さらにそのプロセスへの介入方法の検討が，集団間の紛争解決に結びつくことが望まれる。

（2）感情の共有

　個人間の過程においても感情は重要な働きを持つ。その１つが**感情共有**による他者との関係性構築である。本章の冒頭で紹介したＥさんの例のように，第三者のエピソードを用いて検討したピータースとカシマ（Peters & Kashima, 2007）の研究では，エピソードに対する送り手の感情を受け手が共有すると，送り手に対して結びつきを感じ，さらに第三者に対する送り手の態度に協調

82 第1部 自分を知る・他者を知る・世界を知る

することが示された。またこうした効果が送り手と受け手の集団成員性によって調整される可能性も示されている（田中・小森, 2020）。

　これらの研究知見は上記で挙げた集団間問題の解決に示唆を与えるかもしれない。互いの集団成員に対する態度を直接的に変容させることは難しいが, 第3の集団を介在させその集団成員に対する感情の共有を知覚させることにより, 肯定的な集団関係の構築が進められる可能性である。このように感情に関する研究の進展が, 具体的な社会課題の解決に対し貢献する余地は大きいと考えられる。

●おすすめ図書
有光 興記（監修）（2022）．感情制御ハンドブック――基礎から応用そして
　　実践へ　北大路書房
大平 英樹（編）（2010）．感情心理学・入門　有斐閣

〈コラム〉組織における感情の役割――LMX と組織行動

　リーダーシップに関わる理論の1つに LMX 理論（Leader-Member Exchange：Graen, 1976；Graen & Uhl-Bien, 1995）がある（第10章1節3項参照）。この理論はリーダーとフォロワーの社会的交換関係に注目している。リーダーからは業績評価や昇進の機会など, フォロワーからは業務成果などが相手へと渡されるが, それにとどまらず信頼感や尊敬など情緒的交換もなされる場合がある。こうした「成熟した関係（パートナーシップ）を発展させられるときに, 効果的なリーダーシッププロセスが生じる」（Graen & Uhl-Bien, 1995, p.225）。リーダーとフォロワーは互いの資源やサポートにアクセスしやすくなる。そしてフォロワーは,（明確に業務としては指示されてはいないが）組織発展に貢献する活動にも従事するようになるという。

　なお LMX が進むプロセスにおいて, より感情の役割に焦点を当てたモデルもある。まず役割取得（role taking）段階においてリーダーが表出するポジティブ感情がフォロワーに伝染する。次に役割形成（role making）段階においてお互いの感情の取り込みがなされ感情の共有が生じる。こうして構築された二者間の関係性は, 役割のルーティン化（role routinization）段階において別の相手との関係性と比較され, それらと区別されて新たな感情を生じさせる（Cropanzano et al.,

2017）。

　このモデルでは第1段階としてリーダーの感情表出を挙げている。これは，しばしば“冷静沈着なリーダー像がよしとされること”と一貫しないように思われるかもしれない。確かに，問題のある状況に直面した場合，リーダーが動揺や失望を表出することはチーム・メンバーの士気を下げる。こうした場合には「意図的な冷静さ」（deliberate calm：Brassey et al., 2022）が必要だろう。しかしながら，そうした状況においてもリーダーが楽観的な感情を表出し，成功の可能性への確信をメンバーに伝え続けることは，むしろ肯定的な結果につながるはずである。

第2部

つながる・争う・和解する・まとまる
——対人関係・集団

第6章

反社会的行動と向社会的行動

——人を攻撃する心理と助ける心理

　「攻撃」という言葉は，一般的に敵対的な行動や他者への侵害を指すことが多く，否定的な意味合いで使われることが多い。しかし，文脈によっては肯定的な側面も持ち合わせている言葉でもある。たとえば，サッカーやバスケットボールなどのチームスポーツで，「攻撃的なプレイスタイル」という表現が使われることがある。その他にも，マーケティング場面において，「攻撃的なマーケティング戦略」という言葉が用いられることもある。これらの「攻撃」は，「積極的」あるいは「熱心な」など，比較的肯定的な意味合いで使われている事例である。このように，「攻撃」はその使用される環境や目的に応じて，否定的な意味合いから肯定的な解釈へと変わりうる多面的な言葉である。

　また攻撃とは対照的に，人は道に迷っている人がいたときに道案内をする，災害時に募金や物資の支援を行うなど，自分自身の利益とは関係なく，他者のために行動することもある。困っている人に力を貸すことは，一般的に**援助**と呼ばれる。これらの攻撃行動と援助行動は，対人関係において重要なテーマであり，その理解と対策は現代社会においてますます重要となっている。

　そこで，この章では，社会心理学において「攻撃」と「援助」という言葉がどのように定義され，それらがどのように学習され，社会に影響を及ぼすのかについて見ていく。

1 攻 撃 行 動

(1) 攻撃行動とは

　社会心理学において，**攻撃**という言葉は一般に，危害を加えられることを望んでいない他人を傷つけることを意図した行動と定義されることが多い(e.g., Baron & Richardson, 1994)。ブッシュマン（Bushman, 2019）は，社会心理学において攻撃を定義する際には 4 つの重要な特徴があるとしている。1 つめの特徴は，攻撃は目に見える外的な行動であるという点である。たとえば，人が誰かを殴ったり，誰かを罵ったり，噂話を広めて誰かの評判を落とそうとしたりするという行動は，私たちの目から見える行動である。つまり，攻撃性は感情でも，怒りといった内面的なものではない。また，「誰かを傷つけたい」「殺害したい」などと頭の中で考えることも，社会心理学が定義する攻撃とは区別される。2 つめの特徴は，攻撃は社会的な行動であり，少なくとも 2 人以上の人間が関わるものである。3 つめの特徴は，攻撃は意図的なものであり，偶然起こるものではないというものである。しかし，他者を傷つける意図的な行動がすべて攻撃行動というわけでもない。たとえば，医者や看護師は意図的に患者に注射をすることで，患者の皮膚を傷つける。しかし，それらは医療行為，つまり患者を治療し，助けることが目的として行われるものであり，それらは攻撃にはならない。そして，4 つめの特徴は，攻撃を受ける被害者がその危害を避けたいと考えているということである。この特徴からも医師や看護師の医療行為は，患者が望んで受け入れているため攻撃からは除外される。

　攻撃にはさまざまな形態があり，それらを区別することは，人の攻撃行動がどのように表現されるかを説明するための有用な手がかりを与えてくれる。一般的に攻撃を区別する軸として，身体的—言語的，直接的—間接的，能動的—受動的などが存在する（Buss, 1961）。まず，身体的攻撃とは，殴る，蹴る，刺すなど，身体の一部や武器を使い，他者に対して物理的な危害を加える行為を意味する。一方で，言語的攻撃は悪口をいったり，怒鳴りつけたりする

など，言葉によって相手を精神的に傷つける行為のことである。次に，直接的攻撃は相手が物理的に存在する場面で行われるような攻撃を意味する。たとえば，面と向かって罵る行為や，目の前にいる人を叩くなどが直接的な攻撃である。それに対して，間接的行動は相手が物理的に不在な状況で行われる攻撃である。たとえば，いない人の悪口（陰口）をいうことや，その人が見ていないときに持ち物を隠したり壊したりする行動などは間接的な攻撃となる。そして，能動的攻撃とは，攻撃者が積極的に危害を加える行為を意味する。一方で，受動的攻撃は攻撃者が積極的に攻撃せず，相手を無視したり，情報を伝えないなどの行為で相手に迷惑をかけるような攻撃を意味する。攻撃行動はこれらの組み合わせによって表現される。たとえば，明確に相手の身体を傷つけることを意図し，殴りかかるような行為は，直接的で能動的な身体的攻撃に分類される。このような攻撃は，相手を怪我させ，場合によっては死に至らせることもあり，かなり危険な行為となる。そのため，ほとんどの人は，むしろ間接的で受動的な形態の攻撃を使う（Bushman & Bartholow, 2010）。

　また，その他の攻撃として関係性攻撃などの形態も提唱されている。関係性攻撃は社会的攻撃とも呼ばれ，他者の社会的な関係，受容の感情，あるいは集団内での所属感などを意図的に害することと定義されている（e.g., Crick & Grotpeter, 1995）。たとえば，同じ集団内の他の人に悪い噂を流したり，友人の輪から他者を排除するなどが，関係性攻撃となる。クラーエ（Krahé, 2021）はこれらの攻撃行動の形態を類型化している（表6-1）。どの類型にも共通して，一部の形態の攻撃が複数のカテゴリーに当てはまることがある。たとえば，「関係性攻撃」は，通常「身体的攻撃」と区別される反応の形態として扱われるが，他人の背後で行動するという点で「間接的攻撃」ともみなされる。さらに，異なる側面は互いに切り離されるものではなく，特定の攻撃形態を正しく理解するためには，それらを連動して考える必要がある。たとえば，攻撃性は主に敵対的な動機から駆動されることもあるが（目的の方向性の敵対的），明確に，身体的に，そして先行する挑発に反応して表現される（誘発の反応的／報復的）こともある。

表 6-1　攻撃行動の類型

定義要素		例
反応の方式	言語的	誰かに叫ぶ，罵る
	身体的	誰かを殴る，撃つ
	姿勢的	脅威のあるジェスチャーをする
	関係的	誰かに沈黙を保つ（無視する）
直接性	直接的	誰かの顔を殴る
	間接的	誰かの背後で噂を広める
反応の質	積極的	望まない性的行為を強いる
	受動的	職場で重要な情報を同僚から隠す
可視性	公然	他人の前で誰かを侮辱する
	秘密	同級生に匿名で脅迫メッセージを送る
誘発	積極的／非挑発的	別の子からおもちゃを奪う
	反応的／報復的	身体的に攻撃された後に誰かに怒鳴る
目的の方向性	敵対的	怒りや欲求不満から誰かを打つ
	道具的	身代金を確保するために人質をとる
害のタイプ	身体的	骨折
	心理的／感情的	自尊心や安全感を損なう
影響の持続時間	一時的	軽い打撲
	持続的	長期間にわたる人間関係の形成ができない
関与する社会単位	個人	配偶者間の暴力
	集団および社会	暴動や戦争

（Krahé, 2021 より筆者作成）

（2）攻撃行動の学習

　攻撃はその他すべての社会的行動と同様に，主に学習プロセスを通じて獲得される（Bandura, 1983）。遺伝的な傾向があるにせよ，社会的な経験が個人の攻撃行動を形作ることは明らかである。学習は経験を通じた行動の変化と定義され，特に攻撃行動の学習には次の2つのメカニズムが関与している。1つめのメカニズムは強化を通じた学習，つまり攻撃行動が成功や称賛で報われるか，否定的な結果によって抑制される。たとえば，親が子どもの「自己主張すること」を褒めたり，他の子どもからおもちゃを奪い取ることで目的のものを手に入れたりした場合，攻撃行動によって報酬が獲得できることを学ぶ。このように個人が攻撃的行動に対して報酬を受けると，その攻撃行

動の肯定的な効果に励まされ，将来的に同様の攻撃行動が生起する（Bushman, 2019）。

　そして，2つめのメカニズムは**モデリング**と呼ばれるものである。モデリングは**観察学習**や模倣とも呼ばれるものであり，自分自身が直接経験したものでなくても，他者の行動を観察することで学習が成立するというものである。つまり他者をモデル（見本）として観察し，そのモデルが攻撃的な行動をとることによって称賛されたり，何かを手に入れるなど報酬を獲得したのか，あるいは叱られたり，何かを失うなどの罰を受けたかどうかを見ることで，攻撃行動を学ぶということである。それを実験的に証明したのはバンデューラらが行った複数の研究である。たとえば，ある実験では子どもたちが映像で表現された攻撃的な行動をする他者（モデル）から攻撃行動を学習するかどうかが検討された（Bandura et al., 1963a）。この実験では，実際の攻撃行動を示す他者を観察するグループ，攻撃的な映像を観るグループ，そして映像を観ないという3つのグループに分けられた。そして，攻撃的な映像を観るグループの子どもたちは，最初に攻撃的な映像（実際の人間，映画の中の人間，またはアニメキャラクターの攻撃的な行動）を視聴した。その映像を視聴後に，子どもたちには「遊びたいおもちゃを使うことができなくなった」と伝え，軽くフラストレーションを感じる状況を作り出した。そして，最後に子どもたちをおもちゃが置かれた部屋で好きに行動させ，そこで攻撃行動が起こるかが観察された。その結果，攻撃的な映像を観た子どもたちは，ボボドールと呼ばれる人形を叩くなどの攻撃行動が，映像を観なかった子どもたちに比べて顕著に多かった。またその攻撃行動は，実際の攻撃行動を示す他者を観察した子どもたちと同程度であった。つまり，子どもたちは暴力映像を観ることで攻撃行動を学習し，自身のフラストレーションを発散する手段として攻撃行動を行ったと考えられる。

　バンデューラら（Bandura et al., 1963b）は，攻撃的なモデルがその攻撃的な行動を称賛された場合，罰を与えられた場合よりも模倣的な攻撃を行うことを示した。他方，攻撃をすることで叱られる，あるいは攻撃した相手から殴り返されるなどの映像を観た子どもは，攻撃行動を模倣することは少なく

なっていたのである。したがって，モデリングにおいても実際の報酬・罰の効果と同様に，モデルの攻撃的な行動の結果がより肯定的であるほど，観察者による模倣の可能性は高くなる。

　近年，メディアの発展により暴力的な映像へのアクセスが容易になったことで，このような映像が子どもの教育にとってよくない，つまり子どもの攻撃行動を助長してしまうのではないかという議論は多くなされている。暴力映像が視聴者を攻撃的にするということは，バンデューラらの研究をはじめ，多くの心理学的な実験において認められている。日本国内においても，暴力映像と攻撃行動の関連は検討されてきた。たとえば，湯川ら（2001）は，実験参加者を「非常に暴力的な映像（マフィア映画）」「娯楽性の高い暴力的な映像（アニメ）」「非暴力的な映像（旅番組）」を見せる3つのグループに分け，それぞれのグループの半数の参加者には，実験前に別の参加者から挑発され，意図的にイライラさせられる課題を受けさせた。そして，映像を視聴後に参加者の感情や攻撃行動などを測定した。その結果，挑発によって怒りの感情が喚起された参加者は，暴力的な映像によってネガティブな感情が生み出され，攻撃行動が増えていた。一方で，挑発を受けていない参加者の攻撃行動は映像によっては増えることはなかった。つまり，この実験の結果が示すことは，人の攻撃行動は暴力的な映像を観たから高まるといった単純なものではないということである。その人が怒っていたり個人特性として攻撃性が高かったりする場合に，暴力映像が影響して攻撃的な行動が生じる可能性があるということである。また，湯川ら（2001）の実験では，娯楽性の高い暴力映像（アニメ）の視聴は参加者のポジティブな感情を生み出し，ネガティブな感情は減少するという結果も得られている。そのため，攻撃している映像も，うまく娯楽やエンターテイメントに昇華されている場合は，人の感情に良い影響を与え，攻撃行動を減らす効果が期待される。

（3）社会的排斥

　拒絶，排斥，差別，社会的孤立などの用語は，異なる現象を示す用語である。しかし，研究者は過去にこれらの用語をほぼ同義的に使用してきた。これらの現象は，それぞれ異なる要因によって引き起こされる可能性もあり，

92　　第 2 部　つながる・争う・和解する・まとまる

それぞれが異なる効果を持つ可能性も考えられる（Riva & Eck, 2016）。同時に，それらの現象は共通して他者との社会的なつながりや集団所属に対してダメージを与え，個人に同じような影響を及ぼしている。ここでは，さまざまな社会的な所属への脅威を表す現象を包括的に捉え，**社会的排斥**として見ていく。

　そもそも人間は本能的に他者との絆を求める存在であり，安定した社会的つながりは人間の生存にとって不可欠である。社会的つながり，つまり社会や集団に所属しているという意識は，食料や水のようなより生物学的に不可欠なものと同様に，人間の基本的かつ，強力な動機を生み出す（Baumeister & Leary, 1995；Maslow, 1943）。集団の中で生活を行うことは，さまざまなサポートや資源（食料など）が得られる，危険から守られるなど，人類が直面してきた課題を解決する上で大きな進化的利点をもたらしてきた（Buss, 1990）。しかし，社会的に排斥されてしまった場合，それらの利点がすべて失われ，深刻な問題を抱える可能性が生じる。

　社会的排斥を受けた個人は，自身がかなり危険な状況になっていると自覚し，その状況を改善するために行動することが予想される（Bernstein, 2016）。たとえば，カーター＝ソーウェルら（Carter-Sowell et al., 2008）は，参加者を仮想のボールゲームから意図的に排除・無視するというサイバーボール実験を行い，その後に別室で実験とは無関係の他者から寄付の呼びかけを受けるという実験を行った。サイバーボール実験で無視された参加者は，寄付に協力する傾向が強くなったことを明らかにしている。つまり，社会的排斥を受けると，人は他人の要求により従順になり，要求されたことに従う意欲が高まるのである。これは，自身が失った社会的なつながりを再度求め，他者から受け入れられるための行動であると考えられる。

　一方で，社会的排斥は攻撃行動を生み出す要因ともなりうる。トウェンギら（Twenge et al., 2001）は，複数の実験の中で，参加者に「他のグループメンバーがあなたを選ばなかった」や，性格検査の結果「あなたは将来的に孤立するタイプです」といったフィードバックを与えるなどをし，さまざまな種類の排斥を経験させた。その結果，排斥された人は，自分を侮辱した人に

対して否定的な評価を下し，不快な騒音でその人物を攻撃した。この攻撃行動は，ある個人が自分を拒絶した相手に対する反応，つまり「仕返し」の意味が込められたものであると考えられる。ただし，排斥による攻撃行動は無関係な第三者に向けられることもある。トウェンギら（Twenge et al., 2001）の実験においても，他者から拒絶された参加者は，相手が中立的な人で相互作用がなかった場合にも，拒絶した相手に対するのと同じように攻撃行動を行った。これらの事実は，社会的排斥されると，集団へ再所属したり，社会的なつながりを作る努力とは正反対の方法で行動したり，他者を認識することがあることを意味している。バスティンとハスラム（Bastin & Haslam, 2010）は，他者から拒絶された個人は，自己も拒絶してきた相手もより人間らしくないとみなすことを明らかにした。また，その際には他者も自分を人間らしくないと思っていると信じていることが示された。

　そして，この社会的排斥の長期化は，人々により深刻な影響を及ぼす。レアリーら（Leary et al., 2003）は，1995 年から 2001 年の間にアメリカの学校内で発生した 15 件の銃乱射事件の事例について検討した。その結果，2 件を除くすべての事件で，加害者は仲間はずれ，いじめ，恋愛関係の拒絶といった形で，社会的排斥を受けていたことが明らかになった。もちろんこれらの事件は，社会的に排斥されたことだけが原因ではない。実際，レアリーら（Leary et al., 2003）の研究でも，社会的な拒絶に加えて，銃乱射事件の犯人には，銃器や爆弾への興味，死や悪魔崇拝への憧れ，抑うつ，衝動制御の欠如，サディスティックな傾向などの心理的問題といった 3 つの危険因子のうち 1 つ以上の特徴が見られている。しかし，社会的排斥の経験が暴力行為の大きな要因となり，これに他の特性が合わさることで，重大な事件が引き起こされる状況が作り出される可能性がある（Bernstein, 2016）。長期的な排斥の結果，個人の尊厳が失われ，より破滅的な行動につながる可能性が高くなるのである。

2 援 助 行 動

(1) 援助行動とは

その行動が提供者にとってコストがかかるか，その影響が中立的か，有益であるかにかかわらず，受け手にとって肯定的または有益な結果をもたらす自発的で意図的な行動のことを**向社会的行動**と呼ぶ (Grusec et al., 2002)。向社会的行動には，援助，分かち合い，思いやり，心配り，擁護などの行動が含まれる。高木 (1998) は，より一般的な**援助行動**という用語を広義に用いて，援助行動 (向社会的行動) を「他者が身体的に，また心理的に幸せになることを願い，ある程度の自己犠牲 (出費) を覚悟し，人から指示，命令されたからではなく，自ら進んで (自由意志から)，意図的に他者に恩恵を与える行動である」(高木, 1998, p.12) と定義している。本節においても，これらの定義に従って，他者のためになる行動を広く援助行動，および向社会的行動として見ていく。

高木 (1987) は，日常生活で経験する援助行動を，①寄付・奉仕行動，②分与・貸与行動，③緊急事態における救助行動，④労力を必要とする援助行動，⑤迷子や遺失者に対する援助行動，⑥社会的弱者に対する援助行動，⑦小さな親切行動の 7 つに分類している。①寄付・奉仕行動は，他者にお金を寄付したり，時間と労力を提供して奉仕活動に携わったり，血液を提供する (たとえば，献血をする) 行動のことである。②分与・貸与行動は，自分のお金や貴重な持ち物や金銭を他者に分け与えたり，貸したりする行動を示す。③緊急事態における救助行動は，緊急で重大な事態に陥っている他者を救助するために，危険を覚悟で，直接，あるいは間接的にその事態に介入する行動である。④労力を必要とする援助行動は，身体的な労力を提供して，それを必要としている他者を助ける行動を指す。⑤迷子や遺失者に対する援助行動は，親からはぐれた子どもを世話したり，拾得物をその持ち主に届けたり，送り返すようなことである。⑥社会的弱者に対する援助行動は，身体の不自由な人，お年寄り，小さな子どもに対して援助の手を差し伸べることを意味

する。そして，⑦小さな親切行動は，ちょっとした思いやりや親切心から人助けをする行動である。

　また，援助行動と類似した概念として，**ソーシャル・サポート**という概念が存在する。コブ（Cobb, 1976）は，ソーシャル・サポートを自分が大切にされている，愛されている，尊敬されている，お互いに信頼し合えるネットワークの一員であると思わせる情報であると定義している。ソーシャル・サポートは人の心身の健康に影響を及ぼす概念として注目されてきた。ソーシャル・サポートには道具的サポートと社会情緒的サポートの2種類がある（浦，1992）。前者の**道具的サポート**は，何らかのストレスに苦しむ人にそのストレスを解決するのに必要な資源を提供したり，その人が自分でその資源を手に入れることができるような情報を与えたりするような働きかけのことである。一方で，**社会情緒的サポート**は，ストレスに苦しむ人の傷ついた自尊心や情緒に働きかけてその傷を癒し，自ら積極的に問題解決に当たれるような状態に戻すような働きかけのことである。つまり，何らかの問題に対して，道具的サポートはその問題を直接解決するための援助を意味し，情緒的サポートはその問題によって生じた怒りや悲しみの感情などに対する援助を指す。

（2）援助行動の学習

　多くの親は，子どもに他者を助けるような人になってもらいたいと考え，他者への「思いやり」を育むべくさまざまな働きかけをしているだろう。また，研究者たちも通常の親による行動のうち，子どもが社会に適応していく（社会化していく）ために，子ども自身が自発的に感じる「思いやり」を育てるものが何かを特定しようと試みてきた。

　グルセックとグッドナウ（Grusec & Goodnow, 1994）は，子どもが効果的に行動の価値を内在化する，つまり何が良い行動であるのかを受け入れるためには2つのステップが含まれると提案している。最初のステップは，子どもが社会化の主体（通常は親）のメッセージを正確に認識することが必要である。このステップは，子どもの認知能力に合わせて，その行動や認知の価値や理由を明確に，頻繁に，一貫して表現することで達成される。2番目のステッ

プは，認識したメッセージを子ども自身が受け入れることである。このステップは，3つの要素によって促進される。1つめの要素は，子ども自身が親から示された価値を受け入れ可能または適切だとみなすことである。つまり，親の要求は妥当で，親の言い分は信じられるものであり，親の関わり方が子どもの気質や気分に合致している必要がある。たとえば，他者の感情に反応して共感しやすい子どもに対しては，「その人が困っているから」などと説明をすることが適切かもしれない。しかし，まだ共感性が身についていない子どもに対して，同じような説明をしたとしても，それは援助行動を学ばせる効果は薄くなる。また，「他の子どもと同じようなことをしたのに，自分だけ叱られた」などと認識されるような罰を与えると，その罰は不当だと受け取られるため，内在化を促進する可能性は低いので注意が必要である。受け入れを促す2つめの要素は，メッセージを受け入れる動機づけに関わるものである。これを促進するのは，共感的興奮，親を喜ばせたいという願望があり，自律への脅威がほとんどないことなどである。最後に，子どもは自分で生成した規範に行動が導かれていると感じる必要がある。

　では，親はどのようにして他者への思いやりの価値を子どもに受け入れさせるのだろうか。温厚な親，つまり子どもを育てる中で，非偶発的な承認を与える（良いことをすれば，いつも同じように褒めてくれる）親は，子どもの向社会的行動を増加させる（Grusec et al, 2002）。また，十分な愛情を与え，向社会的行動の模範となるような親（たとえば，自分のピンチを責めるのではなく，他者を助け，共感的な関心を示す親）に触れることで，他者への共感性や思いやりが高めることができる（Hoffman, 1979）。また，子どもは世話をし愛情を注ぐ親を喜ばせるために，その価値観を受け入れるのかもしれない（Grusec et al., 2002）。そして，親が子どもの苦悩や感情的欲求を大切にし，敏感に感じ取ってくれることも，子どもの思いやりを育てるためには重要である。親の共感性が高い場合，その子どもは就学前においてもすでに共感的であり，幼児期の人間関係と他者へ共感する能力は連続性があることが示されている（Kestenbaum et al., 1989）。つまり，子どもと親がお互いに助け合うという雰囲気の中で，子どもと親は目標を共有するようになり，子どもは親の要求に従うこ

とを前向きに志向するようになる。その結果，子どもは他者への思いやりを学習し，援助行動を積極的に行うようになると考えられる。

　これらの他者への共感的反応の前兆は生後半年で現れる（Grusec et al., 2002）。2歳頃になると子どもは苦しんでいる仲間や大人を慰めようとする行動を始める（Hay, 1979）。また，この時期に協力行動の前兆である家事の手伝いの試みも現れ始める（Rheingold, 1982）。アイゼンバーグとフェビス（Eisenberg & Fabes, 1998）は，メタ分析（多くの異なる研究結果をまとめて分析する方法）を用いて，他者を助ける行動（利他的行動）の年齢による変化を調べている。その結果，全体として，利他的行動は乳児期，幼児期，児童期，青年期のすべての年齢期で増加することが示されている。しかし，利他的にふるまう能力は年齢とともに増加するかもしれないが，子どもはその適切な表出について多くのことを学ぶ必要がある。つまり，子どもたちは，親，家族，友人など多くの他者とのコミュニケーションの中で，どのような行動を行うことが他者のためになるのか，本当の援助行動とは何かを経験的に学習するのである。

3　攻撃行動・援助行動の抑制要因

（1）攻撃行動の抑制

　攻撃行動を抑制するために，さまざまなアプローチが検討されている。クラーエ（Krahé, 2021）は攻撃行動を予防するためのアプローチを整理した（表6-2）。攻撃行動を予防するためのアプローチの分類として，まずそれが個人レベルで実施されるものか，社会やコミュニティのレベルで実施されるもの

表6-2　攻撃行動を予防するためのアプローチ

分野	個人レベル	社会／コミュニティレベル
一般的な事例	アンガーマネジメント	死刑
	モデリングと強化	アルコール規制
特有の事例		
児童虐待	親育成スキルの促進	義務的報告
性的暴力	レイプ防止クラス	機会の制限

（Krahé, 2021 より筆者作成）

であるのかが重要である。そして，そのアプローチが広く一般的な事例に有効なものであるか，あるいはある特有の事例に対してのみ有効な手法であるのかにも注意する必要がある。

まず，社会レベルでの攻撃行動の抑制に対する一般的なアプローチは，社会的および物理的環境に影響を与えて，加害者が害を加えようと思っても，それを実行することを困難にすることを意図したアプローチである。法律や条例等を制定し，犯罪の抑制を試みるなどがこれに当たる。たとえば，アルコール規制の厳格さは国によって異なり，酒類の購入が制限されたり，公共の場での飲酒が禁じられている国も多い。この規制の背景には宗教上，あるいは健康上の問題なども関係しているが，攻撃行動の抑制を目的とした理由も存在している。メネンデスら（Menéndez et al., 2017）は，シドニー（オーストラリア）の 2 カ所のエンターテインメントエリア（娯楽施設が集まっている地域）で，アルコール販売制限導入 5 年前と 5 年後の暴力事件率の変化を調べた。その結果，調査対象地域であるアルコール制限エリアでは法律施行後の暴力事件率は 27％減少した。一方，アルコール制限外の他のエリアでは暴力事件率は減少することはなかったが，増加することもなかった。法律対象エリアで攻撃行動が減少した背景には，アルコールを規制したこと以外にも，衝撃的な暴力的犯罪が広く報じられた後に法律が導入されたことなど，多くの要因が考えられる。しかしこの例は，法律の厳格化が攻撃性と暴力の潜在的な要因を社会的メカニズムによって軽減できることを示している。

また，特有の事例に対する社会レベルのアプローチとして，児童虐待を防止するための法律などが挙げられる。日本においても「児童虐待の防止等に関する法律」（通称，児童虐待防止法）が 2000 年 11 月に施行されている。この法律では，国や地方公共団体は児童虐待の予防と被害児童の保護を促進し，関係者が協力して児童の安全を確保するための体制を整えることが明確に定められている。ここには，児童虐待を発見した者は，速やかに市町村や都道府県の福祉事務所，児童相談所に通告する義務があることが明記されている。この法律によって児童虐待の予防を目的とした，児童虐待の早期発見・通報体制が整うことになった。

個人レベルでの攻撃行動の抑制に対する一般的なアプローチは，個人の感情や認知に焦点を当て，個人の攻撃行動を引き起こす要因を減らそうとするアプローチである。その代表的なものの 1 つが，**アンガーマネジメント**（怒りの制御）である。感情プロセスのレベルで，**怒り**は攻撃的行動の重要な先行要素として認識されており，怒りの調節がうまくいかずに，攻撃行動が生起するということは，子どもであっても大人であっても生じることが認められている。怒りがもたらす攻撃行動は，臨床的にも注目され体系的な研究を行うに値する重要な社会問題として認識されるようになった。そして，認知（個人の認識や思考など）と行動の関係に焦点を当て，これらを変えることで人の感情や行動の改善を図る認知行動療法（CBT）に基づいた，アンガーマネジメント・トレーニングというアプローチが提唱された。**アンガーマネジメント・トレーニング**では，攻撃的な人に怒りの引き金となる出来事，思考，攻撃的行動との関係を伝えることを主としたものである（Krahé, 2021）。アンガーマネジメント・トレーニングは主に怒りのコントロールが不十分な個人に向けて行われるが，一般の人々にも怒りの調節スキルを促進するために使用されることがある。

ベックとフェルナンデス（Beck & Fernandez, 1998）は，怒りに関連するストレス予防のトレーニングの中心的な特徴についてまとめている。アンガーマネジメント・トレーニングの過程で，参加者はまず怒りを引き起こすきっかけを特定し，状況をエスカレートさせない方法でそれを解釈することを学ぶ。次に，リラクゼーション技術を用いて自己を落ち着かせる訓練を受け，それを認知的な戦略と組み合わせる。これら 2 つの戦略は，ロールプレイを通じて反復練習され，怒りを誘発する状況で即座に活用できるようになることを目指す。ベックとフェルナンデス（Beck & Fernandez, 1998）は，さらにアンガーマネジメントに関する研究のメタ分析を行い，トレーニングの効果を検討している。このメタ分析では，1640 人の研究対象者を組み入れた 50 の研究のセット全体で怒りの管理において大きな効果を示し，怒りに基づく攻撃性を減少させる効果的な戦略であることが示唆されている。また，キャンデラリアら（Candelaria et al., 2012）は，子どもを対象とした，アンガーマネ

ジメントやその他の衝動を制御するためのプログラムの効果を明らかにするために，1979 年から 2010 年までの合計 60 の研究を用いて，メタ分析を行っている。分析の対象となった研究では，問題解決スキルトレーニング，感情の認識と自己制御，リラクゼーション方法の学習など，さまざまな介入がなされていた。その結果，怒り，攻撃性，自己コントロールの喪失など，子どもの否定的な感情や行動の結果を減少させることを目的とした介入の効果は小さいか中程度であることが明らかになった。そのため，1 つの要素（たとえば，怒り）だけに焦点を当てた介入プログラムの効果は薄く，さまざまな種類の要素をアンガーマネジメント・トレーニングに取り入れることが，有効であると思われる。

　また，暴力犯罪者を対象とした怒りの管理介入のメタ分析によって，CBT に基づく介入を行ったグループにおいて暴力的再犯率が 28 ％減少したことも示されている（Henwood et al., 2015）。

（2）援助行動の抑制

　トウェンギら（Twenge, Baumeister et al., 2007）は，社会的に排斥された人は，学生基金への寄付が減り，研究室での実験に志願したがらず，災難に遭った後の手助けをせず，他の学生との混合動機ゲームでの協力が減ることを実験によって明らかにした。つまり，社会的排斥は向社会的行動の生起を大幅に減少させるのである。これらは他者から拒絶されたことによって情動的な反応を一時的に失い，それによって他者への共感的理解能力が損なわれたため，他者を助けよう，協力しようという気持ちが損なわれることを示唆している。

　また，上記の通り，社会的排斥は攻撃性の増加につながる。では，どのようにすればこの攻撃的行動を抑制することができるのだろうか。トウェンギら（Twenge, Zhang et al., 2007）は，他者から排斥された人であっても，その後の友好的な人との接触により，攻撃性が減少することを発見した。また，排斥された後に，家族，友人，好きな有名人について記述することを求められた参加者も，攻撃的行動が少なくなった。つまり，社会的な活動を思い出させることが，社会的排斥後の攻撃性を減少させるのである。一方，その他の方法（たとえば，コメディ映画を観るなど）で気を紛らわせたりすることでは，

攻撃性を減少させることはできなかった。つまり，社会的排斥による攻撃性を低下させるために重要なことは，社会的なつながりを感じることだろう。ある他者から拒絶された人であっても，その人は別の社会的つながりの源泉を持っているため，そのことを思い出すことで社会的排除の後に通常見られる攻撃性の増加を避けることができる。

　そして，援助行動が抑制された結果，重大な事件が引き起こされることもある。その一例は，1964 年にニューヨークで，28 歳の女性が殺害されたキティ・ジェノヴィーズ事件である。この事件が起こったとき，被害者の女性は大声で助けを求め，実際に近隣の住人の多くがその声を聞き，事件に気づいていたにもかかわらず，誰も警察に通報もせず，助けにも入らなかった。当時の報道では，この事件は「人の心の冷たさ」によって引き起こされたものであると伝えられた。ダーリーとラタネ（Darley & Latané, 1968）はこの事件に注目し，実験を行った結果，多くの人が気づいた（気づける状況であった）からこそ，誰も行動を起こさなかったと結論づけた。このような，周りに他の人がいるほど，個人が実際に助ける可能性が低くなるような心理的傾向のことを**傍観者効果**と呼ぶ。傍観者効果が生じる背景には，多元的無知，責任の分散，評価懸念などがあるとされている。つまり，「誰も動いていないなら大したことはないだろう」（**多元的無知**）と考えたり，「自分以外の誰かが通報するだろう」（**責任の分散**），「自分だけが騒ぎ立てたら，周りから変に思われるんじゃないか」（**評価懸念**）などと思うことで，人は率先して行動しなくなる。傍観者効果は危機対応の際に重要な概念となっており，この効果が現れないようにするためには，誰に責任があるのかを明確にしたり，特定の個人に直接助けを求めたりすることが有効だとされている。

　「攻撃」と「援助」はそれぞれが人間の行動において重要な役割を果たし，社会的および心理的な文脈に応じて異なる影響をもたらす。攻撃行動は多くの場合，社会的な不和や個人的な苦痛を引き起こす。一方で，援助行動は他者の利益のために行われ，社会的な絆を強化し，個人間の信頼を築くことができる。攻撃行動を抑制し，援助行動を促進するためには，社会全体での取

り組みが必要となる。たとえば，これまでに述べてきたように法律や規制による社会的な抑制，アンガーマネジメントなどの個人レベルでの対策，そして共感を育む教育などが挙げられる。これらの取り組みを通じて，社会はより調和的で支え合う関係を築くことができるだろう。心理学を学ぶ上でも，攻撃と援助の両面から人間行動を理解し，健全な社会の実現に向けて努力を続ける必要がある。

●おすすめ図書
大渕 憲一（1993）．人を傷つける心——攻撃性の社会心理学—— セレクション社会心理学 9 サイエンス社
高木 修（1998）．人を助ける心——援助行動の社会心理学—— セレクション社会心理学 7 サイエンス社
越智 啓太（編）（2022）．私たちはなぜ傷つけ合いながら助け合うのか 心理学ビジュアル百科 社会心理学編 創元社

〈コラム〉ボランティアを行う心理

　厚生労働省はボランティア活動を「社会においてはその活動の広がりによって，社会貢献，福祉活動等への関心が高まり，さまざまな構成員がともに支え合い，交流する地域社会づくりが進むなど，大きな意義を持っている」ものであるとしている。また，2015年9月の国連サミットで加盟国の全会一致で採択された「持続可能な開発目標」（SDGs: Sustainable Development Goals）においても，地球を取り巻くさまざまな問題に対して，すべての国と人々が協力し合ってこの計画を実行することを目指している。

　では，どのような人がボランティアや向社会的な活動を行うのであろうか。アイディンリら（Aydinli et al., 2013）は援助行動やボランティア行動について，さまざまな文化や社会的背景における動機や頻度を分析している。その結果，支援は2つの心理的なメカニズムの経路から起こることを明らかにしている。1つめの経路は，無意識的で感情的なプロセスである。たとえば，他者の苦しみや困難を目の当たりにすると，即座に感情的な反応（たとえば，不安，悲しみ，罪悪感）が生じ，助けたいという行動につながる。この反応は迅速で，意識的な判断を介さずに行動を引き起こす。ここには他者の感情や状況に対する「共感性」が影響しており，他者に共感しやすい人ほど，自発的な支援を行う傾向が高くなる。ま

た，幼少期からの教育や社会化の過程で身についた助け合いの価値観や行動規範は，無意識的に行動を促進させる。たとえば，困っている人を見たら助けることが当たり前だと考える文化的背景がある場合，その行動は反射的に行われる。そして2つめの経路は，意識的で明示的な努力の結果として起こる。つまり，個人が意識的に援助をすることの利点と欠点を評価し，最終的な決定を下すプロセスがとられる。ここには，他者を助けることで将来的に助けを返してもらえる可能性があるかどうかという「信頼」と，助けたら助け返してもらえるという「互恵性」が影響している。

　身近な友人や家族など（内集団）に対する援助や，予定していない短期的に援助が必要となった場面では，無意識的で感情的なプロセスから援助が行われることが多いとされている。一方で，ボランティア活動は「長期的で計画された，義務ではない形の支援」であり，自分の身近ではない誰か（外集団）に対する支援となる。その場合，感情的な側面に加えて，2つめの経路である，意識的で明示的な努力として支援が起こる。つまり，ボランティアに参加するかどうかは，ある程度自分にとって利益があるという認識ができることが重要であり，ボランティアを要請する場合には双方のメリットを強調することが必要である可能性がある。しかし，この傾向には個人の発達過程や文化差もある。つまり，「お互いに助け合うことは当たり前だ」という教育を受けていたり，文化的にそのような考えが共有されている場合には，損得勘定ではないボランティア参加が生じる。つまり，ボランティアに参加することが当たり前に感じるような社会を作り出せれば，お互いが協力し合いながら生きる社会が築かれるであろう。

第7章

対人コミュニケーション

——良好な人間関係を保つために

　対人コミュニケーション，つまり「人と人とがコミュニケーションをとる」という言葉からどのような状況や行動がイメージされるであろうか。たとえば，友人との会話，職場でのミーティングなど，日常的な場面での口頭でのやりとりをイメージされることもあるだろう。また，近年では直接顔を合わせて話すだけでなく，電話やビデオ通話，あるいはソーシャルメディア（SNS）を介した，広いコミュニティとのつながりもコミュニケーションとしてイメージされることも多いだろう。このように，対人コミュニケーションというものはさまざまな手段を用いて行われている。この章では，まずそれらのコミュニケーションの手段とその役割について見ていく。また，その後に対人関係の形成から崩壊までの過程について説明していく。

1　対人コミュニケーションの手段

(1) 言語的コミュニケーション

　対人コミュニケーションに用いられる，メッセージを発信者から受信者へ伝達するための経路や手段のことを**チャネル**と呼ぶ。チャネルは「言語的」と「非言語的」，つまり言葉と言葉以外に分けられる。この2つのチャネルはそれぞれ重要な役割を果たしているとともに，相互に補完し合うことで，情報伝達の効果を高める。たとえば，対面でのコミュニケーションにおいて言葉を用いて話すとともに，身振り手振りを使いながら相手により伝わりやすいように説明をするなどである。

　それらの，チャネルのうち**言語**は，人間社会における情報伝達の主要な手段である。これにより，人々は考えや感情を共有し，協力して行動すること

が可能となる。言語は音声や文字によって表現され，多様な文化や社会的背景を持つ人々の間で橋渡しの役割を果たしている。言語的コミュニケーションの基本的な要素には，話し手，聞き手，メッセージ，チャネル，そしてフィードバックが含まれる。話し手は伝えたい情報や気持ちをメッセージとして発信し，聞き手はそれを受信する。メッセージは言語によって符号化（変換）され，音声や文字としてチャネルを通じて伝達される。そして，聞き手はその言語に含まれるメッセージを解釈し，理解した内容に基づいてフィードバックを返すことにより，コミュニケーションが成立する。

　深田（1998）は，コミュニケーションにおいて言語には主に3つの機能があるとしている。1つは，関係の中で，自分の欲求や感情，意思，意見などを他者に伝える機能である。2つめは，物事の認識，記憶，学習，そして思考などが言語を使うことで促進されるという思考機能である。そして，3つめは，言語を使うことで，他者の行動が触発されたり，逆に他者の行動を抑えるといった，行動を調整する機能である。

　言語的コミュニケーションについては，語用論，社会言語学や心理言語学の観点から，さまざまな研究がなされている（岡本，2010）。言語的コミュニケーションは，人間の社会生活において欠かせないものであり，その効果的な活用はコミュニケーションの良好さや社会の発展に直結する。特に，現代社会における情報技術の発展は，言語的コミュニケーションの形態に大きな影響を与え，インターネットやソーシャルメディアの普及により，個々人の言語的なメッセージがより広範囲の他者に伝わるようになった。そのため，言語の持つ力を理解し，適切に活用することで，より豊かで調和のとれた社会を実現することができるだろう。

（2）非言語的コミュニケーション

　「ボディ・ランゲージ」，つまりジェスチャーゲームのように身振り手振りで相手に伝えるようなコミュニケーションが非言語的なチャネルの代表的なものとなる。しかし，その身振り手振り以外にも多くの非言語的なチャネルは存在しており，それらはそれぞれ異なる役割を果たしている。ここでは，非言語的なチャネルとして「視線」「表情」「空間的距離」とその機能につい

106　第2部　つながる・争う・和解する・まとまる

て説明する。

　視線は身体動作に含まれる非言語的チャネルの一種である。ケンドン (Kendon, 1967) は，視線行動には大きく3つの機能があるとしている。1つめは，感情や態度を表出する機能である。たとえば，好意を持っている相手には視線を向けることが多くなり，その相手に対する好意が他者に伝わることがある。視線に含まれる2つめの機能は，相手に視線を向けることで情報を探索する機能である。視線を相手に向けることで，会話に対する相手の反応や，何に興味を持っているかなどの情報を得ることができる。そして，3つめは，会話のリズムをとったり，話し手が交代するタイミングを伺うなど，会話をスムーズに進めるための調整機能である。

　感情を表す顔の**表情**は，人間のコミュニケーションにおける主要なチャネルとなる。感情はその人の他者と関わる行動の準備状態を示しており，表情はその感情を表現している (Frijda & Tcherkassof, 1997)。つまり，相手が今楽しい気持ちであるのか，それとも気分が落ち込んでいたり，怒っていたりするのかによって，相手への関わり方は異なるだろう。そのため，感情状態を適切に表出する，またその表情を適切に読み取ることは，コミュニケーションにとって重要な役割を果たす。

　また，ボディ・ランゲージ，視線，表情など，人の身体の一部を動かすこと以外にも非言語的なコミュニケーションのチャネルとなるものは存在する。その1つが**空間行動**である。人と人との物理的距離や空間認知が，コミュニケーションや人間関係にどのように影響するかを検討する学問領域のことを**プロクセミックス**と呼ぶ。ホール (Hall, 1966) は，対人関係において，相手との関係性（たとえば，恋人や友人，顔見知りなどの関係の種類）や相互作用を行っている内容に応じて，対人距離が異なることを発見し，その距離を4つに分類している（表7-1）。そのうちもっとも近い距離は，相手と密着した状態の距離であり，密接距離（45cm 以内）と呼ばれる。密接距離は，非常に親密な関係において用いられる距離であり，恋人同士や母親と赤ちゃんのような関係で見られる。次に近い距離は，個体距離（45cm～120cm）と呼ばれる距離である。

第7章　対人コミュニケーション　**107**

表7-1　対人距離の分類

名称		距離	特徴
密接距離	近接相	15cm 以下	抱きしめられるような距離
	遠隔相	15～45cm	手が相手に触れるくらいの距離
個体距離	近接相	45～75cm	触れようとすれば相手に触れられるくらいの距離
	遠隔相	75～120cm	互いに手を伸ばせば相手に触れられるくらいの距離
社会距離	近接相	120～210cm	フォーマルな会話が行われる距離
	遠隔相	210～360cm	会話をするためにある程度しっかりと発声する必要がある
公衆距離	近接相	360～750cm	講演や演説に使われる距離
	遠隔相	750cm 以上	

(Hall, 1966 より筆者作成)

　個体距離は，手を伸ばせば相手に触れることができるくらいの距離で，友人など比較的親しい間柄の関係において，個人的な会話をするときに見られる。

　そこからさらに距離が開くと社会距離（120cm～360cm）と呼ばれる，公的な場での距離となる。この距離での会話の内容は複数の人と共有されるものとなり，仕事上の会議のような比較的フォーマルで，個人的ではない会話が行われる距離となる。そしてもっとも遠い距離が公衆距離（360cm 以上）と呼ばれる距離で，講義や講演，演説などでの距離であり，この距離では個人的な関わりは意識されない。人はこれらの距離を相手や内容に応じて使い分けながらコミュニケーションを行っている。

　もしこの適切な対人距離を無視して他者が近くに来た場合，人は不快に感じ，その人との距離を意識的に開けようとするなど，回避や逃避といった行動をとる。つまり，人には「これ以上，他者に近づいてほしくない」と感じるような目に見えない境界があり，人が他者との間に保ちたい距離空間を**パーソナル・スペース**と呼ぶ。たとえば，空いている電車の中で，他に空席が多くあるにもかかわらず，知らない人が隣に座ってきた場合，居心地の悪さを感じたり，自分が席を移動したりするだろう。これは，自分自身のパーソナル・スペースが侵害されたことによる不快感やそれに対する反応を示している。田中（1973）はパーソナル・スペースは自分の身体を中心とした同

心円状ではなく，身体の前方に対しては広く，後方に対しては狭くなる傾向があることを明らかにした。左右に関しては，ほぼ対称的であり，左右方向におけるスペースの広がりは均等である。パーソナル・スペースの大きさは関わる相手との親密さによっても変化する。つまり，関係が進展するにつれてそのスペースは狭いものとなり，親密な他者が近い距離にいても不快には感じない。

　これらの非言語的なチャネルは，言語によらないコミュニケーションを円滑にし，相互理解を深めるために欠かせない要素である。相手の視線や表情を読み取り，適切な距離を保つことで，より効果的なコミュニケーションが可能ともなる。このように，非言語的な要素を意識的に活用することが，日常のコミュニケーションを豊かにし，より良い人間関係を築く基盤となる。

2　対人関係の形成・維持

(1) 対人関係の形成

　レヴィンジャーとスノーク（Levinger & Snoek, 1972）は，他者との親密な関係がどのように形成されるのかについて，図 7-1 のようなモデルを立ててい

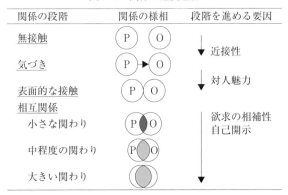

図 7-1　関係の進展過程

注）P は自分，O は相手のことを意味する。
（Levinger & Snoek, 1972；相馬, 2006 より筆者作成）

る。このモデルでは，二者関係が進展する過程を大きく3つの段階に分けて説明している。まず，二者関係はお互いに相手の存在を知らないという「無接触」の段階から，一方が相手の存在に気づく「気づき」の段階に移行することから始まる。その後に，お互いにあいさつをし合うような「表面的な接触」を行う関係になる。そして，その後「相互関係」の段階に移行し，少しの交わりから徐々に，お互いの関係をより深めるようになる。

　二者関係は他者に気づくことから始まる。この段階で重要な要因は「近接性」である。たとえば，近所に住む人は生活している中ですれ違ったり，同じ電車に乗っている人は，何度か見かけるうちに顔を覚えるようになるだろう。あるいは，学校のクラスや学年といった社会的なカテゴリーが同じであれば，相手の存在に気づく可能性が高くなるだろう。このように，二者関係は相手が物理的，あるいは社会的に近くにいることから始まる。

　相手の存在に気づいた「気づき」の段階においては，まだお互いの関わりはまったくなく，二者の相互作用は行われていない。そこから，お互いにあいさつをし合うような，「表面的な接触」が徐々に行われるようになる。このとき，人は誰と対人関係を始めるかの選択を意識的，あるいは無意識的に行っている。そのような選択をする要因の1つが**対人魅力**である。対人魅力はその他者に近づきたくなる誘因として働く。たとえば，異性の外見的な魅力（身体的魅力）が高いほど，その相手とデートしたいという気持ちが高くなる（Walster et al., 1966）。

　また，単純に会う回数が多くなるほど他者への好意度が高くなる可能性もある。ザイアンス（Zajonc, 1968）は，数名の人物の顔写真を見せ，その後にそれらの人物に対する好意度を評定させた。顔写真は提示回数が操作されており，多く登場する顔写真と見せられる回数が少ない顔写真が存在していた。その結果，提示回数の多かった人物に対して，より好意度を高く評価していた。つまり，会話などのコミュニケーションも行わずに，ただ何度も目にするだけでも，他者への魅力は高まることが示された。この効果は**単純接触効果**と呼ばれている（第4章3節2項参照）。つまり，他者と社会的・物理的に近いこと（近接性）は「気づき」にとっても重要な役割を果たしているとともに，

110　第2部　つながる・争う・和解する・まとまる

表面的な接触を行うという関係開始にとっても有利に働く。

　他者への魅力は古典的な学習理論からも説明がされている。ロットとロット（Lott & Lott, 1974）は報酬と罰の考え方を用いて，人の魅力について強化理論と呼ばれる理論を提唱している。この理論の基本的な考え方は，私たちは自分にとって報酬（賞）となるものを好み，罰となるものを嫌うという原理をもとにしている。つまり，他者との関わりの中で，報酬を与えてくれるだろうと感じる人に魅力を感じ（好きになり），罰を与えるだろうと感じる人には魅力を感じない（嫌う）ということである。報酬には，金銭的報酬，他者から称賛してもらえる，他者から認められるなど，さまざまなものが含まれる。基本的に人は，他者から何かを与えられたときには，それに対するお返しをするべきであるという気持ちになる。これを返報性の原理と呼び，ここには好意や敵意などの感情的な要素も含まれる。そのため，相手から好意的な気持ちが報酬として自分に贈られた場合，同等の好意を他者に返す，つまり相手を好きになる傾向が強くなる。ただし，ここでの報酬は，その人が何を必要とし，何を欲していて，何を価値あるものと考えているのか，そしてどのような状況にさらされているのかが重要となる。つまり，ある人にとっては報酬となりえるものであっても，別の人には報酬にならない，あるいは罰となる可能性もある。

　加えて，人は自分に似ている人を好きになるということも明らかになっている。この自分と相手との共通点の多さのことを**類似性**と呼ぶ。バーン（Byrne, 1971）は，類似性の高さが他者の魅力に与える影響について，架空の他者パラダイムを用いた実験を行っている。その実験では，まず参加者に対して「学生が結婚するのに賛成か？」など，さまざまな出来事に対する態度について回答を求めた。次に，別の他者の態度として，別の参加者が回答したとされる用紙を見せた。その後，その他者の回答を見て，その人への好意度（たとえば，「この人は個人的にかなり好きになれそうだ」）を評定させた。この他者は架空の人物であり，参加者が見せられたものは，参加者の回答傾向と非常に似ているものから，まったく似ていないものまで用意されたものであった。その結果，自分と回答傾向が似ている用紙を渡された参加者ほど，その

架空の他者の好意度を高く評価していた。つまり，態度の類似性が高いほど，他者の魅力は高くなっていた（**類似性-魅力仮説**）。また多くの人は交際相手に外見的な魅力を求めるが，実際に交際しているカップルなどの魅力の程度は同程度，つまり類似していることが多い。これはお互いの魅力が釣り合っている人を選びやすいという，**釣り合い仮説**（マッチング仮説）と呼ばれる心理傾向が働いている。この釣り合い仮説は多くの研究によって実証されている（奥田，1990）。また，**社会的比較**（第1章2節2項参照）の過程によれば，人には自分のことを知りたいという欲求があるため，自分のことを知ることができる情報を提供してくれることも強化理論の報酬となりえる。つまり，自分の考え方や態度が妥当であると思わせてくれる他者には魅力を感じやすいということである。この妥当性を提供してくれる情報の1つが，他者との類似性である。自身と考えや態度が似ている場合，他の人と同じ考えを持っていると思えることで，社会の中で自分の考えが逸脱したものではないという安心感が得られる。そして，その安心感を与えてくれる他者のことを好きになるということである。

　そして，人は自分が感じていることや考えていること，あるいは態度など，自身の認知を1つのまとまりとして捉え，それらが調和された状態を維持しようとする。人は一貫性のある信念や態度を持つことを好み，自分の信念，態度，行動が矛盾していると感じたときに不快になる。ハイダー（Heider, 1958）は**バランス理論**の中で，自分（P）と他者（O），そして問題となっている第三者や事象（X）の関係が矛盾しないようにすることを示している。自分（P）がある事象（X）に対して肯定的な態度（＋）を示しているときに，他者（O）もその事象に対して自分と同じように肯定的な態度（＋）を持っている場合は，その他者に対しても肯定的な態度を示すようになる（図7-2左）。たとえば，自分があるスポーツチームを応援していて，他者も同じチームを応援しているのであれば，その他者に親近感を感じることから，他者を好きになる。つまり，この状態においては自分と他者と事象の関係がすべて肯定的であり，三者のバランスがとれている。一方で，他者が自分が応援しているスポーツチームに対して否定的な態度（－）を示している場合は，その他

図 7-2 バランス理論における三者の態度

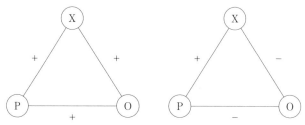

注）P は自分，O は相手のことを意味する。
（Heider, 1958 より筆者作成）

者を好きになると認知のバランスが崩れることになる。そのため，その他者に対して否定的な態度，つまり嫌いになることで認知のバランスをとろうとする（あるいは，そのスポーツチームを嫌いになることでもバランスを保つことはできる）。バランス理論からも自分と他者が似ていると感じることが，関係を形成する上で重要であることが示されている。

(2) 対人関係の維持

　対人関係が相互関係の段階に進むと，そこから関係はより深まりながら維持されていくことになる。他者との関係をより親密にしていく要因の1つが**自己開示**である。自己開示とは，自分に関する情報を他者に言葉で伝えることである。自己開示の内容には，自分の生年月日や出身地などの個人情報に加えて，自分が何が好きで何が嫌いかといった興味や価値観，そして感情などが含まれる。オルトマンとテイラー（Altman & Taylor, 1973）は，**社会的浸透理論**を提唱し，自己開示と対人関係の親密性との関連について説明している。まず，表面的な接触を行っている段階においては，自己開示も表面的で限定的な領域しか行わない。そこから関係が進むにつれて，自分の趣味や関心などの個人的な話題が登場するようになる。その結果，自分と他者の共通点（類似性）や違いを発見し，より親密な関係になるだろう。そこからさらに関係が進展し，恋人や親友と呼ばれるような関係になった場合，これまでの失恋体験や，自身が抱えているコンプレックス，両親の離婚といった家族関係の問題などさまざまな領域かつ，より深い自己開示を行うようになる。

つまり，関係が進展するにつれて，自己開示の内容は「幅」が広がり，「深さ」が増すようになる。

この自己開示の内容は関係の進展とともに徐々に広く，そして深くしていく必要がある。たとえば，初対面の人に過去の重い失恋体験を話された場合，急にそのような話をされたことに驚いたり，不快に感じてしまうだろう。つまり，関係の親密さに適さない自己開示は，関係を進展・維持させるどころか，崩壊させる可能性すらある。

また，自分が自己開示をした場合，相手も自己開示を行ってくれるようになる。ここには自己開示の返報性という心理現象が関わっている。相手から何かをもらった場合，同等の価値のものをお返ししなければならないという規範が存在している。そのため，一方が自己開示すると，同等の内容の情報を返すべきであると感じ，相手も自己開示をするようになる。この自己開示の返報性が働くことで，お互いがお互いのことを知ることになり，コミュニケーションの質が向上し，人間関係が強化されることが期待される。

関係が進展し相互関係が深まるほど「わたしたち」という意識が強まり，本来あるはずの自己と他者との間の区分が不明確なものとなる（相馬，2006）。その結果，相手と一体化したような認識を持つようになるとされている。アロンら（Aron et al., 1995）は，恋愛関係が人に肯定的な影響をもたらす背景にはこの「一体感」があるという，**自己拡張理論**を提唱した。一体感が高まることは，他者の資源，視点，特性を自己に取り込むことである（図7-3）。その結果，より大きな資源などを個人が認識することで，自己効力感（あるいは，自尊心）が高まる。つまり，相手との一体感が高まるほど，自己の資源や能

図7-3　一体感の高まりと自己拡張

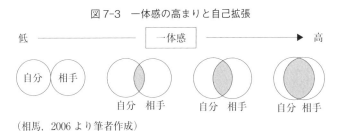

（相馬，2006より筆者作成）

力が拡張したように感じられ，自己をより肯定的に捉えることができるようになる。

また，関係が進展する中では，類似性だけでなくお互いが違うところ（異質性）を持ち，互いに補い合うこと（**相補性**）も重要となる。これは自己拡張理論の考えからもわかる通り，自分に持っていないものを他者が持っていることで，新しい価値観や知識，資源を得ることにつながるからである。一方で，類似性に比べて相補性と魅力との関係は弱く，特定のパーソナリティに限定される（金政，2022）。

3　対人関係の崩壊

人と人との関係は，その関係が崩壊したり，解消する可能性がある。たとえば，夫婦の離婚，恋人関係の解消，友人関係においても絶交や互いに関わりを持たなくなることは珍しいことではない。

ラスバルト（Rusbult, 1983）は，その関係を続けていこうとする意志と，その関係への愛着から定義される，**コミットメント**の観点から関係の維持・発展，そして崩壊に至る過程を説明している。コミットメントは，①関係満足度の高さ，②投資量，そして③代替関係の質によって規定される。関係満足度の高さは，その関係によって得られているもの（成果）への主観的な評価である。ここでの成果は，単に金銭や物を獲得するだけではなく，幸せを感じるなど感情的な報酬も含まれる。投資量は，対人関係につぎ込まれた時間や金銭，あるいは感情的な努力などの資源が含まれる。また，その対人関係が崩壊した場合に，共通の友人との関係も失ってしまう，共有していた所有物がなくなるなど，その対人関係があることで得られている資源が利用できなくなることも投資量に含まれる。そして，代替選択の質は，現在の関係の外に存在する他の可能な選択肢の魅力を指す。たとえば，その人との関係がなくなっても他の人との新しい関係が作れるか，あるいは夫婦が離婚した後に独身でいることにどの程度魅力を感じるかである。

ラスバルトのモデルでは，関係満足度と投資量がともに低く，代替選択の

質が高いときに関係が崩壊する傾向が高いことを示している。つまり，その関係に満足しておらず，関係が終わったことで失われるものも少ない場合は，関係を解消するような行動を起こしやすい。合わせて，関係が崩壊した後に魅力的な別の人との関係が築ける可能性があったり，「1人でいる方が楽だ」などと思えている場合はその傾向は強くなる。逆にいえば，長期間続いている（長く付き合っている）関係においては，これまでに多くの資源（時間やお金など）を投資しており，共有しているものも多くなるため，関係を解消することで失われるものも多くなる。そのため，仮に関係満足度が低くなっていたとしても，関係を続ける意思を持ち続け，結果的に関係の解消が行われない。

　また，ラスバルトら（Rusbult et al., 1982）は，対人関係が悪化した場合に，人が行う4つの主要な反応を説明している。それは，「離脱」「話し合い」「忠誠」，および「無視」である。離脱は関係を終わらせるための積極的な行動を指し，別れる，引っ越す，離婚するなどが含まれる。この行動は関係を断ち切る明確で決定的な行動である。次に，話し合いは，状況を改善しようとする積極的で建設的な努力を意味し，問題を話し合う，第三者に助言を求める，解決策を提案する，妥協するなどが含まれる。話し合いの反応は関係を修復し，強化するための努力を意味している。また忠誠は，直接問題に取り組むことなく，状況が改善するのを待つ受動的ではあるが楽観的なアプローチである。状況が良くなることを望む，時間を空ける，改善を祈るなどの行動が含まれる。そして，無視は，受動的かつ破壊的な反応であり，相手を無視したり，問題について話し合うことを拒否したり，パートナーをぞんざいに扱ったりすることを意味する。無視には，相互作用を減らしたり，一緒に過ごす時間を少なくしたりして，関係をゆっくりと衰退させることも含まれる。

　これらの反応は，建設的／破壊的，および積極的／消極的という2つの次元から説明される（図7-4）。話し合いと忠誠は関係を維持しようとする建設的な反応であり，離脱と無視は関係の解消につながる可能性のある破壊的な反応である。同様に，話し合いと離脱は直接的な行動を伴う積極的な反応で

図7-4 対人関係の悪化に対する4つの反応

(Rusbult et al., 1982 より筆者作成)

あり，忠誠と無視は間接的な行動や行動を起こさないという消極的な反応を示している。

　親密な対人関係であってもケンカしたり，葛藤のきっかけとなるようなことはよくある。そのような状況において，ラスバルトのモデルが示すように，関係満足度が高く，これまでに多くの投資をしており，魅力的な代替案がない場合は，当事者たちは関係を修復しようと「話し合い」や「忠誠」の建設的な反応を示すであろう。一方で，満足度が低く，投資が少なく，別の魅力的な選択肢があれば，「離脱」や「無視」など関係を解消する方向に向かいやすくなる。つまり，対人関係の維持には，お互いに満足が得られ，関係に対する投資が積み重ねられていくことが重要である。葛藤が長期化し，建設的な対応がなされなければ，やがては関係が損なわれてしまう危険性がある。健全な対人関係を築くには，お互いの努力を認め合い，関係に対する満足度を高めていくことや，共有の思い出を大事にするなどが大切になる。

　私たちが他者との関係を形成したり，維持したりする際にはさまざまな要因が関与しており，関係の進展段階によって重要な役割を果たす要因は異なる。ここまで述べてきた，実証的な研究に基づく知見は，対人関係の理解と改善に向けた良い指針を提供してくれている。それらから，お互いの努力や思いやりの認識を持つことで，健全な対人関係を形成・維持する手がかりが

得られるであろう。

●おすすめ図書

岡本 真一郎 (2010). ことばの社会心理学 (第 4 版) ナカニシヤ出版

相川 充・高井 次郎 (編著) (2010). コミュニケーションと対人関係 展望 現代の社会心理学 2 誠信書房

谷口 淳一・西村 太志・相馬 敏彦・金政 祐司 (編著) (2020). [新版] エピソードでわかる社会心理学 北樹出版

第8章

社会的影響

——他者の存在が私たちの行動に影響する

　私たちは，他者に囲まれて生活している。他者との関わりは，互いに偶然そこにいるだけの関係から，相手の目を意識するような関係までさまざまである。このような他者の存在は，私たちの認識や判断，行動にどのような影響を及ぼすだろうか。他者存在の影響は社会的影響と呼ばれ，社会心理学で古くから研究されてきた。本章は，この社会的影響について議論をする。私たちは，他者が存在するだけで影響を受けることもあれば，その人数に左右されることもある。多くの人が同意することに従うよう影響を受けることもあれば，その影響に抗うようにふるまうこともある。自分の利益は相手次第であることもしばしばあり，どのようにふるまうべきか悩ましいこともある。社会的影響を知ることを通じて，私たちが多様な人間関係の中で生きていることを再認識しよう。

1　他者存在の影響

（1）社会的促進と社会的抑制

　人は，他者との関わりの中で生き残ってきた社会的動物で，基本的動機として**所属欲求**を有する（Baumeister & Leary, 1995）。所属欲求とは，最低限の社会的絆を確立，維持しようとする欲求であり，人の社会性の基盤となる。人は，他者の行動と他者からの評判を監視し，対人関係を良好に維持しようとする（Pickett et al., 2004）。その結果，必然的に周囲の他者の影響を受ける。他者の影響が私たちの認知，感情，行動に及ぶことを**社会的影響**と呼ぶ。

　他者とのやりとりがなくても，他者が存在するだけで社会的影響が生じる。トリプレット（Triplett, 1898）は，子どもたちに釣りのリールをできるだけ素

早く巻き上げる課題をさせた。リールを回すと，連動して小さな旗がサーキットを周回する。子どもたちの課題は，リールを素早く回して小さい旗を4周させることであった。この課題の成績を単独で行わせる場合と他の子どもと一緒に行わせる場合とで比較をしたところ，単独の場合よりも一緒に行った場合の方が早く巻き取ることができた。このように他者存在が課題遂行を促進することを**社会的促進**という。

　トリプレット（Triplett, 1898）の研究後，他者存在の影響についての研究が，さまざまな課題，いろいろな人を対象に，協働場面だけではなく他者が観衆である場面などさまざまな場面で数多く行われた。そして次第に，結果が一貫しないことが明らかとなった。他者存在が遂行成績を向上させることもある一方，遂行成績を低下させることもあった。後者の，他者の存在が課題遂行を抑制することを**社会的抑制**という。

　社会的促進も社会的抑制も存在する事実は，他者存在の影響が単純ではないことを示している。ザイアンス（Zajonc, 1965）は，このような不一致を学習に関する動因理論（Hull, 1935；Spence, 1956）を用いて統一的に説明した。動因理論では，ある刺激に対する反応は，よく学習されて出現しやすい優勢反応から，学習されておらず出現しづらい反応まであるが，生理的な喚起水準が高まると優勢反応が出現しやすくなるとされる。ザイアンス（Zajonc, 1965）によれば，他者存在は生理的な喚起水準を高めるので，よく学習された優勢反応が出現しやすくなる。単純でよく訓練されている優勢反応は，多くの場面で正確となり社会的促進を導く。その一方で，複雑で学習されておらず不慣れな課題の反応は不正確となり社会的抑制につながる。優勢反応がその状況で適切かどうかによって社会的促進が生じるか，社会的抑制が生じるかが異なるのである。ある研究では，単純な課題と複雑な課題を複数用意し，単独もしくは他者と並んだ状態で解答させた（Hunt & Hillery, 1973）。その結果，単純課題では他者といるときよりも単独のときに誤答が多く，複雑な課題では他者といるときよりも単独のときに誤答が少なかった。前者では社会的促進，後者では社会的抑制が生じたと考えられ，ザイアンス（Zajonc, 1965）の説が支持された。

120 第2部 つながる・争う・和解する・まとまる

　他者存在は，どのようにして生理的喚起を高め優勢反応を引き出すのだろうか。コットレル（Cottrell, 1972）によると，他者存在は，他者から評価されることへの懸念である**評価懸念**を高める。評価懸念は不安などの否定的情動の高まりと相まって生理的喚起を高め，優勢反応を導く。その一方，社会的促進は，周囲の人の感覚が遮断されている状態でも生じる（Schmitt et al., 1986）。この結果は，周囲の人から評価を受ける心配のない，評価懸念を感じる余地がない場面でも社会的促進が生じることを示している。実際，評価懸念とは別に，注意の拡散と葛藤が生理的喚起を高めるとする主張もある（Sanders, 1981）。課題遂行時には課題に注意を集中させる必要があるが，他者存在によって他者にも注意を向けることとなり，葛藤が生じて生理的喚起が高まるのである。

　以上のような優勢反応に基づく考え方の他にも，社会的促進を導く心理過程が提案されている。その1つが**客体的自己覚知**である（Wicklund & Duval, 1971）。客体的自己覚知とは，注意が自己に向けられた状態を指す。他者に見られているという認識は，客体的自己覚知を導く。この状態が強まると現実自己と理想自己とを比較してしまい，否定的な自己評価を導く。この否定的評価による不快を低減するために現実自己を理想自己に一致させようと努める結果，社会的促進が生じる。また，自分に対して相手が特定の印象を持つようにふるまう**自己呈示**（第1章3節参照）も影響する。簡単な課題のときは自分を肯定的に見せようと奮闘し社会的促進が生じる。困難な課題のときは，自分を肯定的に見せられない恐れから課題遂行が損なわれ，社会的抑制が生じる（Bond, 1982）。他者存在が社会的促進や社会的抑制を導く過程は複数あるが，どの過程であれ，人が他者に大きな関心を持つことが背景にある。

（2）社会的手抜き

　周囲の他者と協力することで，個人では達成できない大きな成果を上げることがある。その一方で，周囲の他者と協力しているからこそ，他の人に頼ったり他の人を気遣ったりして全力を尽くさないこともある。1人のときと比べて他者の数が多くなり個人の評価がなされづらくなったときに，個人の課題成績が低下する現象を**社会的手抜き**という。イングハムら（Ingham et al., 1974）は，綱引き課題を用意し，1人で引く条件と複数人で引く条件とを設定して引く力の強さを比較した。実は複数人で引く条件は，一番前の人物だけが実験参加者で，残りの人物は実験に協力する役者であり，力を出していなかった。その結果，複数人で引く条件の方が1人で引く条件よりも参加者の力が弱く社会的手抜きが生じていた。同様に，ラタネら（Latané et al., 1979）は，大きな音で手を叩いたり，大声で叫んだりする課題を行い，1人当たりの音量を比較したが，一緒に課題を行う人数が増加するほど1人当たりの音量が低下し，社会的手抜きが生じた。

　社会的手抜きが生じる理由は複数ある。1つは，相互調整のロスである。複数人で課題を行うと，労力をかける場所を統一したり分担したりする調整が必要になる。調整に失敗すると労力の無駄が生じ，理論上の合計よりも小さな成果しか得られなくなるのである。もう1つの理由が動機的ロスである。他の人と一緒に作業をしていると，自分のがんばりは他の人にはわかりづらくなる。その結果，評判を気にしなくてよくなる。また，他者が一生懸命やっているので自分ががんばる必要性がないと認識する**責任の分散**が生じるようにもなる。相互調整のロスや動機的ロスは，一緒に作業する人数に比例して大きく作用し，社会的手抜きを増大させる。また，社会的手抜きは，一緒に作業する人，各々が役割を全うすることで集団課題が達成できる**接合型課題**や，誰かが達成できれば集団課題が達成できる**非接合型課題**では生じにくく（Karau & Williams, 1993）。他方で，個々人の遂行の合計が集団の遂行になるような**加算型課題**で生じやすい。これは加算型課題では相互調整のロスや動機的ロスが生じやすいからだと考えられる。

　社会的手抜きは社会的促進と正反対の現象のように見えるし，社会的抑制との相違点もわかりづらい。このような不整合は，他者存在の意味合いを考えることで解決できる。社会的促進や社会的抑制における他者は，競争相手であったり，観察者であったりする。ここでの他者は，評価懸念を生じさせ，優勢反応を導く存在である。他方，社会的手抜きでは，他者は協力して集団の課題を遂行する存在であった。そこでは相互監視がない限り，他者から注目を集める機会はないので，評価懸念はむしろ低くなるのである。

（3）権威の影響

　他者の影響には，存在だけでなく，地位や役割など自分と他者との関係性によってもたらされる側面もある。ある人物が他の人物の行動を自分の意図通りにコントロールしうる一方，他の人物からコントロールを受けないで済む潜在的能力を**社会的勢力**という。社会的勢力は，その源泉のあり方によって報酬勢力，強制勢力，正当勢力，専門勢力，準拠勢力，情報勢力の6種類に分類しうる（Raven, 1965：第4章3節1項参照）。これらは社会的勢力を持つ人物が備える属性を根拠とする。この中で正当勢力は周囲が地位に正当性を与えることで生じる勢力であるが，この正当勢力のように，正当とする地位などの価値観を共有，遵守する中で生じる影響力を特に**権威**という。

　私たちは，権威に服従することがある。**服従**とは，権威の命令に従い，自分の意志とは異なる行動をとることを指す。ミルグラム（Milgram, 1965, 1974）は，権威への服従に関する実験を行った。この実験は別名アイヒマン実験という。アイヒマンはホロコーストで指揮的役割を果たした官僚だが，裁判において凡庸な人物に見えたことで話題となった。そこでミルグラムは，ごく普通の人も命令に従い常軌を逸した行動をとるのか検証したのである。

　実験では，専門家とおぼしき実験者が，一般の実験参加者を教師役か生徒役に無作為に振り分けると説明した。実際には実験参加者は常に教師役に振り分けられ，生徒役は実験協力者である役者であった。教師役は，出題し，生徒役が誤答をしたら電気ショックを与えるように命じられた。さらに，生徒役が間違えるたびに15ボルトずつ電気ショックを強くするよう命じられた。生徒役は隣室にいたが，教師役には秘密に，誤答を繰り返すことになっていた。そして強度が上がるにつれて悲鳴を上げ，強度が最高に達する頃には無反応になるよう演技した。実際には電流は流れていなかった。実験の結果は衝撃的なものだった。教師役全員が150ボルトの段階まで電気ショックを与え，65％の教師役が致死量となる450ボルトまで電気ショックを与え続けたのである。

　実験参加者には実験中止を申し出る者もいた。そのときには，実験者は実験を続けるよう簡潔に依頼した。このことから，実験参加者の一部は実験を

続けるべきか中止すべきかの葛藤状態にあったと考えられる。このような葛藤を解消する要因として，権威者である実験者の影響力の強度がある。実験者が不在であったり，実験者の権威が弱かったりすることで，服従する割合は大幅に低下する（Milgram, 1965, 1974）。また，教師役と生徒役との近さも影響する。生徒役を身近で見るようになると，服従が減少するのである（Milgram, 1965, 1974）。

（4）社会的インパクト理論

社会的促進や権威への服従など社会的影響が生じる状況は，社会的インパクト理論に基づいて描写できる（Latané, 1981）。**社会的インパクト理論**は，社会的影響の強さを規定する3つの要因があるとする。第1の要因が社会的勢力の強度である。勢力が強いほど影響が強まる。第2の要因が直接性，近接性である。影響を与える人と影響を受ける人が空間的，時間的に近いほど影響が強まる。第3の要因が個体数であり，影響を与える人や影響を受ける人の数である。影響を受ける人よりも影響を与える人が多い方が社会的影響は強まるが，反対に影響を受ける人より影響を与える人が少ないと社会的影響は弱まることになる。社会的インパクト理論に基づき描写をすると，社会的促進や社会的抑制は影響を受ける人より影響を与える人が多い状況での現象，社会的手抜きは影響を受ける人より影響を与える人が少ない状況での現象となる。また，ミルグラム（Milgram, 1965, 1974）において服従の程度は権威の強さと生徒役の近接性の影響を受けたが，それぞれ，社会的インパクト理論における強度と近接性の問題であったと解釈可能である。

社会的インパクト理論が指摘する通り，個体数は社会的影響における重要な要因であり，影響を与える人と影響を受ける人との人数比が問題となる。実際，討議で多数派と少数派が発生して，多数派が有利に議論を進めることが少なくない。このような多数派と少数派の影響力を考える際に，2つの異なる影響力を考慮する必要がある（Deutsch & Gerard, 1955）。**情報的影響**は，客観的と思われる情報を伝えることで生じる影響である。これに対し，**規範的影響**は，社会的にどうあるべきかを示し，その規範に従わない場合は社会的に排除することを示唆することで及ぶ影響である。チャルディーニとゴー

ルドスタイン（Cialdini & Goldstein, 2004）は，人の認知や行動を駆動する正確さ，関係性，自己一貫性の3つの動機に訴えかけることで社会的影響が生じると主張する。正確さの動機は情報的影響と，関係性の動機は規範的影響と対応関係にある。なお，関係性の動機は所属欲求と同義だともいえる。次節では，これらの議論を念頭に多数派と少数派の影響について議論する。

2　多数派と少数派

（1）社会的に構成された規範

　社会にはルールがあり，法律のように明文化されているものもあれば，身内の約束ごとのように明文化されていないものもある。**社会規範**とは，集団内で互いの意見を調整し合意を得る中で形成された基準である。社会規範には，道徳的価値観もあれば現実認識に関わる信念もある。社会規範は，集団内の各メンバーが互いに社会的影響を及ぼす中で，社会的に構成される。このことを示した研究としてシェリフ（Sherif, 1936）の自動光点運動研究がある。

　自動光点運動とは，暗闇の中で固定された光点を見ると，動いているように見える錯視である。この錯覚の強さには個人差があり，光の移動距離の知覚には数cmから数十cmの幅がある。シェリフ（Sherif, 1936）は，数人1組でこの錯覚実験を実施し，実験参加者に動いたと思う距離を声に出して報告させた。その結果，報告を繰り返しているうちに，距離報告が一定の距離に収束した。自動光点運動で報告される距離は主観的なものでしかない。それを互いに報告し合ううちに，集団内で「正しい」数値が社会的に構成されていったのである。さらには，集団での実験の後，個人で自動光点運動における主観的距離の測定を行っても，その収束した数値が報告された。ここでの影響力は情報的影響力だと考えられる。互いに正解がわからない曖昧な状況の中で，他者の意見を参照し自分の認識に取り入れていったのである。

　情報的影響は，周囲で同様の態度や行動を示す人が多くなるほど強くなる。ミルグラムら（Milgram et al., 1969）は，ニューヨークのある通りを利用し，学生を動員して何の変哲もないビルの6階の窓を見上げさせた。すると，通

行人は学生たちと同じ方向に目線を送ったり，足を止めて上を見たりした。この影響は，学生の数が増えれば増えるほど強くなった。大勢の学生のふるまいが，ビルの上で何かが起きているという情報となり，情報的影響を及ぼしたのである。

(2) 同調と斉一性

これまでの内容から，多数派の意見は社会規範となりやすく，また人はその社会規範に従いやすいことが示唆される。このとき，多数派が形成した社会規範が明確に誤りであった場合でも，私たちは社会規範に従ってしまう。これは常に生じるわけではないが，小さくない影響を持つ。このように他者や集団が作り出した社会規範に沿った方向に行動を変えることを**同調**という。

アッシュ（Asch, 1951）は，線分の長さを判断するという正解が明確な課題を用いて実験を行った。2枚のカードを用意し，左側のカードに描かれた線分と同じ長さのものを右側のカードの線分3本から選ぶという課題を用意した（図8-1）。この課題は正解が明確で，実際1人で課題を実施したときには正答率がほぼ100％になった。アッシュ（Asch, 1951）はこの線分課題を7～9名で順番に声に出して解答させた。本当の実験参加者は最後に解答する1名だけで，残りは実験協力をする役者であった。この役者たちは，課題12試行中7試行で全員が同じ誤答をするように指示されていた。その結果，役者全員が同じ誤答をした場合，実験参加者の解答全体の約3分の1で役者と同じ誤答が生じた。さらに，75％の実験参加者が1回は誤答した。多数派の解答に同調が生じたのである。

図8-1 同調研究で使用した課題刺激の例

（Asch, 1951 より筆者作成）

126　　第2部　つながる・争う・和解する・まとまる

　同調への圧力は，誤答をする役者の数が増えるほど強くなるが，早い段階で最大に至る。アッシュ（Asch, 1951）によると，同調を示す誤答は4名で最大に達し，その後人数を増やしても増加しなかった。その一方，集団の中で多数派の意見と異なるメンバーが他に1人でもいた場合には，同調は劇的に低下した。これらのことは，同調の圧力が，多数であることよりも，多数派が同じ意見であるという斉一性によることを意味している。また，同調圧力は集団と個人とのつながりが強いほど顕著になる（Forsyth, 1999）。これらの結果は，アッシュ（Asch, 1951）の実験における同調圧力が規範的影響力であることを示す。多数派は斉一的な行動をとることで社会規範を示し，逸脱者に社会的排除を与えることを暗示して影響を及ぼすのである。

　その一方で，人は常に規範的影響に屈するわけではない。アッシュ（Asch, 1951）の研究では，実験参加者の約4分の1がまったく同調しなかったし，ほぼ全試行で同調し続けたのは実験参加者の11％しかいなかった。このような抵抗を示す人には2つのパターンがあった（Asch, 1952）。1つは，自分の判断に自信を持っており，多数派の意見を考慮しなかった人たちであり，もう1つは，多数派が正しいと信じていたが，自分が見た通りのことをいわずにはおられなかった人たちであった。つまり，同調しなかった人は，自分の知覚に忠実であることに関心があった。チャルディーニとゴールドスタイン（Cialdini & Goldstein, 2004）が示した自己一貫性への動機が同調を妨げたのである。

（3）少数派の影響

　モスコヴィッチら（Moscovici et al., 1969）は，6名1組でスライドの色を答える課題を用いて実験を行った。スライドはすべて青色で，単独で解答した条件の実験参加者は，ほぼすべてのスライドで青色と解答した。実験条件は2つあったが，6名中4名が本当の実験参加者で，残りの2名は実験に協力する役者であった。実験条件の一方は一貫した少数派条件で，2名の役者がすべてのスライドで一貫して緑色と誤答した。もう一方の一貫しない少数派条件では，2名の役者は緑色と誤答するが一貫せず，時々青色と正答した。その結果，一貫しない少数派条件では1.25％の解答しか実験参加者は緑色

と誤答しなかったが，一貫した少数派条件では実験参加者の解答の 8.42％が緑色と誤答し，少数派の影響を受けた。少数派は，主張に一貫性を持たせることで多数派に影響しうるのである。さらに，実験後に色彩テストを実施すると，一貫した少数派条件の実験参加者は，青色を緑色とみなしやすくなっていた。このことは，一貫した少数派条件の実験参加者の認知に影響したことを示しており，少数派の主張を貴重な情報として捉え，知識として取り込んだためと解釈できた。つまり，少数派の影響は情報的影響であった。

（4）命令的規範と記述的規範

　社会的影響は，その場に他者が存在しなくても生じる。他者の痕跡が存在し，その場面で多くの人がとる行為を示すことでも，社会的影響が及ぶ。チャルディーニら（Cialdini et al., 1990）は，社会規範のあり方を記述的規範と命令的規範の2種類に分類した。**記述的規範**とは，その場面で多くの人々が何を行っているかを示す規範であり，その場面においてどのような行動が適応的であるかを示す。これに対し**命令的規範**とは，人が何に賛成もしくは反対しているかに関する規範であり，社会的拒絶を含む罰を通じて行動に影響する。それぞれ情報的影響と規範的影響に対応する規範と考えられるが，これらの規範はその場に他者がいなくても，規範を思いつきやすくするだけで影響を及ぼす。たとえば，「当店人気 No.1」といった商品広告は，他者が何を正しいと考えているかを示すものであり，記述的規範として影響を及ぼす。

　チャルディーニら（Cialdini et al., 1990）は，ゴミのポイ捨て場面を題材に，ゴミのポイ捨てがなされていない清浄な環境の条件と，多くのポイ捨てがなされている劣悪な環境の条件を用意することで，記述的規範の内容を操作した。ここに他者は存在しないが，多くの他者行動の痕跡が残っていることになる。実験参加者のポイ捨て行動を観察したところ，清浄な環境の条件よりも劣悪な環境の方でポイ捨て行動が多く見られた。さらには，この傾向は，実験に協力している役者が，実験参加者の見えるところで実際にポイ捨てをした場合に顕著であった。私たちは，日頃ポイ捨てはいけないとする命令的規範を有しているが，ポイ捨てを目撃して記述的規範が思いつきやすくなると，命令的規範を超えて，記述的規範の影響が強く生じるのである。

3 相互依存

(1) 相互依存とは

　ここまでの社会的影響は，他者からの一方向的な働きかけを想定していた。その一方で，私たちの対人関係は双方向的でもあり，お互いの働きかけによって自らの行為やその結果が大きく変わる。ある個人の行為や結果が別の個人の行為や結果とつながっている関係を**相互依存**という。

　典型的な相互依存に協力と競争がある（Deutsch, 1949）。ある個人の目標達成を目指した行動が他の人の目標達成をも促す場合，個人間に**協力**関係がある。協力関係にある場合，個人の利己的行動は同時に相手のための利他的行動でもあるため，互いに好感を抱きやすい。他方，ある個人の目標達成行動が他の人の目標達成を阻害する場合には，個人間に**競争**関係がある。競争関係にある場合，個人の利己的行動は相手の利益を阻害するため，互いに否定的な感情が生じやすくなる。

　相互依存では，相手にどのように働きかけ，相手からの働きかけにどう反応するかが問題となる。これは相手との交渉であって，この交渉を適切に進めることができないと競争をしてばかりで，時には一方的に搾取されてしまうかもしれない。相互依存場面で私たちはどのようにふるまうのか，社会心理学では社会的交換の理論に基づき，検討を重ねてきた。

(2) 社会的交換と衡平

　社会的交換とは，個人や集団の間で生じる報酬，資源のやりとりを指す。交換の概念は，もともと経済学で確立され，その後，財や資源の交換規範のように社会学，文化人類学に導入され研究されてきた。このような経緯から，社会的交換の理論の根底には，経済的合理性を追求する人間観がある。そのため，社会的交換においてはコストと報酬が前提となる。社会的交換の理論では，人は，交換によってコストと報酬の不均衡を解消し，安定した対人関係を築くことを目指す，と考える。

　社会的交換では，自分の貢献に対して自分が得る報酬の割合と，相手の貢

献に対して相手が得る報酬との割合が均衡し**衡平**を保つことが重要だと考えている。衡平が崩れると緊張などの不快が発生し，その低減を狙った行動変化が生じる（Adams, 1964）。たとえば，自分の貢献度合いを変えたり，報酬を変えたりする。これは，努力などによって実際に貢献と報酬を変化させることもあれば，認知的に歪曲して主観的な価値を変えることもある。さらには不衡平を生み出す関係自体を解消することもある。

ティボーとケリー（Thibaut & Kelly, 1959）は，利得行列を用いて二者間の社会的交換を記述している。**利得行列**とは，相互依存状態にある人をゲームのプレイヤーに見立ててその合理的な戦略決定に関する数学モデルである**ゲーム理論**において，そのゲームの構造を数学における行列で示したものを指す。ゲーム理論におけるゲームでは各プレイヤーが選択肢を持ち，その組み合わせで行列ができる。選択の組み合わせによって得点である利得が異なるが，その利得が行列の成分となる。各プレイヤーの利得のあり方の違いは，二者間に存在する勢力を反映することがあり，利得行列内で表現できる。図8-2はそのような利得行列の例である。プレイヤー双方は二者択一の選択肢を持ち，2×2の選択組み合わせが存在する。各組み合わせで各プレイヤーの利得が存在するが，図8-2では便宜上，相手側の得点だけを記載している。

図8-2の（a）の利得行列では，自分の選択によって一方的に相手の利得を決定することができる。自分が選択肢Ⅰを選んだら相手は必然的に10点を獲得し，自分が選択肢Ⅱを選んだら相手は必然的に0点となる。このような影響のあり方を，相手の運命をコントロールしているという意味で**運命統**

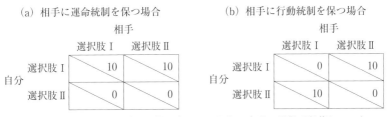

図8-2 運命統制と行動統制を示す利得構造の例

注）利得構造内の得点は相手の利得が書かれており，自分の利得は記載していない。
（Thibaut & Kelley, 1959 より筆者作成）

制と呼ぶ。その一方，(b) の利得行列では，自分の選択だけでは相手の得点は決まらないが，相手の選択を誘導することができる。自分が選択肢Ⅰを選んだときには相手は選択肢Ⅱを選んだ方が合理的であるし，自分が選択肢Ⅱを選んだときには相手は選択肢Ⅰを選んだ方が合理的である。相手が合理的判断をする限り，自分の選択によって相手を誘導できるのである。このような影響のあり方を**行動統制**と呼ぶ。ティボーとケリー（Thibaut & Kelley, 1959）は，社会的影響を運命統制と行動統制の2つに分解したが，これら統制の組み合わせで複雑な相互作用を説明できるとしている。

（3）囚人のジレンマと互恵性規範

　社会的影響は双方向的でありうるため，ゲーム理論のゲームでは，各プレイヤーが獲得する利得は一方の選択や戦略だけでは確定せず，もう一方の選択や戦略にも依存する。このような相互依存の一例として**囚人のジレンマ**がある。囚人のジレンマは，次のようなたとえ話がもとになっている。

　　容疑者Aと容疑者Bの2人は，凶悪な犯罪の容疑者だが証拠がなく，軽微な犯罪で別件逮捕されている。2人は，互いに連絡がとれないよう，それぞれ別室で取り調べを受けている。検察は，容疑者から自白を引き出さなければならないので，次の条件で司法取引を提案することとした。2人がともに黙秘をすれば，犯罪を立証できないため，2人は軽い余罪で起訴され，ともに2年の刑が科せられる。一方が自白し，他方が黙秘をした場合には，自白した者は無罪放免となり，黙秘した者には30年の刑が科せられる。もし2人とも自白した場合には，15年の刑が科せられる。

　上記の条件を利得行列の形にしたものが図8-3 (a) である。囚人のジレンマには3つの特徴がある。第1は，プレイヤーには選択の自由があり，黙秘と自白のどちらかを選択することができる。第2は，個人的な利得であり，各容疑者にとっては，黙秘するよりも自白を選択する方が望ましい結果が得られる。逆に相手には，黙秘するよりも自白を選択する方が望ましくない結果となる。第3は，ペアの利得であり，2人とも自分にとって個人的に得である自白を選択した場合の結果は，2人が個人的には損となる黙秘を選択し

第 8 章　社会的影響　**131**

図 8-3　囚人のジレンマ・ゲームの利得行列例

(a) 2 人の容疑者のたとえ話

容疑者 B

		黙秘	自白
容疑者 A	黙秘	2 年 / 2 年	0 年 / 30 年
	自白	30 年 / 0 年	15 年 / 15 年

(b) 研究で実施する場合の例

相手

		選択肢 I	選択肢 II
自分	選択肢 I	3 点 / 3 点	5 点 / 0 点
	選択肢 II	0 点 / 5 点	1 点 / 1 点

注）(a) の例では，利得構造内の数値は懲役の年数で値が大きいほど否定的な意味
　　となる。対角線の下側が容疑者 A への刑罰で，上側が容器者 B への刑罰となる。
　　(b) は研究などで用いる場合の例。得点は高いほど肯定的で，対角線の下側が
　　自分，上側が相手の得点となる。

た場合の結果よりも悪くなる。

　囚人のジレンマは容疑者の話ではなくもっと単純で気楽な文脈に置き換え
可能で，図 8-3（b）のような利得行列を用いて数多くの研究が行われてき
た。一般的には，個人的利得が生じる選択肢 II を互いに選択し，利得行列の
右下の組み合わせである，互いに損をする相互非協力が生じやすい。囚人の
ジレンマのような相互依存状況では相互協力は生じづらいのである。

　囚人のジレンマは 1 回だけではなく，同じプレイヤー間で何度も繰り返し
て実施することもできる。これを**繰り返しのある囚人のジレンマ**という。繰
り返しのある囚人のジレンマでは，1 回限りの囚人のジレンマと比較して相
互協力の組み合わせが生じやすくなる。これは，互いに個人的な利得を追求
して相互非協力が続くと，一方的に相手につけ込んで搾取することが難しい
こと，相互協力の方が相互非協力よりもましなことに気づくからである。こ
のように，利己的な動機づけから協力が生じることを**利他的利己主義**という。

　繰り返しのある囚人のジレンマでは，どのように選択をしていくのか戦略
を考えることもできる。協力し続けるのか，最初は協力して後に非協力にす
るのかさまざまなパターンがありうるのである。アクセルロッド（Axelrod,
1984/1998）は，繰り返しのある囚人のジレンマでさまざまな戦略を戦わせる
コンピュータシミュレーションを実施し，対戦合計でもっとも高得点を上げ
る戦略は何かを検討した。その結果，**応報戦略**と呼ばれる極めて単純な戦略
でもっとも成績が良かった。応報戦略とは，最初は協力選択を選び，その後

は，対戦相手が前回とった選択肢をそのまま選択するという戦略である。つまり，協力には協力を返し，非協力には非協力を返すのである。応報戦略の強みはこの**返報性**にあるとされる。応報戦略を採用する限り，相互非協力か相互協力しかなくなってしまうのである。この場合，相互協力の方が利得は大きいので，対戦相手から協力選択を引き出しやすくなる。

　返報性は，相互依存関係において相互協力をもたらす重要な特徴である。返報性は，社会的交換場面で幅広く認められており（Foa & Foa, 1974），社会規範にもなっている。また，人は返報性規範から逸脱するものに対して敏感であり，このような敏感さは進化の過程で獲得した生得的なものとする主張もある（Cosmides, 1989）。

（4）分配的公正と手続き的公正

　ここまでで扱った社会的交換は，二者関係を想定し，報酬や資源をどう分配するかを扱った。その一方で，私たちは，二者関係だけではなく，集団や社会の中のメンバーに対して分配することもある。この分配がどのようなルールに基づくかは，個人にとって，また集団にとって大きな影響を及ぼす。たとえば，自分の貢献や必要に見合った報酬が分配されないことは，企業組織内で意欲の低下や部署内の軋轢につながるかもしれない。**分配の公正**を考えることは，相互依存関係にある集団にとって重要な問題である。

　分配の公正に関わるルールは３種類ある（Deutsch, 1975）。第１が先述した**衡平原則**であり，貢献に応じて結果に応分の格差をつけるものである。成果を多く上げた者は報酬を多く受け取り，成果が少ない者は報酬が少なくなる。第２が**平等原則**であり，貢献度に関係なく全員に同一分量を分配するものである。第３が**必要原則**であり，貢献度を考慮せず，各人の必要や困窮の程度に合わせて分配を決める。分配に当たってどの原則が好まれるかは集団の課題のあり方によって異なる（大坪ら，1996）。接合型の課題では平等原則に基づく分配が好まれ，非接合型の課題では衡平原則に基づく配分が好まれる。

　分配に関する公正さの他に，分配の手順にも公正さが求められる。分配に向けての手順や議論，ルールなど手続きに関わる公正さを**手続き的公正**という。私たちは，分配の公正だけでなく手続き的公正を求め，時には後者をよ

り重視することがある。私たちが手続き的公正を求める理由の1つは，公正な手続きが公正な結果をもたらす，と考えるからである。ティボーとウォーカー（Thibaut & Walker, 1975）は，裁判制度に関する研究を行い，最終的な裁定に直接関われなくても協議過程に関わることができれば，判決の満足度が上がることを発見している。私たちが手続き的公正を求める理由のもう1つは，手続き的公正を実現している集団やその集団の一員である自分自身に価値があるように感じるからである。集団内で手続き的公正が実現されていることは，自分がメンバーとして尊重されているということを意味する。そのため，所属手段に対する同一視や肯定的感情が高まることになるのである。

　以上見てきたように，私たちは社会の中で互いに社会的影響を及ぼし，また社会的影響を受けながら生活をしている。これらの影響は，所属欲求を中心に正確性や自己一貫性の動機を基盤として生じている。特に相互依存関係にある場合，人は競争的で相互非協力な関係に陥る可能性がある中で，相互協力を実現し，衡平や平等の原則に則りながら公正な社会を構築してきた。私たちは，互いに社会的影響を及ぼし合う中で協力を目指す存在なのである。

●おすすめ図書

スミス, J. R., & ハスラム, S. A.　樋口 匡貴・藤島 喜嗣（監訳）(2017).
　社会心理学・再入門――ブレークスルーを生んだ12の研究――　新曜社

大橋 恵（編著）(2021). 集団心理学　現代に活きる心理学ライブラリー――
　困難を希望に変える心理学VI-2――　サイエンス社

亀田 達也・村田 光二 (2010). 複雑さに挑む社会心理学――適応エージェントとしての人間――（改訂版）　有斐閣

第9章

集団間関係

——集団同士の争いごとを加速させる原因を知り，対立を解消する

　古代から今日までの人類の歴史を振り返ると，派閥の揉めごとや争い，部族間，民族間，国家間などの紛争・戦争，ジェノサイドなど集団間の争いごとは枚挙にいとまがない。人類の歴史は集団間の対立の繰り返しといっても過言ではない。他方，人類は，集団間対立を解消し価値観や慣習が異なる集団，異なる民族や部族，異なる文化を持つ人々が共存するために知恵を絞ってきた。本章では，集団が対立に至る過程を心理学の知見から説明し，さらには集団間の対立を解消し共生社会を実現するために心理学の見地から提言する。

1　集団間対立の要因

（1）目標葛藤理論

　集団と集団の争いごと，つまり対立はなぜ起こるのか。中学や高校時代の体育祭での赤組 vs 白組 vs 青組などの対抗戦やクラス対抗の合唱コンクールに参加したことがある人は多いのではないか。対抗戦は「優勝」という同じ目標をめぐる集団同士の戦いであるが，仲間と一致団結し優勝を目指して作戦を練り猛練習に励んだ人もいるだろう。

　目標葛藤理論によれば，このように複数の集団が同じ目標を追求する状況において，集団間に競争的な関係が生じ対立に発展することがあるという。シェリフら (Sherif et al., 1961) は，1954 年に 24 人の 11 歳の少年たちが参加したサマーキャンプで行ったフィールド実験（泥棒洞窟実験とも呼ばれている）で，そのことを明らかにした。12 名ずつの別々のグループとしてキャンプ場へ連れていかれた少年たちは，それぞれ自分たちのグループを「イーグル

ズ」と「ラトラーズ」（ガラガラ蛇）と名づけ，グループ内で友情と絆を深めていった。その後，集団間に葛藤を生じさせるべく，綱引き，テント張り競争，野球の試合などが催され，集団間の競争が煽られると，少年たちは互いのグループを敵視し，奇襲攻撃までするようになった。イーグルズとラトラーズは同じ目標を追求し競争したことで，対立するに至ったのである。

　このように勝ち負けを決めざるをえない状況は，集団間の対立要因となる。それは皆さんが身近なところで経験してきたクラス対抗戦などにとどまらない。領土や資源，貿易均衡をめぐる民族・部族間や国家間の紛争・戦争に発展することもあるのである。

　なお，目標葛藤理論では集団同士が協力する関係を築くことで集団間葛藤が和らぐことが示された。この点は，4節1項「上位目標の設定」で説明する。

（2）最小条件集団

　集団間に対立や差別をもたらす要因として，前述の目標葛藤の他に権威主義的パーソナリティ，欲求不満，信念の不一致といったことも指摘される。確かにこれらの要因は，集団間対立の生起にとって重要ではあるが，必要十分条件なのか。それを確かめるべく，タジフェルら（Tajfel et al., 1971）は，集団間差別と関係すると見られる要因をすべて排除し，必要最小限の集団状況を設定した最小条件集団パラダイムと呼ばれる実験を行った。

　最小条件集団パラダイムでは，人々を集団に分けるためだけに簡単な課題（スクリーンに映し出された黒点の数の多少を短時間で判断する，架空の抽象画の好みを判断するなど）が実施される。くじ引きなどでグループ（集団）を決めることがあるが，最小条件集団パラダイムでの集団分けも参加した人々のうち何人かと偶然一緒の集団に属するという意味ではくじ引きによるグループ分けと変わらない。しかし，最小条件集団パラダイムでは，自分の所属集団を知ることはできるが，他の人の所属集団はわからないし，同じ集団のメンバー（成員）と顔を合わせて共同作業や協力することはなく，他の集団と具体的な目標を争うこともない。つまり，最小条件集団パラダイム下の集団は「実態のない集団」である。

136 　第2部　つながる・争う・和解する・まとまる

　些細な条件で集団に分けられた実験参加者は，その後個別に集団間差別を
行うことが可能な課題を課せられる。その課題とは，顔も知らない自分と同
じ集団（**内集団**）の成員と自分とは別の集団（**外集団**）の成員の2人に，特殊
な報酬分配マトリックス（図9-1）に基づいて，報酬を分配するというもので
ある。報酬を分配する2人の他者とは顔を合わすことがないばかりか，言葉
を交わすこともメッセージを送り合うこともなく，自分が誰に多く報酬を与
えているかが他の人に知られることもない。

　そのような**最小条件集団**において，実験参加者はどのように報酬を分配し
ただろうか。図9-1のAパターン（右側は内集団の成員が有利に，左側は外集団の
成員が有利になる）では，多くの実験参加者が内集団の成員に少しだけ多く報
酬を与える「9-6」の組み合わせを選択した。Bパターン（両端で集団間の差異
が最大。右側ほど内集団の利益は大きく，内集団と外集団を合わせた利益も大きい）では，
内集団の成員の報酬が最大となる「19-25」ではなく，「12-11」の組み合わ
せが選択されることが多かった。つまり，最小条件集団実験から，「同じ集
団に所属している」という理由のみで，人は内集団の成員を有利に扱うこと
が明らかになったのである。また，そのやり方というのは，Bパターンで
「12-11」を選択する者が多かったことからわかるように，自分たちが損をし
ても外集団に得をさせないというものであった。以上から，集団間に対立を
もたらす必要十分条件は最小条件集団であり，集団間葛藤は十分条件にすぎ
ないことが証明された。

図9-1　タジフェルら（1971）で使用された報酬マトリックスの例

Aパターン　　　外集団ひいき　　　　　　　　　　　　　　　内集団ひいき

対内集団の成員	1	2	3	4	5	6	7	8	9	10	11	12	13	14
対外集団の成員	14	13	12	11	10	9	8	7	6	5	4	3	2	1

Bパターン　　　最大差異　　　　　　　最大差異，最大内集団利益，最大共同利益

対内集団の成員	7	8	9	10	11	12	13	14	15	16	17	18	19
対外集団の成員	1	3	5	7	9	11	13	15	17	19	21	23	25

（Tajfel et al., 1971 より筆者作成。一部抜粋）

2 集団所属意識と集団間態度

(1) 社会的アイデンティティ

社会的アイデンティティは，集団間の葛藤や差別を包括的に説明するイギリスの研究者たちが提唱した**社会的アイデンティティ理論**（Tajfel & Turner, 1979）の中心的概念である。社会的アイデンティティは，自己概念の一部であり，自分が所属する集団（**社会的集団**や**社会的カテゴリー**と呼ばれる）の**成員性**（メンバーであること），たとえば「○○大学の学生である」「○○人である」「女性／男性である」という認知に，その集団の成員であることに肯定的あるいは否定的な感情を伴うものである（第1章4節1項参照）。つまり，自分が所属する社会的集団に対する所属意識が認知であり，一体感や誇りが感情である。日本人であることを誇りに思っている人がいるとしよう。それは日本人という社会的アイデンティティが肯定的であるということである。一方，日本で生活する外国籍の方が，その出自を隠したいと思っているような場合は，それはその人にとって国籍に関わる社会的アイデンティティが否定的なものだからである。

社会的アイデンティティ理論は，社会的アイデンティティを軸に人間の集団間行動を説明するものであり，私たちのすべての社会的行動は，個人間の関係によって決まる個人間相互作用と，互いに異なる社会的集団の成員であることによって決まる集団間相互作用の連続体上のどこかに位置するとしている（Tajfel, 1978）。私たちは親密な友人関係を築く際，出身地，在籍校などの相手や自分が所属する社会的集団を気にせずに互いの趣味や嗜好によって個人間相互作用を行うかもしれない。他方，他大学のサークルとの交流会では，所属大学の代表のような立場で他大学の人たちと話をするだろう。それは個人間というよりは集団間の相互作用の度合いが強いということである。なお，人と人との相互作用において，意味のある社会的アイデンティティは文脈によって異なるが，それを階層構造で説明するのが**自己カテゴリー化理論**である（Turner et al., 1987/1995）。

138 第2部 つながる・争う・和解する・まとまる

　以上のように，社会的アイデンティティ理論と自己カテゴリー化理論の特徴は，個人と集団をつなぐということであり，それには社会的アイデンティティ理論がヨーロッパの社会心理学から生まれたことが影響している。アメリカ心理学は研究対象の行動の原因を個人の心的過程に還元する傾向があるが，ヨーロッパのそれは人間が存在する社会を重視し，社会的文脈，すなわち社会の権力構造などの構造的要因を考慮し，人間の行動や心理を理解する研究を目指してきた。このようなヨーロッパ心理学の研究風土から，社会的アイデンティティ理論が生まれたことは特筆に値する。

　以下では，人間が集団に所属することが，心理・行動的側面にどのような影響を及ぼすかについて，重要なキーワードを中心に説明していく。

(2) 内集団ひいき

　派閥という言葉を聞いたことがあるだろう。政党や会社組織などで，派閥によって出世のスピードが異なったりすることは，身びいきという差別の結果である可能性がある。社会心理学ではそれを**内集団ひいき**と呼ぶ。

　1節2項「最小条件集団」で，私たちは何らかの基準で「われわれ」(内集団)と「彼ら」(外集団)に**カテゴリー化**されるだけで，集団間差別をしてしまうことを学んだ。しかし，最小条件集団状況で必ず内集団ひいきが起こるわけではない。神と山岸 (1997) は，他の内集団成員からの見返りが期待できない状況では，内集団ひいきは低減することを明らかにし，人が内集団ひいきを行う理由を次のように説明した。すなわち，自分が内集団を有利に扱うことで自分以外の他のメンバーも同じようにするから，結果的に自分が得をするという**集団的ヒューリスティック**（方略）に従うことによって内集団ひいきは起こるのである。この解釈によれば，内集団ひいきによる集団間差別や所属集団による不公平感を防ぐためには，身内が有利となることをした者には，厳しいペナルティが課されるなどの措置を講ずることが考えられる。

　しかし，内集団ひいきは阻止しきれるものではない。実社会は最小条件集団状況ではないのでなおさらである。なぜ人は内集団ひいきを行うのだろうか。その答えは，社会的アイデンティティ理論の3つの原理のうちの2つに求めることができる。それらの原理は，①人は肯定的な社会的アイデンティ

ティを達成し，維持しようと努める，②肯定的な社会的アイデンティティは内集団と外集団の**社会的比較**に基づく，というものである（第1章2節2項参照）。つまり，私たちは肯定的な社会的アイデンティティを獲得すべく内集団ひいきを行うことで，外集団よりも内集団を優れた集団に仕立て上げるのである。体育祭実行委員会の幹部を特定の部活動の生徒で独占し，「うちの部の人間はリーダーシップが抜きん出ている」などと自分の部活を誇りに思うことは，まさに部活動アイデンティティという社会的アイデンティティの高揚といえる。

（3）外集団同質性効果と錯誤相関

　私たちは，自分が親しい人もそれほど親しくない人のことも正確に知っているだろうか。そのようなことは不可能で，たいていの場合，その人がどういった社会的集団の成員かを頼りに人となりや能力を判断している。情報処理のキャパシティ不足を補うために，私たちはそのような横着なことをするのだが，私たちの情報処理を助けているのが**ステレオタイプ**である（McGarty et al., 2002/2007：第2章3節参照）。ステレオタイプによる情報処理は，個人の能力や性格を考慮せず「女性だから数学が苦手なはずだ」「女性だから面倒見が良いはずだ」などと決めつける**集団同質性認知**をしばしばもたらす。

　集団同質性認知には，外集団の成員は皆同質であると認知する**外集団同質性効果**と，自分の集団（内集団）の成員は皆同質であると認知する**内集団同質性効果**がある。概して，外集団同質性効果の方が内集団同質性効果よりも起こりやすい。それは，内集団の成員に比べ外集団の成員に直接接する機会が少ないためである（Linville et al., 1989）。ただし，社会的アイデンティティが顕在化される状況では，**脱個人化**，すなわち内集団の成員同士の入れ替えが可能とみなされ，内集団同質性効果が起こりやすい（Turner et al., 1987/1995）。内集団ひいきについて，体育祭実行委員会の幹部がある部活のメンバーで占められていることを例に説明した。幹部メンバーが「うちの部活のメンバーは皆，リーダーの素質がある」と信じ豪語することは，脱個人化と解釈できる。

　内集団同質性効果を，内集団の社会的アイデンティティに対する**脅威**から

説明した研究者もいる。少数派集団に所属する者の方が多数派集団に所属する者よりも内集団の成員を同質であると信じがちである（Simon & Brown, 1987）。筆者のゼミのあるアイドルグループのファンの学生は，他の有名なアイドルグループのファンたちを引き合いに出し，次のようなことを語った。「私たち A グループのファンは皆，マナーがよいが，B グループのファンの中にはマナーが悪い人たちがいる」と。知名度において劣るアイドルグループのファンは少数派であり，有名グループのファンたちは多数派であるとその学生は考えているのだろう。その結果，A グループのファンであるという社会的アイデンティティは脅威にさらされているのではないか。

　ところで，外集団の人に対して，「C 集団の人は D な人が多い」と思ったことはないか。「アフリカの人たちは長距離走が速い人が多いはず」や「○○大の××サークルの人はチャラい人が多い」などがそれに当たる。C 集団の人と D という特徴の間には相関がない，もしくはわずかな相関しかないにもかかわらず，相関があるとみなすことを**錯誤相関**（幻相関，誤った関連づけとも呼ぶ）という（Chapman, 1967）。錯誤相関は，特に少数派集団の好ましくない行動や人物について起こりやすく，現実社会の深刻な問題となっている。たとえば，アメリカにおいては，アフリカ系住民が犯罪の容疑をかけられることが多い。医療用のアラームを誤作動させた独居老人ケネス・チェンバレン氏が白人警官に射殺された事件（2011 年），白人警官に取り押さえられ首を圧迫され続け亡くなったジョージ・フロイド氏の事件（2020 年）など挙げればきりがない。錯誤相関は，そもそも犯罪などの発生件数が少ないことは目立ち，さらに少数派集団の悪い人は二重の意味で少数派であるため，非常に目立ち過大視されるという**認知バイアス**から生じる（Hamilton & Gifford, 1976）。

　ただし，認知バイアスによる錯誤相関は，文化を超えて普遍的であるわけではない。その時々の社会情勢が影響する可能性も否めないのではないか。第 2 次世界大戦中にアメリカの日本人・日系人は強制収容所送りとなった。日米開戦という国際情勢がアメリカ人たちに，敵国人である日本人はアメリカ人を襲うに違いないと思わせたのだろう。

（4）偏見と差別

　集団間関係に関係する集団間態度のうち，本章ではすでにステレオタイプに触れたが，偏見と差別も説明しよう。態度は，一般的に認知・感情・行動の３成分で構成される。集団間態度のステレオタイプは認知的成分，偏見は感情的成分，差別は行動的成分に当たる。ステレオタイプは，「日本人は親切」「イタリア人は陽気」など，ある集団の成員が皆，特定の性格や資質を持っていると信じる固定観念である（第２章３節参照）。これに好き／嫌い，好意／敵意，安心／恐怖，憧憬／軽蔑などの感情を伴うものやそれに伴う先入観が加わったものが**偏見**である。**差別**はステレオタイプや偏見を根拠に，接近／回避などの行動として現れるもので，入社試験で特定の大学出身者を優遇する，外国人であることを理由に住居の賃貸契約を結ばないなどがこれに当たる。

　前項の錯誤相関で言及したケネス・チェンバレン事件やジョージ・フロイド事件は差別行動であるが，それらの事件は「アフリカ系住民には犯罪者が多い」というステレオタイプと「アフリカ系住民は危険だから嫌い」という偏見に基づく差別であったと解釈できる。

　ところで，私たちは学校教育をはじめさまざまな場面で，人を差別することや偏見を持つことはいけないと教えられてきた。しかし，日本において，「在日の特権を許さない」「祖国に帰れ」などと在日コリアンに向けた**ヘイトスピーチ**，朝鮮学校の女子生徒の制服であるチマチョゴリがカッターナイフで切りつけられるという**ヘイトクライム**が発生してきた。そうした差別行動は，法治国家においては取り締まりの対象であり法律で裁かれることもある。

　一方，処罰対象とはならないが，「差別かもしれない」「偏見を持たれている気がする」ということがあるのではないか。このように，はっきりと偏見や差別とはわからないものは，**アンコンシャス・バイアス**（無意識の偏見や思い込み：北村，2021）やマイクロアグレッションと呼ばれる。**マイクロアグレッション**は，アンコンシャス・バイアスが言葉や態度に現れ，否定的なメッセージとなり相手に伝わり，結果として相手を傷つけることである（Sue, 2010/2020）。「女子なのに数学ができるなんてすごいですね」「男子なのにお

菓子作りが好きなんて珍しいね」「障がいがあるのに，よくがんばっているね」「年のわりには頑固じゃないね」……。口に出しているか否かにかかわらず，以上のようなことを思ったことがあるのではないか。以上のマイクロアグレッション言動の隠されたメッセージは，「女子は数学ができない」「お菓子作りが好きな男子はおかしい」「障がい者はできないのだからがんばらなくてよい」「年寄りは頑固者」である。隠されたメッセージに皆さんは気づいただろうか。あからさまではない偏見・差別は，私たちの巧みな認知方略によって存続する。**ステレオタイプ内容モデル**は，対人認知の基本次元（能力と親しみやすさ・温かさ）の組み合わせとその判断にそれぞれ影響する集団の社会的地位と集団が競争相手か否かによって，そのメカニズムを説明する（Fiske et al., 2002；Cuddy et al., 2007）。

図9-2には，アメリカ社会のいくつかの下位集団が，社会的地位によって判断される能力の次元と競争相手か否か（敵か味方か）によって判断される人柄の次元の組み合わせで4つの象限に配置されている。第1象限の中産階級（そのほとんどはアングロサクソン系が占めると思われている）の他集団に対する評

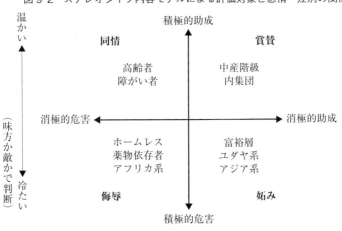

図9-2　ステレオタイプ内容モデルによる評価対象と感情・差別の関係

（Fiske et al., 2002とCuddy et al., 2007に基づき筆者作成）

価を見てみよう。第2象限の高齢者や障がい者は社会的弱者である。この人たちの社会的地位は低いため能力は低いと判断され，競争相手ではないことから人柄は温かいと判断される。その結果，彼らは同情され，積極的助成（福祉制度で守る）と消極的危害（ネグレクトなど）で差別される。

　では，第4象限に配置されている富裕層，ユダヤ系，アジア系はどうか。この人たちは高学歴でよい仕事に就いていることが多く社会的地位は高いため，能力は高いと判断される。一方，彼らは中産階級である自分たちの競争相手であることから，人柄は冷たいと判断され妬まれ，消極的助成（とりあえず攻撃しない）や積極的危害（スキあらば攻撃する）という差別を受ける。

　ここで，日本の生活保護受給率の低さをステレオタイプ内容モデルで考えてみよう。仕事が見つからず生活保護の受給申請をする人たちは，社会的地位は低いため能力は低いと判断されるだろう。人柄については，怠けているわけではなく働く意思はあるので温かいと判断されるのではないか。つまり，彼らは第2象限に位置づけられる。彼らは，収入がないためさまざまな税制上の優遇措置を受ける（積極的助成）が，親族の存在などを理由に生活保護の申請が却下される（消極的危害）。このように，ステレオタイプ内容モデルを現実社会における差別に当てはめることで，社会的弱者を外集団とみなし，法律や制度を盾に消極的・積極的危害を加えるプロセスには，私たちのステレオタイプや偏見が関連している可能性があることに気づくことができる。

3　集団間の感情

（1）感情の認知的評価

　前節で述べたように，感情は偏見の重要な構成要素であるが，**認知的評価理論**（Arnold, 1960）は，外集団と接する際に感じる感情を私たちはどのように理解するかを説明する。友好関係にない集団と接触する際や自分がよく知らない外集団の成員と接触する際に，不安や恐怖を感じたことはないか。そのような時に，不安や恐怖の原因は，「自分の心の持ちようだ」とか「自分が外集団をよく知らないせいだ」とは考えず，外集団に関するステレオタイ

プ的な認知を活性化させ，外集団のせいで不安だ／怖いと考えたのではない
か。では，集団間に領土問題や経済摩擦などの利害衝突が起きていたらどう
だろう。ラザルスとスミス（Lazarus & Smith, 1988）は，集団間関係に関わる
感情（中でも喜怒哀楽）は，その原因がどのように解釈されるかで異なると述
べている。また，そうした感情は，原因の所在（内集団，外集団，それ以外の状
況など）と内集団と外集団の力関係で決まる。近年の日韓関係を一例として
考えてみよう。

　2018 年に，韓国の大法院（最高裁判所）で，戦時中に日本製鉄と三菱重工
業広島と同名古屋に動員された朝鮮人徴用工による訴訟の判決が出されたこ
とは記憶に新しい。判決では，戦時中の朝鮮人の強制動員を「日本の不法な
植民地支配や侵略戦争の遂行に直結した日本企業の反人道的行為」と認定し，
慰謝料請求権が認められた（竹内, 2019）。訴訟判決は日本でも報道され，筆
者の周囲でも話題になった。知人の 1 人は，「徴用工は強制されたものでは
なかった。賃金がもらえると自ら進んでやってきたのに，賠償金をもらおう
なんて虫が良すぎる」と怒りを露わにした。この人は，徴用工問題をめぐる
日韓関係の悪化の原因は，日本人（内集団）ではなく韓国人（外集団）にある
と考え，さらに韓国人を日本人よりも下に見ているため「怒り」を感じたの
だろう。

　例を挙げることはしないが，集団間葛藤の原因が外集団にあり，内集団の
方が弱者であると認知されれば，「恐れ」を感じるという。

（2）集団間感情理論

　ある集団間の出来事が内集団にとって良いものと評価されれば，喜びや誇
りといった感情が喚起され，それが内集団に損害や危害を及ぼすと評価され
れば，怒りや恐怖といった感情が喚起される。これはマッキーら（Mackie et
al., 2000）が提唱した**集団間感情理論**である（第 5 章 4 節 1 項参照）。オリンピッ
クやワールドカップで日本代表が良い成績であることは，日本人（内集団）
にとってよい集団間の出来事であろう。一方，前述の徴用工裁判の判決は内
集団に損害や危害を及ぼすと評価される出来事であろう。なお，集団に対す
る怒りの程度は，内集団に同一視している人ほど強いという（Mackie et al.,

2000)。

4 集団間葛藤の低減

(1) 上位目標の設定

　集団間葛藤や偏見の低減には，集団同士が互いのことをよく知るために接触させるのがよいとされる。これは**接触仮説**で，オルポート（Allport, 1954/1968）によって提唱された。しかし，敵対している集団同士をただ接触させても葛藤や偏見が低減することはない。オルポート（Allport, 1954/1968）の接触仮説では，集団間関係を改善へと導くための接触条件も提案されている。それらの条件とは，①**対等な地位**：集団間に上下関係があることは望ましくなく，対等な関係で共同作業を行うことが望まれる。企業がある企業を吸収合併した時には，出身企業により地位の違いがある場合が多いのではないか。新しい会社として出発するためには，出身企業による格差をできる限り目立たないようにする必要がある。②**共通の目標**：双方の集団の成員は共通の目標を持っている必要がある。同一企業内で部署が1つになった場合であっても，すでに社員に共有されている企業理念だけではなく，新しい部署として目標を掲げるといった工夫が望まれる。③**協力的な関係**：集団同士が接触する状況においては，競争をやめさせ協力させる必要がある。集団同士が協力することで，双方が利益を得られるような状況を設定し，共同で事に当たる，作業させるのがよい。④**制度的支援**：集団間のやりとりをサポートする体制を整える必要がある。日本語を母語としない住民と地域住民の会合やリクリエーションを催す場合を想定すると，制度的支援の必要性は容易に想像できる。

　アミル（Amir, 1969）は，接触仮説を成立させるための条件を2つ追加した。それらは，⑤**反ステレオタイプ的情報**（接触相手がその集団のステレオタイプに反する特徴を持っていることが好ましい）と，⑥**典型性**（反ステレオタイプ的な特徴を持っている人物は，その集団を代表するような典型的人物として認知される必要がある）である。なぜなら，反ステレオタイプ的な特徴を備えている人物がその集団

の異端児であると思われれば，ただの例外（これはステレオタイプ研究で**サブタイプ化**と呼ばれる）とみなされるが，典型的な人物であると思われれば，集団全体に対する思い込みや印象が変化する可能性が高いからである。

　なお，葛藤関係にある集団が，②共通の目標と③協力的な関係の下で接触すると，集団間関係が改善することは，シェリフら（Sherif et al., 1961）の泥棒洞窟実験でも証明された。1節1項「目標葛藤理論」で説明した彼らの実験の続きをここで紹介しよう。

　競争を煽られ対立を深めた「イーグルズ」と「ラトラーズ」の関係改善のために，両者が一緒に食事をしたり映画や花火を楽しむ交流の場が設けられた。敵対している2つの集団が接触する機会が設けられたのである。しかし，せっかくの交流の機会は，食事中にフード・ファイトが勃発するなど失敗に終わった。関係改善どころか両者の関係は悪化したのである。

　そこで，シェリフら（Sherif et al., 1961）は，2つの集団が協力しなければ達成できない目標，すなわち**上位目標**を導入した。この目標は，オルポート（Allport, 1954/1968）の接触仮説を成立させるための条件の②共通の目標と③協力的な関係に当たる。泥棒洞窟実験で具体的に導入された上位目標は，故障した貯水タンクの修理，立ち往生した水を積んだトラックの救出といったもので，集団同士で協力するうちに集団間の関係は改善された。

　現実社会においては，集団同士が直接接触する機会が望めない場合や上位目標の設定など直接接触を成功に導く条件を満たせない場合もあるのではないか。そのような場合には，**間接的接触**により集団間感情の改善を図ることが求められよう。間接的接触による関係改善の1つに**拡張型接触**という方法がある（Wright et al., 1997）。これは，自分の内集団の成員の中に外集団の成員と親しい者がいることを知るだけで，外集団に対する態度が好意的なものになるというものである。さらに，集団間の友情を描いたテレビ番組を視聴することによっても同様の効果が認められている（Schiappa et al., 2005）。拡張型接触という方法は，いわば代理接触であるが，直接接触に伴う緊張や不安を感じずに外集団の成員について学び，心の準備をすることができるシミュレーションといえる。

（2）脱カテゴリー化と共通内集団アイデンティティ・モデル

　外集団の成員をそうとはみなさずに接触するというやり方がいくつか提案されている。社会的アイデンティティ理論（Tajfel & Turner, 1979）によれば，私たちは内集団をひいきし，肯定的な社会的アイデンティティを達成・維持するために外集団に嫌悪感を抱きがちである。そうした私たちの心理を勘案し提案された方策の１つが，**脱カテゴリー化**（Brewer & Miller, 1984）である。このモデルでは，その人の所属集団を顕在化させないよう，「日本人で女性で△△大学出身でもともと××県に住んでいた○○さん」というように，その人が属する社会的カテゴリーの情報を複数提示することで，個人として認識させるものである。社会的カテゴリーを複数持ち出し，**交差カテゴリー**という状況を作り出すのである。複数のカテゴリーを持ち出せばその場にいる人たちの社会的カテゴリーが交差され，その結果，ある社会的カテゴリーの成員ではなく個人として接することができる可能性が高くなる。

　もう１つの方策は，**共通内集団アイデンティティ・モデル**（Gaertner & Dovidio, 2000）である。集団同士が接触する状況において，より上位の集団を作り，外集団の成員同士の接触ではなく内集団の接触としてしまうのである。旧ユーゴスラビアは 1991 年からの内戦を経て，スロベニア，クロアチア，セルビア，ボスニア・ヘルツェゴビナ，モンテネグロ，マケドニアの６カ国に分離独立した。ユーゴスラビアという国は，「ユーゴスラビア人」という共通内集団アイデンティティが機能したことで，５つの民族，４つの言語，３つの宗教の人々が共存していたと考えらえる。ただし，ユーゴスラビアは，東側の国でありながら旧ソ連とは一線を画す，すなわちソ連を外集団とみなし，チトー大統領というカリスマ指導者の下でユーゴスラビア人として結束していた。したがって，外集団の存在なしに，あるいは非常に優れた指導者なしに上位集団を作り，多文化共生社会を実現することは難しいかもしれない。

（3）多文化共生社会の実現に向けて

　本章の冒頭で述べたように，人類の歴史は集団間の争いごとの連続であった。同時に，人類は集団間葛藤や対立を避けるべく，知恵を絞りさまざまな

策を講じてきた。たとえば，戦国時代の結婚は政略結婚の典型であるが，織田信長と斎藤道三の娘・濃姫の結婚は，両家の対立を終息させた。ヨーロッパの王室間の婚姻関係にもそうした思惑があったのだろう。同盟関係や主従関係の明示という側面があることは否めないが，本章で学んできた心理学の知見に照らすと，それらはより強力な敵に勝つという上位目標や共通内集団アイデンティティの構築であったと解釈できるのではないか。集団間関係について歴史から学べることは，良好な集団間関係を維持し続けることの難しさかもしれない。現代に生きる私たちはそのことを肝に銘じ，後世にこのことを伝える義務があるだろう。なぜなら，現代社会の，そして私たち人類が直面する課題の1つは，多国籍，多民族，多言語，多宗教……とさまざまな文化背景を持つ人々との共生だからである。**多文化共生**には，歴史，地政学，政治，経済，宗教，そしてそれぞれの社会の権力構造などの要因が影響することも必至である。

　2023年6月末現在の日本の在留外国人は，過去最高の322万3858人（全人口の2.6％）で，約40人に1人が日本人ではない（出入国在留管理庁，2023）。日本で暮らす外国籍の人たちは，今後ますます増えていくと予想されるため，日本で多数派を占める日本人（内集団）は少数派である外国人（外集団）とどのように共生していくかを今まで以上に考えていく必要がある。

　本章で紹介した集団間関係に関する心理学の知見からわかるように，多文化共生は一筋縄ではいかない。しかも，対等な地位での接触，共通目標や協力関係を導入し，制度的な支援も整える必要がある。その他にも動画でさまざまな国籍の人たちを紹介したり，ステレオタイプ的な情報の扱い方に気をつける必要がある。また，学校集団や職場集団などでは，日本人も外国人もその出自がわからないよう脱カテゴリー化を試みたり，共通内集団アイデンティティ（同じ学校の生徒，同じ会社の社員）を強調することで，新しく作り出した社会的集団の仲間としてうまくやっていけるかもしれない。

　しかし，果たしてそれでよいのだろうか。新しく作り出された集団も重要であるが，私たちにとって国や民族のアイデンティティも自己概念の重要な一部のはずである。そうした「重要な一部」をいわば取り上げた状態では，

何かのきっかけに日本人対外国人，日本人対○○人という対立が起こるのではないか。互いの重要な社会的アイデンティティを認めつつ，共生していく術について，私たちは研究者であるか否かにかかわらず，ともに考え協同していくことが望まれる。

●おすすめ図書

北村 英哉・唐澤 穣（編）(2018). 偏見や差別はなぜ起こる？心理メカニズムの解明と現象の分析　ちとせプレス

ブラウン, R. 橋口 捷久・黒川 正流（編訳）(1999). 偏見の社会心理学　北大路書房

縄田 健悟（2022). 暴力と紛争の"集団心理"――いがみ合う世界への社会心理学からのアプローチ――　ちとせプレス

第 10 章
リーダーシップとキャリアデザイン

―――働く人の心理

　多くの人は，何らかの目的や目標の達成を目指す集団や組織に所属している。たとえば，仕事であれば会社や職場，学校であれば部活やサークルなどの組織，地域社会であれば町内会やボランティア団体などである。そうした集団や組織の構成員の心理に着目した研究分野がある。そのうち，本章ではリーダーシップ論とキャリア心理学について取り扱う。まず，構成員同士の相互作用の代表例である上司と部下の関係性について，さまざまなリーダーシップ論を解説する。さらに，近年注目されている，部下の心理に着目した研究についても紹介する。次に，1 人ひとりのキャリアデザインは特に会社や職場の影響を受けることから，さまざまなキャリア心理学の理論について解説する。関係性の中でキャリアデザインに取り組むことについて，古典的なキャリア論を紹介する。また，変化の激しい現代社会を意識した新しいキャリア論についても説明する。

　リーダーシップ論もキャリア心理学もさまざまな理論が存在する。それは，本質的に，リーダーシップやキャリア形成が多面的だからであろう。したがって，諸理論を 1 つひとつ理解していくことで，本質に迫ることができる。また，そうすることで自分自身のリーダーシップやキャリア形成の幅を広げることもでき，さまざまな場面で効果的に行動することにつながる。

1　リーダーシップ研究

(1) リーダーシップ研究の変遷

　バーナード（Barnard, 1938）は，組織の定義を「2 人以上の人々の意識的に調整された活動や諸力の体系」（p.76）とした上で，組織成立のための 3 要素

として「共通目的」「貢献意欲」「伝達」を提唱した。そして，バーナードは，組織への貢献意欲が最初から高いことは稀であると指摘した。したがって，組織の目的の実現に向けて，構成員の貢献意欲を引き出すためにコミュニケーションが必要となる。そうした組織内部のコミュニケーションにおいて，古くから重要だとされてきたのが**リーダーシップ**である。そのため，リーダーシップ研究には膨大な蓄積がある。まず，古典的なリーダーシップ研究について，代表的な3つの理論を解説する。

第1は，リーダーシップの**特性理論**である。これは，概ね1940年代までに研究されていた理論である。リーダーシップは先天的に与えられた特殊な能力・資質だと位置づけられ，歴史上の偉人や英雄も含めてリーダーと考えられる人物に共通する特性を明らかにしようとした。しかし，果たして先天的要素がリーダーシップの発揮にどれだけの影響を及ぼしているのか不明確である。また，実務上も，後天的要素に着目する方が，リーダーシップの能力開発の意義が明確になる。このようなことから，近年では，特性理論に基づく研究はほとんどない。

第2は，リーダーシップの**行動理論**である。これは，効果的なリーダーシップ行動を明らかにする理論である。そして，リーダーシップの基礎理論である「普遍的な2軸」が確立された。それは，業務や課題の達成に関する軸（業務達成軸）と，人間関係の構築や維持に関する軸（人間関係軸）である（服部，2023）。

オハイオ州立大学の研究では，インタビューと統計解析から，2つの主要なリーダーシップ行動を導出した。1つは，メンバーのさまざまな関心や行動を組織目標に向かって1つの方向にまとめていく行動（構造作り）である。もう1つは，部下の提案を聞き入れたり，部下の相談に乗ったりする行動（配慮）である。そして，この研究では，両方の行動に取り組んでいるリーダーがもっとも効果を上げることを明らかにした（Fleishman & Harris, 1962）。

日本における行動記述論的アプローチで有名な研究は，三隅の **PM 理論**である（三隅，1984）。三隅の研究では，リーダーシップ行動のうち，組織の目標達成に関連する機能を「課題達成機能」（Performance function），組織構

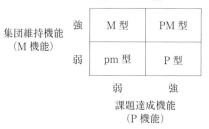

図 10-1　三隅の PM 理論

(三隅, 1984 より筆者作成)

成員の関係性の維持・強化に関連する機能を「集団維持機能」(Maintenance function) と定義づけた。その上で, 課題達成機能 (P 機能) と集団維持機能 (M 機能) の強弱の組み合わせに基づいて 4 つのリーダーシップ類型を示した (図 10-1)。このうち生産性がもっとも高くなるのは「PM 型」, すなわち課題達成機能も集団維持機能も重視しているリーダーシップであることが明らかになっている。

この他にも複数の研究において, リーダーシップの「普遍的な 2 軸」の重要性が検証されており, 行動理論は今日のリーダーシップ論の基礎となっている。

第 3 は, リーダーシップの**状況適合理論**である。「状況適合」は「状況対応」や「条件適応」などといわれることもあるが, いずれも contingency の日本語訳である。この理論は, 状況によって有効なリーダーシップ行動が異なるという立場にたつ。たとえば, ハーシーとブランチャード (Hersey & Blanchard, 1969/1978) は「状況対応リーダーシップ・モデル」を提唱し, 部下の心理的・技能的成熟度の状況によって, 効果的なリーダー行動が異なると論じた。リーダーシップ行動の 4 タイプ (教示的, 説得的, 参加的, 委任的) を, 「指示的行動」(ガイダンスを与える) と「協労的行動」(支援的な行動を示す) の 2 軸それぞれの高低によって提示した (図 10-2)。低能力で意欲が弱く不安を示す部下の場合, 教示的リーダーシップ (高指示, 低協労) が有効であるとした。また, 高能力だが意欲が弱く不安を示す部下の場合, 参加的リーダーシップ (低指示, 高協労) が効果的だとされた。

図10-2　ハーシーとブランチャードの状況対応
リーダーシップ・モデル

(Hersey & Blanchard, 1969/1978に基づき筆者作成)

このように，状況適合理論はリーダーシップの「普遍的な2軸」をもとにしながら，どの状況においてどちらの軸がより影響力が大きいかを理論化する研究アプローチである。

(2) 変革型リーダーシップとサーバントリーダーシップ

古典的理論の視座である「普遍的な2軸」とは異なるリーダーシップ行動を新たに見つけ出そうという研究も積極的に取り組まれている。その結果，「○○リーダーシップ」と名づけられた理論や概念が数多く生み出されている。ここでは，変革型リーダーシップとサーバントリーダーシップを取り上げる。

変革型リーダーシップは，既存の組織経営の方向性を大きく転換する際に有効なリーダーシップ行動を示した理論である。バーンズ (Burns, 1979) は，従来の「普遍的な2軸」によるリーダーシップを交換型リーダーシップと呼んで，変革型リーダーシップと明確に区別した。定常的な状況下では交換型リーダーシップが有効であるが，変革期には変革型リーダーシップが効果的である。変革型リーダーシップが求められる状況として，たとえば，経営が悪化した組織を立て直すとき，他の企業との統合をするとき，技術革新などによって事業領域を大きく変化させるときなどが考えられる。

したがって，変革型リーダーシップでは，新しい組織の方向性を明示して，組織構成員がその方向性に向かって主体的に行動できるように導くことが求められる。そのためには，変革型リーダーは組織構成員に非常に強い影響力

154 第2部 つながる・争う・和解する・まとまる

を及ぼす必要がある。バーンズ（Burns, 1979）によれば，変革型リーダーシップの構成要素は，「理想化された影響」「部下のモチベーションの鼓舞」「知的刺激」「個別配慮」である。

サーバントリーダーシップは，部下への支援を中心に据える理論である。いわば，変革型リーダーシップと真逆の立場である。サーバントリーダーシップ理論を提唱したグリーンリーフ（Greenleaf, 1977）は，リーダーシップは尽くしたい（奉仕したい）という自然な感情で始まると指摘した。サーバントとは「召使い」の意味であるが，リーダーが部下の召使いになるということではなく，部下の主体性が発揮されるように支援するリーダーの役割の重要性に着目した理論であると理解すべきである。

本節の冒頭で紹介したバーナード（Barnard, 1938）による組織成立の3要件に，リーダーや階層構造はない。それは，根源的な意味において，リーダーや階層構造は組織に必要な要素ではないということであろう。リーダーがいなくても，組織構成員が組織目標の達成に向けて貢献すれば，組織は機能するはずである。実際，大学の授業内のグループワークでは，リーダーがいなくても議論や活動が進むことはある。もちろん，近代的な労務管理を必要とする組織では，実際には管理職や階層構造が必要である。だからこそ，部下が主体性を発揮して仕事ができるように，サーバントリーダーシップ理論が注目されている。

サーバントリーダーシップ理論は現在も研究が進んでいる分野である。そのため，サーバントリーダーシップの構成要素について定説があるわけではない。たとえば，ライデンら（Liden et al., 2008）の実証研究によれば，サーバントリーダーシップは7要素によって構成されることが明らかになっている。その7要素とは，「部下を最優先にすること」「部下の成長と成功の支援」「部下のエンパワーメント」（部下が自力で問題解決できるように支援すること），「倫理的な行動」「感情的な癒し」「概念的スキル」（組織や業務に関する知識をもとに部下を支援すること），「コミュニティへの価値創造」（組織が立地する地域コミュニティへの支援）である。

変革型リーダーシップとサーバントリーダーシップは，互いに異なるリー

ダーシップ行動を理論化していることが興味深い。このように，リーダーシップ行動の多様性に着目して，古典的理論の視座である「普遍的な2軸」を超えて新しいリーダーシップ論を生み出す研究は現在でも盛んに取り組まれている。

（3）リーダーとフォロワーの関係性

リーダーシップ研究では，上司と部下のことをリーダーとフォロワー（あるいは，メンバー）と呼ぶ。そして，比較的新しいリーダーシップ研究として，フォロワー側の視点に着目するアプローチがある。ここでは，リーダー・メンバー交換関係とフォロワーシップの研究について紹介する。

リーダー・メンバー交換関係（Leader-Member Exchange）は，英語の頭文字をとって「LMX」と略されることが多い。LMX はリーダー（上司）とメンバー（部下）との関係性のことである。当初の LMX 研究は，リーダー1人とメンバー1人の二者関係を対象とした。そして，LMX が良好であるほど，経営上望ましい結果が得られることがわかっている（たとえば，メンバーの組織コミットメント，職務満足，昇進，役割外行動など。第5章コラム参照）。

近年では，二者関係の LMX を組織やチーム単位に拡張させた研究もある。その1つが LMX 分化に関する研究である。LMX 分化は，同一のリーダーと複数の部下の間の LMX の分散に着目する。チーム内の複数の LMX の分散が大きい（つまり，LMX 分化が高水準）ということは，同一リーダーのもとでメンバーごとに関係性の良し悪しが大きく異なることを意味する。

たとえば，チーム内における人種やジェンダーなどのデモグラフィックな多様性の高低とそのチームメンバーの離職率を分析した研究では，チーム内の多様性が高い場合，もっとも離職率が高いのは「LMX 平均も LMX 分化も高いチーム」であり，もっとも離職率が低いのは「LMX 平均が高くて，LMX 分化が低いチーム」であったという研究がある（Nishii & Mayer, 2009）。つまり，多様性が高いチームの場合，リーダーと特定のメンバーとの LMX が非常に良好であるため LMX 平均が高くても，その他のメンバーとの LMX が低水準であるという LMX 分化が高水準の状況にあるチームは，離職率が高くなる。一方，リーダーがチーム内のメンバー全員と良好な LMX

を構築できている，すなわち LMX 平均が高くて LMX 分化が低水準のチームであれば，離職率が低い。このように，二者関係における LMX の高低のみならず，組織・チーム単位で LMX の分散を研究することで上司部下関係のダイナミズムを明らかにできる。

　また，近年では**フォロワーシップ**に関する研究も多い。フォロワーシップ研究は，文字通り，フォロワー側の心理に着目する。フォロワーシップ研究が増えている理由として，リーダーだけでなく，フォロワーの心理が組織成果に大きく影響を与えるという問題意識があると考えられる。イノベーションが求められる状況が増えていたり，単純作業が人工知能に置き換わる流れが加速していたりする現在，1 人ひとりの仕事がより高度化複雑化しているため，リーダーのみならず，フォロワーの意識や行動の重要性が高まっている。

　初期のフォロワーシップ研究では，フォロワーのタイプが分類された。たとえば，「模範的」「順応型」「孤立型」「消極的」「打算的」というフォロワーのタイプを提示した研究（Kelley, 1992）や，「パートナー」「個人主義者」「実行者」「従属者」に分類した研究（Chaleff, 1995）などがある。

　フォロワーシップの規定要因を明らかにする研究も取り組まれている（石橋，2021）。たとえば，リーダーシップ行動，組織文化や職務特性などの環境的要因，フォロワー自身の特性などが，フォロワーシップを規定する要因として考えられている。さらに，フォロワーシップがどのような組織的成果をもたらすかという研究もあり，たとえば，職務満足，組織コミットメント，組織市民行動などに与える影響について分析されることがある。

2　古典的なキャリア心理学研究

（1）内的キャリアと外的キャリア

　キャリア（career）は，ラテン語の carraria が語源だといわれている。carraria とは荷馬車などが道を通った後にできる車輪の跡，つまり轍のことである。したがって，キャリアは過去から現在に至るその人の経歴を意味する。

近年では，キャリアの時間軸に未来も含めるようになり，今後のキャリアの歩み方を検討する**キャリアデザイン**という考え方も広く知られるようになった。

シャイン（Schein, 1978）は，キャリアをその特性から**内的キャリア**と**外的キャリア**に分類した。内的キャリアとは，職業における自己概念（セルフイメージ）のことである。したがって，内的キャリアは個人の内面にあるもので，働くことについての動機，価値観，能力などが該当する。また，職業に関する自己概念であるから，自分自身で定義するものであり，それゆえ多義的である。

一方で，外的キャリアとは，職位や職務そのものなど，職務経歴書に記載できることである。たとえば，学歴，所属会社，役職，担当業務，保有資格などの経歴のことである。これらは社会や組織などから付与されるものであり，個人からすれば外在的なものであるため，「外的」キャリアと呼ばれる。また，外的キャリアは，基本的に単線的であり，上昇すること（つまり，キャリアアップ）が社会的に望ましいことだとされる。

そして，キャリアに関する学問分野は，内的キャリアと外的キャリアのどちらに着目するかによって大きく異なる。本項で取り扱うキャリア心理学は，内的キャリアに着目する研究分野である。一方で，労働経済学や労働社会学は主に外的キャリアに焦点を当てる。

内的キャリアに着目するキャリア心理学は，**キャリアカウンセリング**の理論的基盤となっている。内的キャリアと外的キャリアは関連しないことも多い。たとえば，エンジニアとして働いていた人が管理職に昇進した場合，外的キャリアとしては「キャリアアップ」である。しかし，その人が部下の管理監督よりも，エンジニアとして専門性を活かして働きたいという内的キャリアを持っている場合，管理職への昇進は内的キャリアの充実からは遠のいてしまう。キャリアアップが常に内的キャリアの充実につながるとは限らないのである。キャリアカウンセリングは，こうした外的キャリアの変化において本人の内的キャリアの充実に向けて支援する。

キャリア心理学には複数の理論があり，理論ごとにキャリアカウンセリン

グのアプローチが異なる。したがって，キャリアカウンセラーはキャリア心理学の諸理論を熟知して，相談者の特性や問題の性質に合わせて支援アプローチを個別に検討することが求められる。

なお，日本においてキャリアカウンセリングに取り組む心理専門職は，国家資格**キャリアコンサルタント**という名称で，学校，職場，民間転職支援企業，ハローワークなどにおいて，学生や社会人などのキャリア形成を支援している。

（2）個人と仕事のマッチングアプローチ

内的キャリアの基盤を最初に構築したのはパーソンズだといわれている（木村・下村，2022）。20 世紀初頭，パーソンズは青少年の多くが職業選択のガイダンスを必要としていることに気づき，1908 年にボストンの市民サービス館で職業相談を始めた。パーソンズ（Parsons, 1909）の**職業選択法**は，「自己理解」「職業理解」「自己と職業の関連性についての合理的推論」の 3 段階で構成された。つまり，自己理解と職業理解を深め，その両者の関連性が高い職業を選択するというアプローチである。職業選択法は個人と仕事とのマッチングが強く意識されているのが特徴である。今でも，大学生がアルバイトを探すときは，職業選択法と同様のアプローチで検討することが多いのではないだろうか。

次に紹介するのは，ホランド（Holland, 1997）の**職業的パーソナリティ理論**である。ホランドは 6 つのパーソナリティタイプを提唱した。それは，「現実型」（Realistic），「研究型」（Investigative），「芸術型」（Artistic），「社会型」（Social），「企業型」（Enterprising），「慣習型」（Conventional）である。そして，個人のパーソナリティタイプに適合する職業を見つけるべきだという立場にたつ。ホランドが提唱した 6 つのパーソナリティタイプの頭文字をとって，職業的パーソナリティ理論は「RIASEC モデル」とも呼ばれる。

そして，この理論をキャリアカウンセリングのために実用化したのが職業興味検査である。職業興味検査では，個人の特徴を RIASEC のうち上位 3 つのタイプの組み合わせで示して解釈する。職業興味検査の日本語版は，労働政策研究・研修機構により作成されている。1985 年に初版が発行され，

2002 年の第 3 版が最新版となっている。160 の具体的な職業名を提示し，それに対する興味関心の有無を回答することにより，自身の職業興味の傾向を知ることができる。たとえば，システムエンジニアは IEC（研究的・企業的・慣習的），経営コンサルタントは ESC（企業的・社会的・慣習的），セールスマネージャーは ESI（企業的・社会的・研究的）というように示されている。そのため，職業興味検査は個人と仕事のマッチングを図るために活用される。

　シャイン（Schein, 1978）の**キャリアアンカー論**もマッチングアプローチの理論である。シャインによれば，キャリアアンカーは，「自覚された才能と能力」「自覚された動機と欲求」「自覚された態度と価値」から構成される。キャリアアンカーの「アンカー」とは錨のことであり，自分自身のキャリアや職業上の自己イメージのことである。そして，キャリアアンカーは，個人の中で不変であり，安定的なものだとされる。シャインは，8 つのキャリアアンカーを提唱して，キャリアアンカーに基づいて自分のキャリアをデザインすべきだとした。8 つのキャリアアンカーとは，「専門・職能別能力」「経営管理能力」「自律・独立」「保障・安定」「起業家的創造性」「奉仕・社会貢献」「純粋な挑戦」「生活様式」である。

　これらの**個人と仕事のマッチングアプローチ**に共通するのは，内的キャリアも仕事も不変であるという前提である。両者が不変であるからこそ，マッチングさせることが可能であるし，そうすることに意味がある。一方で，このアプローチはキャリア心理学の初期のものである。仕事環境の変化が激しい現代では，マッチングアプローチは限界があると考えられている。

（3）発達論的アプローチ

　発達論的アプローチは，発達心理学が基盤となって形成されたキャリア心理学である。発達論で有名なエリクソン（Erikson, 1950）のライフサイクル論では，心理社会的危機という概念が示されている。これは，人の発達には段階があり，それぞれの発達段階における課題に向き合い，それを克服することで，次の段階に移行するという考え方である。

　職業選択について初めて発達論を用いて理論化したのはギンズバーグら（Ginzberg et al., 1951）だといわれている（木村・下村, 2022）。ギンズバーグらに

よれば，職業選択は，生涯にわたる意思決定のプロセスであり，個人は変化するキャリア目標と職業の世界の現実との適合を繰り返し再評価すると提唱した。そして，発達プロセスとして，空想期（11歳以下），試行期（11歳〜17歳），現実期（17歳〜20歳初期）を示した。

スーパー（Super, 1985）も発達の概念をキャリアに導入した。スーパーのキャリア発達論では，人が生まれてから死ぬまでの一生という長い時間軸の中で，その都度，さまざまな役割を経験することが前提となっている。したがって，個人が置かれている状況によって役割が変わるという，変化（＝発達）を前提としたキャリア論となっている。

具体的には，5段階で構成される「職業的発達段階」を提唱した。その5段階とは，成長段階（0歳〜14歳），探索段階（15歳〜24歳），確立段階（25歳〜44歳），維持段階（45歳〜64歳），解放段階（65歳以上）である。そして，各段階における「特徴」「下位段階」「課題」を示した。たとえば，探索段階の「特徴」は「学校・余暇活動，パートタイム労働において，自己吟味・役割試行・職務上の探索が行われる」である。そして，下位段階ごとに課題が示されており，たとえば，「移行期」（18歳〜21歳）という下位段階の課題は「職業的好みが特定化される」である（渡辺，2018，p.46）。

職業的発達段階における課題を達成していくことは，その時点の役割変化に適応し，次の発達段階で課題に向き合う基礎を築くことになる。したがって，ある段階で課題に向き合うことから逃げて，その課題を放置すると，キャリア発達が進まなくなってしまう。

シャイン（Schein, 1978）も，同様に「キャリアサイクルの段階と課題」として9つの段階を提唱した。それは，成長・空想・探求（0歳〜21歳），仕事の世界へのエントリー（16歳〜25歳），基本訓練（16歳〜25歳），キャリア初期の正社員資格（17歳〜30歳），正社員資格・キャリア中期（25歳以降），キャリア中期の危機（35歳〜45歳），非指導者役にあるキャリア後期（40歳から引退まで）／指導者役にあるキャリア後期，衰えおよび離脱（40歳〜引退まで），引退の9段階である。各段階について，「直面する一般問題」と「特定の課題」を示した。たとえば，「仕事の世界へのエントリー」の特定の課題とし

て，「初めての仕事の現実的かつ妥当な選択を行う」がある（Schein, 1978, p.43）。

　発達論的アプローチに共通するのは，個人の内的キャリアの変化に着目している点である。これは，個人と仕事のマッチングアプローチにおいて内的キャリアは不変だという前提にたっていたのとは明らかに異なる考え方である。

　ただし，発達論的アプローチでは，発達段階を年齢で区切る。それは，発達段階の標準的な年齢区分を目安として提示するという意味では重要である。しかし，実際には，誰もがある発達課題を同一の年齢で経験するとは限らない。また，本来，発達課題の内容は人それぞれ多様なはずである。とくに，多様な仕事が存在している現代では，1人ひとりが直面する発達課題の時期や内容はなおさら多様になっている。発達論的アプローチでは，こうした1人ひとりの個別的な発達課題に基づく多様なキャリア形成を説明することには限界がある。

3　現代社会を意識したキャリア心理学研究

（1）変化する仕事環境を前提とするアプローチ

　現代社会における仕事環境の大きな特徴は，変化が激しいということである。ビジネスのグローバル化，技術革新，社会的ニーズの変化などによって，仕事の価値が大きく変化することが当然のことになった。たとえば，人工知能やロボット等による代替可能性が高い職業に就いている人は，日本の労働人口の49％という分析結果もある（フレイら，2015）。

　したがって，現代は将来のことを予想しにくい，不確実性の高い時代だといえる。そのため，外的キャリアが頻繁に変化する傾向が高く，計画的なキャリアデザインが難しい。こうした新しい状況を踏まえたキャリア心理学として，仕事環境の変化を前提とするアプローチがある。

　ジェラット（Gelatt, 1989）が提唱した**積極的不確実性**という概念は，学生や生徒に対するキャリアガイダンスにおいて新しい世界観を示した（渡辺，2018）。それまでのキャリアガイダンスにおいて望ましいとされていたのは，

キャリア目標を早期に意思決定することであった。これは，個人と仕事の
マッチングアプローチである。しかし，ジェラットは，将来の不確実性が高
い状況では，合理的（論理的）に意思決定することに限界があり，むしろ目
標を探索し続けることが重要だと指摘した。そして，本人が自分の将来を想
像し，かつ創造することができるようにキャリアカウンセラーは支援すべき
だとした。つまり，積極的不確実性論は，不確実な状況を積極的に受け入れ
て，自身の内的キャリアの変容に活用しようというアプローチなのである。

　イバーラ（Ibarra, 2003）のキャリアアイデンティティとキャリアチェンジ
の考え方も有名である。イバーラは，「唯一の本当の自分」という発想に囚
われないことが重要であると主張した。その上で，**キャリアアイデンティ
ティ**とは，「心の底に隠された唯一の宝物」ではなく，「多数の可能性」だと
指摘した。そして，**キャリアチェンジ**は，キャリアアイデンティティを取り
替えることではなく，可能性の集合体を再構築することだとした。1人ひと
りの内面には潜在的にさまざまな要素が存在しているので，環境変化に合わ
せて，自分の中にある新しい要素に気づいて内的キャリアを拡張させること
が重要になる。そして，イバーラは，それを実践するための方策として「行
動してから考える」「まずは試してみる」「チャンスの扉をつかむ」などの9
項目を提示した。

　クランボルツとレヴィン（Krumboltz & Levin, 2004）は**計画的偶発性理論**を
提唱した。アメリカにおいて，18歳のときに希望した職業を実際にしてい
る人は全体の約2％にしかすぎないという。したがって，計画的偶発性理論
では，予期せぬ出来事に対して否定的になるのではなく，むしろチャンスと
捉えて，自らのキャリアに積極的に活用する能動的なプロセスに着目する。

　そして，予期せぬ出来事（偶発性）を自分のキャリアに活用するためには，
日頃から「計画的」に「偶発性」を活かす力を鍛える必要がある。そのため，
計画的偶発性理論は，「計画的」と「偶発性」という一見矛盾する言葉が並
んでいるのである。つまり，日頃から計画的に（意図的に）自分にとって新
しいことに挑戦して（チャンスの創出），その結果生じる予期しない出来事に
向き合い（チャンスの認識），自分の内的キャリアの拡張に活用する（チャンス

の活用）というプロセスが重要になる。計画的偶発性理論では，そうしたチャンスの創出・認識・活用のために必要なスキルとして，「好奇心」「持続」「楽観」「リスクテイキング」「柔軟」の5項目が提唱されている（Mitchell et al., 1999）。

このように，比較的新しいキャリア心理学では，変化する仕事環境を前提としており，それに適応するために個人の内的キャリアを拡張させるプロセスに着目している。そうした視点は，個人と仕事のマッチングアプローチや発達論的アプローチの限界を乗り越えるものである。

（2）個人の意味づけに着目したアプローチ

サビカス（Savickas, 2005）は社会学における社会構成主義の考え方を取り入れ，**キャリア構成理論**を提唱した。社会構成主義では，自然や自己についての「正確」で「客観的」な認知は，実は社会過程の産物であり，人々の間で構成されたものであると考える。キャリア構成理論では，過去や現在の経験を振り返って，捉え直すことによって，その経験に個人的に新たな意味を与えて，主体的な事実を再構成する。それは，将来の展望へのつながりを含んだものとなる。サビカスは，「意味を運ぶものとしてのキャリア」（career as carrier of meaning）という表現もしている。したがって，サビカスのキャリア構成理論は，絶えず変化する仕事環境に合わせて，内的キャリアの拡張を志向するアプローチだといえる。

そして，サビカス（Savickas, 1997）は，キャリア構成理論を実践するための考え方として，**キャリアアダプタビリティ**の4次元を提唱している。それは，「関心」（concern），「統制」（control），「好奇心」（curiosity），「自信」（confidence）であり，「4つのC」と呼ばれている。関心は，自分のキャリアの未来について関心を持つことである。過去を振り返り，現在を見つめ，未来に向けて準備するための基盤となる。統制は，自分のキャリアを構築する責任が自分自身にあると自覚することである。そうすることで，キャリア構成への心構えができる。好奇心は，自分のキャリアの未来のために，新しい機会を探索したり，新しい可能性を試したりすることへの意欲と行動のことである。そして，自信は，新しいスキルを身につけて，今後直面する障壁や問題

を克服できるという自己効力感である。

キャリアアダプタビリティの4次元を通じて，個人は新しい仕事環境において，主体的に内的キャリアを拡張することができるようになる。なお，キャリアアダプタビリティの測定尺度も開発されている（Savickas & Porfeli, 2012）。

このように，サビカスのキャリア構成理論は，大きく変化する仕事環境において，自己の内的キャリアの捉え方をしなやかに拡張していくための具体的な方策を示している。

以上見てきたように，リーダーシップ論もキャリア心理学も，複数の理論があり，近年も新しい理論が次々と誕生している分野である。まずは既存の理論をしっかりと理解すると同時に，今後登場する新しい理論を学び続けることも大切である。その際，自分自身の実践や行動に活用するという観点で取り組むと学習しやすいであろう。また，リーダーシップ論やキャリア心理学は，研究すべきテーマが多く残されている分野ともいえる。学部生の卒業研究や大学院生の学位論文などとして，ぜひ挑戦してほしい研究分野の1つである。

●おすすめ図書

服部 泰宏（2023）．組織行動論の考え方・使い方（第2版）　有斐閣

木村 周・下村 英雄（2022）．キャリアコンサルティング理論と実際（6訂版）　雇用問題研究会

渡辺 三枝子（編著）（2018）．キャリアの心理学——キャリア支援への発達的アプローチ——（新版 第2版）　ナカニシヤ出版

〈コラム〉マミートラックを防ぐ上司の役割

マミートラックとは，正社員として働くワーキングマザーが仕事と育児を両立する代わりに昇進できない状態のことである。出世トラック（出世コース）とは異なる，ワーキングマザー特有のトラックに固定されてしまうことから，マミートラックと呼ばれる。子どものいる 26 歳〜40 歳の女性社員のうち 46％がマミートラックに該当するという調査結果もある（21 世紀職業財団，2022）。民間企業の管理職における女性比率が極めて低い日本社会において，マミートラックは社会問題として注目されている。

女性管理職が少ない現状において，多くのワーキングマザーの直属上司は男性である。そうした男性管理職が「ワーキングマザーは仕事よりも育児を優先すべきだ」という思い込みから，ワーキングマザーの活躍や成長を期待しなくなることがある（武田，2019）。

そうすると，高度で専門的な能力を鍛える仕事経験ができなくなり，結果として昇進から縁遠くなってしまう。つまり，マミートラックが生じる要因は，男性管理職のアンコンシャス・バイアス（無意識の思い込み）にあると考えられるのである（なお，アンコンシャス・バイアスは第 9 章 2 節 4 項，ジェンダーと格差については第 11 章参照）。

もちろん，そのような管理職の対応は，仕事よりも育児を優先したいというキャリア観のワーキングマザーにとってはありがたいものかもしれない。しかし，ワーキングマザーのキャリア観は多様であり，「仕事も育児も頑張りたい」と思っている人も多い（武田，2019）。そのため，管理職はアンコンシャス・バイアスに陥らないように，まずワーキングマザーとしっかりコミュニケーションをとって，本人のキャリア観を理解する必要がある。そして，ワーキングマザー 1 人ひとりのキャリア観に基づいて，どういう仕事を担当してもらうか検討することが大切である。そうすることによって，管理職を目指したいワーキングマザーが，管理職に必要な能力を育成する機会を得ることができ，将来的に管理職に昇進できる可能性が高まる。

また，そもそも企業が社員に対して，仕事と育児の両立が難しいワークスタイルを求めること自体にも問題がある。したがって，昇進を含めた多様な選択肢から，各自が自身のキャリア観に基づいてキャリアを形成できる組織にしていくことが大切である。

第 11 章

ジェンダーと格差

――作られる性，維持される格差

　LGBTQ という言葉が普及し，学校やメディアで啓発活動が進んでいることから，身体の性（生物学的性）×心の性（性自認）×好きになる性（性的指向）×表現する性（性別表現）の組み合わせにより多様な性があることが現在では知られている。それでもなお，女性は女性らしく，男性は男性らしくふるまったことはないか。他人に「（生物学的性が）男性／女性だから，○○してくれるだろう」と期待したことはないか。本章では，人の男らしさや女らしさはどのように作られるのかを心理学的な見地から説明する。また，男らしさや女らしさが内面化されることで，私たちはどのような影響を受けるのか，人々の男らしさ女らしさに対する意識は，男女共同参画社会の実現にどのような影響を及ぼすかを解説する。

1　ジェンダー研究のための基礎知識

（1）性の多様性とジェンダー，性役割，性役割観

　身体の性（生物学的性），心の性（性自認），好きになる性（性的指向），表現する性（性別表現）の組み合わせにより，私たちの性は男性と女性だけではなく，バリエーションに富むことが知られている。しかし，身体の性を判断基準とする生まれたときの性別という社会的カテゴリーに私たちは分類され，命名され，洋服やおもちゃの色が決められる。同じぬいぐるみであっても，女子にはピンク，男子には水色がプレゼントされるのである。そして言葉を話し始める 2 歳頃には，子ども自身が自分は女か男かを認識し始める。これが**性自認**である。

　性別は生物学的性に基づく社会的カテゴリーにすぎない。他方，**ジェン**

ダーは，社会的・文化的な性別で，女性らしい，男性らしいと社会からみなされるような性格，行動，態度，考え方などをもとに男女を区別するものである（森永，2003）。よりわかりやすくジェンダーを説明すると，それは女性と男性がそれぞれどのようにふるまうべきかという社会的期待としての女らしさ（femininity）と男らしさ（masculinity）であり，それは**性別役割**と呼ばれる（青野，2022）。性別役割には，服装や髪型，身のこなし方などの行動，性格特性，男女の役割の別（男は外で働き，女は家事育児など）などがある。心理学領域では，性役割目録（BSRI：Bem, 1974），MHF スケール（伊藤，1978）などが性別役割を測定するために，また SESRA-S（鈴木，1994）などが**性（別）役割観**，つまり性別役割をどう思っているかを測定するために開発されてきた。

（2）日本社会における女性の地位とジェンダー問題への取り組み

　ジェンダーは主に男女間の不平等や差別を生み出す。男女の賃金や地位に差があることは男女間格差であるが，これはジェンダーに基づくことが多いため，**ジェンダー格差**と呼ばれる。日本は先進国であるが，ジェンダー格差が大きな国であることは，世界経済フォーラムが毎年公表している**ジェンダー・ギャップ指数（GGI）**を見れば明らかである。この指数は政治，経済，教育，健康の 4 分野の 14 変数を総合して算出されるが，2024 年の日本のランキングは 146 カ国中 118 位であった。主要先進国（G7）の中で最下位かつ同じ東アジア諸国である韓国（94 位）と中国（106 位）よりも低位であった。内閣府男女共同参画局（2024）が作成した資料から，日本は政治分野と経済分野でのジェンダー格差が大きいことがわかる。まず，有権者に占める女性の割合は 51.7 ％であるにもかかわらず，国会議員に占める女性の割合は衆議院で 11.0 ％，参議院で 26.4 ％，都道府県議員では 14.6 ％，市区町村議員で 17.6 ％とかなり低い。国家公務員の女性管理職の割合も上級管理職で 4.2 ％，中級管理職で 4.9 ％と非常に少ない。また，民間企業の管理職相当の女性は係長で 23.5 ％，課長で 13.2 ％，部長で 8.3 ％，全上場企業の女性役員比率は 10.6 ％である。大学の学部学生に占める女子の割合は社会科学（36.7 ％），理学（27.9 ％），工学（16.1 ％）で少ないが，大学進学率の男女差は小さい。つま

り，日本では職業選択に関わる可能性がある大学進学時に性別により少なからず進路選択に違いが生じ，社会人となってからのジェンダー格差は拡大し，意思決定に関わる地位に就く女性は非常に少ないのである。なお，厚生労働省によれば，2023年時点のフルタイム労働者の男女間賃金格差は，男性を100とした場合，女性は74.8であり，女性の給与水準は低い（図11-1）。

このような日本のジェンダー格差に対して，対策が講じられてこなかったわけではない。男女雇用機会均等法（1986年）をはじめ，男女共同参画社会基本法（1999年）が施行された。2024年現在は，2020年に閣議決定され2023年に一部変更された第5次男女共同参画社会基本計画に基づき，男性の育児休業取得率の向上，就活セクハラの防止，女子生徒の理工系進路選択の促進（理工チャレンジ），旧姓の通称使用拡大，校長・教頭への女性の登用などが進められている。日本が先進諸国として恥ずかしくないレベルにまでジェンダー格差を縮小していくためには，ありとあらゆる側面で施策・対策が必要であり，私たち1人ひとりの自覚も必要だろう。

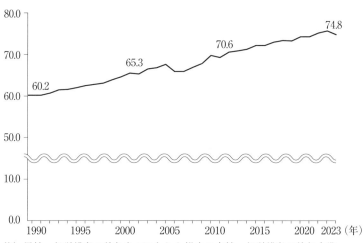

図11-1　日本の男女間賃金格差の推移

注）男性一般労働者の給与を100とした場合の女性一般労働者の給与水準。
（厚生労働省，2023に基づき筆者作成）

2 学習されるジェンダー

(1) 社会化の過程で学習されるジェンダー

　ジェンダーは，生物学的性に対し社会的性と呼ばれることが多い。それは個人に備わっているものではなく，「女であること」「男であること」を個々人が演じているからである（West & Zimmerman, 1987）。ジェンダーは**社会化**というプロセスを通して，私たちが身につけた社会で期待されている行動や考え方である。子どもと密接に関わる親，兄弟姉妹，保育園や学校の先生，同世代の仲間，絵本やテレビの情報などは，社会化で重要な働きをすることから，**社会化の担い手（エージェント）**と呼ばれる。これらの社会化のエージェントを通して子どもがジェンダーを身につけることは，社会的学習理論（Bandura, 1971）や認知発達的アプローチ（Kohlberg, 1966）で説明できる。**社会的学習理論**では，子どもへの社会化のエージェントの働きかけをより重視している。つまり，親や先生は，子どもの性別によって異なる扱いをすることがあるが，それによって子どもは性別に応じた演じ方を強化されるのである。たとえば，家庭において男子よりも女子に家事を手伝わせる，運動が苦手な男子生徒に教員が「男子なんだからもっとがんばろう」と励ますといったことが挙げられる。褒められる（賞，報酬ともいう）とけなされる／叱られる（罰）によって，賞を受けた行動や態度は促進され，罰を受けたものは抑制される。また，子どもは自分と同じ性別の人の行動や服装を真似るが，これは社会的学習の一種で**観察学習**と呼ばれる（第6章1節2項参照）。同じ性別の人が周囲から肯定的に評価されていることを観察すれば，その行動を積極的に取り入れるが，そうではないものは取り入れないのである。

　認知発達的アプローチでは，子どもの知的発達はジェンダー化の基礎であると考えられており，自分を取り巻く世界を能動的に理解する動機を子ども自身が持つとされている。つまり，子どもは性別は男性と女性の2つであると知り，その上で「自動車のおもちゃで遊ぶのは男の子」「お人形で遊ぶのは女の子」といったジェンダーについての情報を集め，自分の性にふさわし

170　第 2 部　つながる・争う・和解する・まとまる

い行動や態度を身につけていくのである。

　認知発達的アプローチもしくは社会的学習理論のいずれかのみで，子ども
のジェンダー学習を説明することは難しい。両方のアプローチ，また心理学
以外の学問分野の説明なども合わせて考えるとよいだろう。

(2) メディアの影響

　ジェンダーの学習に対するメディアの影響力を特定することは難しいが，
多くの研究者がテレビの影響に懸念を示してきた。それは，テレビが数ある
メディアの中で相対的に重要な地位を占めているからである。テレビは
ニュースやドキュメンタリーといった硬派な番組だけでなく，バラエティや
アニメ，ドラマ，歌番組といった娯楽を提供し，私たちを楽しませリラック
スさせてくれるし，私たちは幼少期より慣れ親しんでいるアニメからも多く
のことを学ぶ。たとえば，友だちとはどのような存在か，他者に共感するこ
とや寛容であることの大切さ，また登場人物の服装やしぐさ，登場人物同士
のやりとりを見ることで女らしさや男らしさを知るのである。テレビドラマ
などのフィクションを繰り返し長期にわたって視聴する人ほど，その現実認
識はテレビで描かれた世界に近い (Gerbner & Gross, 1976；Gerbner et al., 1980；
Gerbner et al., 2002 など)。オーディエンスに対するテレビのこのような影響は
培養効果と呼ばれ，テレビの総視聴時間もしくは特定の番組ジャンルの視聴
時間と性役割観や現実認識との関係が統計的手法 (量的検討ともいう) によっ
て検討されてきた。また過去に統計的分析がなされた複数の研究を収集し，
それらを統合していろいろな角度から分析するメタ分析も行われてきた (e.g.,
Morgan & Shanahan, 1997；Hermann et al., 2021)。まずは，総視聴時間を重視す
るガーブナーらの主張に沿った研究をいくつか紹介しよう。フルーとマッ
ギー (Frueh & McGhee, 1975) は，幼稚園児から小学 6 年の子ども 80 名のテ
レビ視聴量と伝統的な性役割観の関連を検討した。すると，どの年齢におい
ても視聴時間が長い子どもたちの方が短い子どもたちよりも伝統的性役割意
識が強いことがわかった。

　斉藤 (Saito, 2007) は，日本の 20～69 歳の男女 417 名に質問紙調査を行い，
テレビ視聴時間が長い者は短い者よりも伝統的な性役割意識が強いことを明

らかにした。斉藤は，伝統的な性役割意識を持つ者ほどテレビ視聴時間が長くなる可能性も統計的に検討したが，性役割意識から視聴時間という因果関係は認められなかった。

ハーマンら（Hermann et al., 2021）は1970年代〜2019年に英語で発表された372の研究のデータを利用したメタ分析から，オーディエンスのジェンダー・性役割意識に対するテレビの培養効果を検討した。分析から，長時間視聴者の方が短時間視聴者よりもジェンダー・性役割意識がより伝統的であり，それは国を超えて認められ，現在の方が一昔前よりも効果が強いことが明らかにされた。さらに，培養効果にオーディエンスの性差はなく，特定の番組ジャンルよりも総視聴時間において強いことがわかった。

身近なテレビが私たちのジェンダー・性役割意識を日々培養しているのである。

3　自己を縛るジェンダー意識

(1) 自己ステレオタイプ化

「#わきまえない女」というハッシュタグ・フェミニズムをご存じだろうか。これは，2021年2月3日に開催された日本オリンピック委員会（JOC）の臨時評議会で森喜朗氏（当時，東京オリンピック・パラリンピック会長）が放った女性蔑視発言に対してX（旧Twitter）上で行われた抗議活動である。「会議で発言しない女性はわきまえた女性。女性たちにはそうあってほしい」という森氏の持論に反発した女性たちがいたのである。

女性あるいは男性自身が女性／男性はこうあるべきという**ステレオタイプ**に照らして自分の言動を修正したりすることを**自己ステレオタイプ化**という（第2章3節参照）。「女性なのだから，料理がうまくなくては」「女性なのだからかわいくしないと」というステレオタイプに縛られ，料理学校に通い料理の腕を磨く，かわいく見える動作をティーン雑誌で調べ実践したり笑顔を振りまく，SNSにアップする自分の写真を念入りにチェックするといったことは，女性自身による自己ステレオタイプ化である。「男であれば妻子を養

うのは当たり前」「男性であれば弱音を吐いてはいけない」「男性は筋肉質の方がよい」といったステレオタイプを信じ込んだ男性が，共働き世帯は恥ずかしいと思ったり，困ったときに助けを求めることを良しとしなかったり，プロテインを摂取し筋トレに励んだりするのは，男性自身による自己ステレオタイプ化である。つまり，自己ステレオタイプ化とは，自分がどうありたいかやどうしたいかではなく，自分が所属する社会的カテゴリーに対して抱かれているステレオタイプを意識し，「こうでなければならない」という思いに駆られ，型に自分をはめていくことを指す。

　ジェンダーに関する自己ステレオタイプ化は，自分を他者と比較するという**社会的比較**を通して行われ，それは比較対象が異性である場合に生じやすい（Deaux & Major, 1987；Guimond et al., 2006：第1章2節2項参照）。なぜなら，自分と比較する相手が異性である場合，自分の性別が顕著になることで，ジェンダー・ステレオタイプに沿った自己ステレオタイプ化が起こりやすくなるからである。なお，男女の地位格差が小さい国ほど，性別に基づく自己ステレオタイプ化が生じやすく，これは女性の社会進出が進んでいることで自分との比較対象が異性であることが多いからである（Guimond et al., 2007）。森永ら（2014）が日本の大学生を協力者として行った実験においては，集団間格差を肯定しない者では，男性は自分と女性を比較する際には，自分は女性ステレオタイプに当てはまらないと判断した。

　女子校のよい点として，生徒たちが伸び伸びといろいろなことに挑戦し，リーダーシップを発揮することも多いという話をよく聞く。しかし，共学校では男女の役割が決まっていることも多々あるという。これは同性同士の比較であれば，自分の個性を大切にできるが，対異性となると女性／男性という社会的カテゴリーに自分を当てはめ，そのカテゴリーの代表として自分を捉えてしまうことの現れである。異性を前に，その異性のまなざしを通して「普通の男性／女性ならどうふるまうか」を考え，頭に浮かんだ「最良の答え」に従った言動を私たちはしてしまうのだろう。

（2）達成動機とジェンダー

　達成動機とは困難なことを成し遂げたい，優れた基準を立てそれを完遂し

たいという欲求である (McClelland, 1987)。がんばって何かを成し遂げ,「女子なのにすごいね」「男子なのに感心」などといわれたことはないか。このようにいわれて悪い気はしないのか,それともバツが悪い思いをするだろうか。「女子なのにすごいね」「男子なのに感心」は褒め言葉に違いないし,いった者は心の底から感心し口をついて出た言葉かもしれない。しかし,そうした言葉は,「あなたは普通の女の子／男の子ではない」「変わった女の子／男の子ですね」ということを内包しており,いわれた側はそうした言外に含まれる意味について悩む可能性がある。ここではこうしたバツの悪い思いをさせられる言葉や場の雰囲気の働きを見ていく。

　1節2項「日本社会における女性の地位とジェンダー問題への取り組み」で述べたように,日本の大学では専攻分野で男女数の偏りがあり,いわゆる **STEM**(Science＝科学,Technology＝技術,Engineering＝工学,Mathematics＝数学の頭文字)と呼ばれる理系分野で女子学生の占める割合が低い(内閣府男女共同参画局)。そのため,内閣府男女共同参画局では女性活躍促進の一環として,女子中高生や女子学生の理工系分野への進路選択を応援する「理工チャレンジ」(通称「リコチャレ」)というプロジェクトを行っている。内閣府男女共同参画局が運営しているリコチャレのホームページでは,リコちゃんというイメージキャラクターが各種イベントの紹介,ロールモデルとなる先輩女性たちの紹介など,女子中高生や女子学生に理工系分野に興味・関心を持ってもらい,自信を持って進路選択をしてもらおうと趣向が凝らされている(図11-2)。「関連資料」のタグをクリックすると,2016(平成28)年から行われてきた各種調査の報告書や啓発資料がアップされている。その中に,「女子生徒等の理工系進路選択を阻害するアンコンシャス・バイアスへの気付きを促す啓発動画」(2022〔令和4〕年度分)があり,YouTubeで視聴できる。この動画では,学校や家庭で女子に向けられるアンコンシャス・バイアスがわかりやすい事例で描かれているので,時間を見つけて視聴してほしい。**アンコンシャス・バイアス**とは,無意識の偏見もしくは無意識の思い込みで,敵意や差別意図はなく,時には親切心からなされる言動であるが(北村英哉,2021),意図せず人の心を傷つける**マイクロアグレッション**となることがあ

174 第2部 つながる・争う・和解する・まとまる

図 11-2 理工チャレンジ（リコチャレ）のホームページ

（内閣府男女共同参画局）

る（Sue, 2010/2020；第9章2節4項参照）。

「女子は数学ができない」あるいは「女子は理系に向いていない」という
ステレオタイプがあるが，そうした理系と女子に関わる問題を例にジェン
ダーと達成動機の問題を考えてみよう。

数学がよくできる女子生徒のAさん，理科の実験を手際よく行う女子生
徒のBさん。こんな2人のクラスメートがいたとしたら，あなたはどう思
うだろうか。「女子なのにすごい」「女子なのに頼もしい」と一瞬でも思った
なら，それがアンコンシャス・バイアスである。そのようにいわれたAさ
んやBさんは，素直に喜ぶだろうか。たいていの場合，彼女たちは戸惑う
のではないか。

数学が好きなはずのAさんは数学の勉強意欲を，理科の実験が好きなB
さんは実験を率先して行いたいという気持ちを維持しにくくなる。そうした
意欲が低下すれば，当然，それらの科目の成績は伸び悩むことになる。森永
（2017）は，レビュー論文の中で，数学のテストを受けさせる前に「女性は数
学が苦手」とするステレオタイプを喚起されると，女子は男子よりも成績が
悪くなることを明らかにした研究をいくつか紹介し，**ステレオタイプ脅威**の
影響を論じている。また，女子は難しい数学のテストを受ける前に，「女子
は数学が苦手」というステレオタイプに賛同することが男性よりも多いとい

う。これは，**セルフ・ハンディキャッピング**という現象で，失敗の言い訳を
あらかじめ用意しておき，失敗の原因は自分の能力の低さや努力不足にある
のではなく，自分ではどうしようもないことのせいにし，自分の評価を下げ
させない方略である（第1章3節1項参照）。

このように，ジェンダー・ステレオタイプは脅威となり，個人の努力ややりたいことを躊躇させたり諦めさせたりする働きをする。「女子なのにすごい」「男子なのにすごい」はたとえ褒め言葉であっても，いわれた本人は「自分はおかしいのか」と悩み，「女子／男子だからどうせ」という投げやりな気持ちを抱く可能性が高い。自分が社会化のエージェントの立場にあるときには，特にこのことを自覚すべきである。

4 男女平等を阻むジェンダー

（1）システム正当化

ジェンダー・ギャップ指数からわかるように，日本のジェンダー格差はなかなか解消されない。日本政府は 2003 年に「2020 年までに指導的地位の女性比を 30％にする」という通称「2030」（にいまるさんまる）という目標を掲げた。しかし，2020 年時点で，衆議員や企業の管理職に占める女性の割合は 10％と目標にほど遠い数値であったため，同年 7 月に「2030」の目標達成を断念し，2020 年代の可能な限り早期に 30％程度達成を目指すという目標修正がなされた（朝日新聞，2020）。

なぜ，国が法律を施行し，政策を立案してもジェンダー格差はなかなか縮まらないのだろうか。その答えは**システム正当化理論**（Jost & Banaji, 1994）に求めることができる。この理論は不平等を生じさせている社会システム（政治，経済，社会などの体制）が維持されるメカニズムを説明するが，すでに存在するという理由のみで，人々は現行のシステムを正当なものであると信じる傾向にあると指摘している。

日本国内におけるわかりやすい例を挙げるならば，天皇の皇位継承者が将来いなくなる恐れがあるにもかかわらず，男系男子のみに皇位継承権を認め

ている皇室典範を変更しない，夫婦別姓についての議論・法制化が選択的夫婦別姓も含め進展しない，国会議員に占める女性割合を増やすためのクォーター制の導入が実現しないなどがあろう。ジェンダーに関連することでなくとも，改善策が検討されない・実行に移されないものは，システム正当化理論で説明できるものが多いのではないか。

　話をシステム正当化理論に戻そう。人々は，すでにあるものや法律や行政のあり方も含め現行の社会システムが変更されることを望まず，その結果，現行のシステムによって不利益を被る人々や差別を受けている人がいても社会のあり方は変わらないのである。

　では，誰が現行のシステムの変更を望まないのであろうか。それは，既存のシステムから恩恵を受けている**高地位者**，すなわち国や社会の中枢にいる，経済的に恵まれているといったその社会のマジョリティだけではない。その社会の**低地位者**であるマイノリティも現行システムの変更を望まないのである。享受してきた特権を守るために，高地位者たちが現行制度の変更に躊躇したり抵抗したりすることは，想像できなくもない。しかし，なぜ低地位者たちまでそう思うのだろうか。実は，どの社会でも常にというわけではないが，虐げられている低地位者の方が高地位者よりも既存のシステムを正当化する傾向が強い場合もある（Jost et al., 2003）。ジョストらは，これを**強いシステム正当化仮説**と名づけた。低地位者は不平等な扱いを受けることで，理不尽な思いをしたり自分の働きに対して正当な見返り（賃金や地位）を得られないなどの不利益を被り，**認知的不協和**（第1章3節2項参照）を感じるが，その不協和を解消するための手段は正当な扱いや見返りを求めることではない。そうではなく，低地位者たちは現行システムに問題はないとそれを正当化し，自分たちに対する社会の扱いはもっともだと思うのである。無駄な抵抗はせずに分相応，流れに身を任せてやりすごす，それが虐げられている者たちの生きる知恵なのだろう。不平等な社会を生み出すシステムであっても，それに甘んじ正当化してしまえば，人は理不尽だと感じず，むしろ心理的安寧を得ることができる。つまり，与えられた地位を受け入れればそれなりに人生に満足できるというわけである。こうした現象は**システム正当化の緩和機能**

(Jost & Hunyady, 2003) と呼ばれる。

　ジェンダー格差が大きい日本社会について，システム正当化理論が有効か，その場合強いシステム正当化やシステム正当化の緩和機能が見られるかを2つの調査データを用いて検討した森永ら (2022) の研究は示唆に富むものである。まず，年収格差とジェンダー格差の両方において，男性は女性よりもシステムを正当化していることが明らかにされた (図 11-3)。また，既婚者に限定して調査したデータにおいては，女性は男性よりも人生満足度が高く，強いシステム正当化が見られた。さらに，既婚者のみのデータと有職者のみのデータの双方において，男女ともシステム正当化をする人の方がそうでない人たちよりも人生満足度が高く，システム正当化の緩和機能が認められた。以上の結果を踏まえ，森永ら (2022) はセングプタら (Sengupta et al., 2015) が主張する高地位者と低地位者で異なるシステム正当化のメカニズムが働いている可能性があると述べている。つまり，高地位者は自分たちに利益をもたらすシステムの維持を望み，低地位者は自分たちが被る差別的扱いといった不平等を合理化するという，置かれた立場によってシステム正当化は異なるメカニズムを経ると考えることが妥当である。このメカニズムが正しいならば，日本では高地位者である男性たちは自分たちの地位を守るべく，現行システムの正当化を行い，それゆえにジェンダー格差の是正に反対していると解釈することができる。

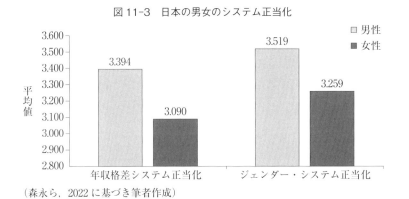

図 11-3　日本の男女のシステム正当化

（森永ら，2022 に基づき筆者作成）

（2）暗黙の性役割理論

　暗黙の性役割理論とは，ドウェック（Dweck, 1986）の**暗黙理論**をもとに提唱されたもので，男女の役割に対する人々の信念を指し，その信念は変わらない（固定性）部分と変化する（変動性）部分から成る（Kray et al., 2017）。暗黙の性役割理論と先に述べたシステム正当化には関連があり，固定的な性役割理論を持つ人は変動的なそれを持つ人よりも，ジェンダー・システムを正当化する（Kray et al., 2017；華ら，2021）。つまり，男女の社会的役割やジェンダーは変わらないという考えが強い人ほど，ジェンダー格差を肯定するのである。固定的な性役割理論を持つ人たちは，「男女のあり方や役割は決まっていて変わりようがないのだから，男女平等という了見を持ち出して今ある法律や制度を変えるのはおかしい」と考えているということである。他方，男女の社会的役割は変わりうると考えている人たちは，「男女のあり方の変化に合わせて，法律や制度も変えるべき」あるいは「法律や制度を変えていけば，男性と女性の違いや格差も縮小していくはず」と考えているのである。

　華ら（2021）は，ジェンダー・アイデンティティの強さ，すなわち自分が男性／女性という集団の一員であるという気持ちが，暗黙の性役割理論とジェンダー・システム正当化を媒介するかを検討した。男女とも暗黙の性役割理論を固定的と考える度合いが強いほど，ジェンダー・システムを正当化することが明らかにされた（図11-4）。しかし，ジェンダー・アイデンティティが，暗黙の性役割理論に対する考えからジェンダー・システム正当化への影響を強めることは確認されなかった。ただし，資源の総量が決まっており，個人もしくはグループの利益は他の人や他のグループの成否にかかっているという**ゼロサム信念**という状況下の一部では，ジェンダー・アイデンティティが強い男性では，その強さが暗黙の性役割理論に対する考えからジェンダー・システム正当化への影響を大きくすることが確認された。ジェンダー・アイデンティティの媒介効果が認められたゼロサム信念の状況は，家庭での意思決定であったことから，男性であるという意識が強い男性は家父長的な家庭を望んでいる，もしくは女性は男性よりも低い地位にあることを私的領域で確認していると考えられる。

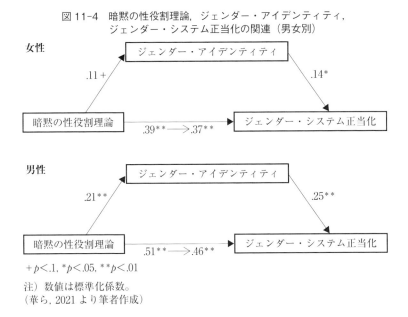

図 11-4 暗黙の性役割理論，ジェンダー・アイデンティティ，
ジェンダー・システム正当化の関連（男女別）

+ p<.1, * p<.05, ** p<.01
注）数値は標準化係数。
（華ら，2021より筆者作成）

人の才能や向き不向き，またそれを社会的カテゴリーと結びつけて考えることの弊害，それが高地位者においてより顕著であることを，皆さんはどのように考えるだろうか。

(3) 日本社会のジェンダー平等への道のり

　以上，ジェンダーがどのように男女を必要以上に区別し，両者を高地位者と低地位者に分かち，それを維持するかを心理学的な見地から見てきた。とりわけ女性が不利益を被っている事象を具体例として自己ステレオタイプ化や達成動機に関する問題，ジェンダー格差の是正を阻む心理的プロセスを検討した。ここまで読み，読者の皆さんは日本社会のジェンダー平等を実現するために必要なことはどのようなことだと考えただろうか。

　筆者は，月並みではあるが，法律や制度の改革，すなわち社会システムを変えることは必要であると感じている。そのためにはクォーター制である程度強制的に男女間のアンバランスを解消するのがよいと考える。また，その際には，性別は男女の二分法ではないことが今日では広く知られているので，性の多様性に配慮した法律や制度作りも必要であろう。

しかし，システム正当化理論からわかるように，日本において高地位者である男性も低地位者である女性も社会システムの変更を望まない人が多い可能性がある。多くの人が現行のシステムに適応し分相応に生きることに慣れてしまっているのである。変更を望む人が少なければ，不平等を生みそれを強化する社会システムを変更する必要はないのだろうか。不平等を維持・再生産するシステムを変えることを望む人を増やす努力をすべきではないか。

　この章を読んだことで，私たちが現状維持を望むのは，システム正当化という人間が陥りがちな心理傾向であることがわかっただろう。また，ステレオタイプ脅威により自己ステレオタイプ化に陥ることも知った。そういったさまざまな私たちの心の働きを知った今，自分が好きなことややりたいことを貫こうではないか。このような 1 人ひとりの気持ちの持ちようも社会を変える原動力となるに違いない。ジェンダーを強化する心理的メカニズムを学ぶ意義は，こうしたトラップから逃れるためでもある。

●**おすすめ図書**

青野篤子・赤澤淳子・松並知子（編）(2008). ジェンダーの心理学ハンドブック　ナカニシヤ出版

青野篤子・土肥伊都子・森永康子 (2022). ［新版］ジェンダーの心理学──「男女」の思いこみを科学する──　ミネルヴァ書房

木村涼子・伊田久美子・熊安貴美江（編著）(2013). よくわかるジェンダー・スタディーズ──人文社会科学から自然科学まで──　ミネルヴァ書房

Goldin, C. (2021). *Career and Family: Women's Century-Long Journey toward Equity.* Princeton University Press. ［ゴールディン，C.　鹿田昌美 訳 (2023). なぜ男女の賃金に格差があるのか──女性の生き方の経済学── 慶應義塾大学出版会］

〈コラム〉ルッキズムだらけの現代をどう生きるか

　「顔採用」という言葉がある。外見で損をしたくないと思っている就活生は多いに違いない。実際，私のゼミの女子学生たちは，就活の ES（エントリーシート）

第 11 章　ジェンダーと格差　　**181**

に添付する証明写真に気を遣う。写真スタジオで志望業種にふさわしい服装，メイク，髪型に整えてもらい，ほんの少し口角を上げるなどの写真修正はお願いしなくても行われるという。そんな話に驚愕する私に，「ES を読んでもらう前に顔で負けるわけにはいかない」と力説する学生がいた。「標準美」に達して初めて，学生たちは個性や実力という内面をアピールするチャンスを手にするのだ。

　心理学領域の研究には，顔の良さも含め外見的魅力や身体的魅力が高いほど，対人関係において有利であることを明らかにした研究は多い（e.g., Walster et al., 1966）。また，ヘイルら（Hale et al., 2023）は，アメリカ屈指の経済学部を卒業した 752 名の外見的魅力と就職後の成功との関係を調べた。すると，外見的魅力が高い者ほど，学業成績，仕事面，研究において成功していた。こうした成功は，外見の良さが対人コミュニケーションをより円滑にし，プレゼンでの高評価をもたらし，共同研究のチャンスを生むことでもたらされるという。

　ルッキズムとは外見に基づく差別や偏見のことである（Ayto, 1999）。ルッキズムで気をつけるべきことは，それが個人の能力や性格などの内面と関連していないということだけではない。女性は評価される側，男性は評価する側などの社会的カテゴリーの非対称性が存在する（西倉・堀田，2021）ことに留意すべきである。女性の価値は若さと美しさとみなされている社会において，そうではない女性は人間として価値がないというまなざしを感じるだろう。シミやくすみのない白いハリのある顔，素敵な服を着こなす細い体とくびれは，がんばれば手に入るはず。テレビやネットといったメディア，電車などの公共の場は，女性たちのコンプレックスを煽り消費へと駆り立てる広告であふれている（小林，2023）。それらの広告にさらされ続けると，男女を問わず，外見的な美しさや若さは努力して手に入れられるものと思うようになるのではないか。

　一方の男性は，「あの子はかわいい」「あの人はそうでもない」とルッキズムを助長するだけの存在なのだろうか。2023 年の夏の甲子園で優勝した慶應義塾高校のナインたちは，「美白男子」ともてはやされた。野球少年たちは坊主頭を嫌厭し，泥まみれではなくさわやかさを求められる。大谷翔平や羽生結弦がスキンケア商品の広告に登場し，素肌美や見栄えの良さを見せつける。それが「デキる男」の証なのか。男性が起用されている化粧品広告では，外見の良さは仕事ができることを意味し，「イケメン」の条件となっている。

　男性も化粧できる，おしゃれを楽しめる時代となり，男性も「見られる客体」となったことで，上記の非対称性が是正されたと喜べばよいのだろうか。外見的魅力は個人の「努力」による結果であると正当化される時代が到来したのである（北村匡平，2021）。外見的魅力が標準美に達しない場合，努力ができないダメ人間と評価されるかもしれない。不本意な社会的圧力に抗う勇気を持とうではないか。

第 3 部

「メディア社会」に生きる私たち
——情報行動と社会心理

第 12 章

政治参加と社会心理

—— 人はなぜ，どのように投票するのか？

　元号が令和に改まってから現在まで衆参両院選挙が 4 回実施され，それら
の投票率を平均すると約 52.7 ％である。つまり日本の有権者の約半数が投
票し，もう約半数は棄権していることがわかる。さて人々はなぜ投票し，あ
るいはなぜ棄権するのだろうか。また投票先の候補者や政党を選ぶ際に，ど
のような人がいかなるメディアを情報源として利用するのだろうか。そして
人々の政治参加は民主政治においてどのような役割を果たし，実際にどのく
らいの人がそれぞれの活動を経験するのだろうか。これらの問いは，主に政
治学の領域で扱われてきた。しかし，投票行動研究で提唱された多くの理論
は社会心理学と密接に関連している。そこで本章は，「人々はなぜ，どのよ
うに投票するのか」という問いに，社会心理学と関連させて実証的な見地か
ら答える。

1　政治参加と民主政治

（1）政治参加の役割

　政治参加とはどのような行動なのか。**政治参加**とは政府の意思決定に影響
を与えるべく意図された一般市民の活動と包括的に定義される（Huntington
& Nelson, 1976）。また政治参加は人々が実際に従事した活動であるため，政
治知識や政治関心などの心理的要因を含まない。さらに政治参加は政府の意
思決定に影響を与えることを意図した行動であるため，たとえその活動が効
果的でなかった場合でも政治参加として扱われる。

　次に，政治参加はどのような役割を果たすのだろうか。蒲島と境家（2020）
に基づけば，人々は政治参加を通じて公共財や価値の配分に関する選好を伝

え，政府の行動と自分たちの選好が矛盾をきたさないように圧力をかけることができる。つまり，政治参加は人々の望みや選好を政府に伝えるだけでなく，政府の意思決定をコントロールするための重要な手段となりうる。

（2）政治参加の形態

「政治参加」という言葉を見聞きすると，「デモ」を思い浮かべる人が多いかもしれない。しかし，政治参加の形態は多様である。人々はどのような活動にどのくらい参加しているのだろうか。

ヴァーバら（Verba et al., 1978/1981）は日本を含む国際比較調査を実施し，政治参加の形態を分析している。その結果，政治参加は投票，選挙活動，地域活動および個人的な問題をめぐる役職者との個別接触という4つのモードに分類できることが明らかとなった。なお上記のモードに分類される各活動は，その活動が及ぼす影響力や，その活動に必要な自発性といった次元で特徴が異なる。そして具体的な活動について，たとえばデモは「地域活動」に該当し，その他に自治会・町内会の活動なども含まれる。また「選挙活動」は候補者の選挙活動への献金やボランティアなどの活動を含み，「個別接触」は自分や家族のために公職者に直接的に接触することである。さらに，近年ではオンライン上で自らの意見を表明する活動や，さまざまな理由で特定の商品の購入を拒否する，もしくは意図的に購入する活動も政治参加として捉える研究もある（池田・小林，2007）。

上記の4つのモードのうち，投票以外の活動は政府などに自身の望みや選好をより直接伝える手段である。それでは，人々はそのような活動をどのくらい経験しているのだろうか。この問いを検証するため，NHK放送文化研究所が1973年から5年おきに実施する「日本人の意識」調査（NHK放送文化研究所，2020）に基づき，図12-1に投票以外の政治参加の経験率の推移を示す。図12-1が示す通り，それぞれの活動の経験率は低減している。たとえば初回の調査から「署名活動への協力」の経験率はもっとも高いが，それでも2018年には10.7％まで減っている。さらに「陳情・請願」や「デモ」の経験率は一貫して5％未満である。このように，近年ではほとんどの人が投票以外の政治参加を経験していないことがわかる。

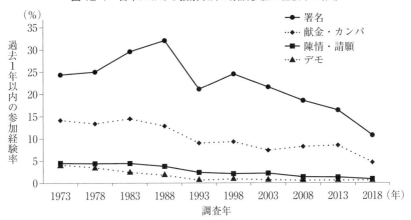

図12-1 日本における投票以外の政治参加の経験率の推移

(「日本人の意識」調査〔NHK放送文化研究所，2020〕に基づき筆者作成)

(3) 投票参加の理論

このように政治参加はさまざまな形態を伴うが，**投票参加**はもっとも重要な政治参加の1つであり，他の活動と比べて自発性が低いために多くの人が経験する行動である。そこで本章は以降，投票参加に着目して議論を進める。

さて人々はなぜ投票し，あるいは棄権するのだろうか。このような有権者の投票参加を予測する代表的なモデルとしてライカーとオーデシュック (Riker & Ordeshook, 1968) の**期待効用モデル**が挙げられる。

$$R = P \times B - C + D$$

この式では，投票参加から得られる効用（Reward : R）が右辺にある P・B・C・Dという4つの要因から説明されており，最終的に R が正の値となれば投票し，一方で R が負の値であれば棄権すると予想する。

第1に P (Probability) は，自分の1票が選挙結果を変えうる確率であり，選挙の接戦度が高いほどその値が大きくなる。第2に B (Benefit) は，候補者や政党間の期待効用の差である。たとえば，支持する候補者と対立する候補者が自分にとって重要な政策争点に異なる主張をしており，前者の人物が当選することでその政策から得られる利益の違いが明確になるほど，投票参

加の動機づけが高まる。また P と B がかけ算になっているのは，各要因が影響し合うためである。たとえば，選挙の接戦度が高く，自分が好む政策を実施してくれそうな候補者に票を投じることで勝者が決まるという状況では，人々の投票への動機づけが高まるだろう。一方で，支持する候補者が選挙区内で不人気で自分の 1 票が選挙結果に影響する可能性は低いと考える場合には，たとえその候補者が勝利することで得られる利益が大きい場合でも，投票する動機づけは低くなるだろう。

　第 3 に C（Cost）は，投票参加に伴うコストである。たとえば，投票所に行くために費やす時間や労力，また候補者や政党を選ぶために必要な情報収集のコスト，もしくは投票することで失う機会的コストなどである。なお機会的コストとは，たとえば投票所に行くことで，その時間をアルバイトに充てれば得られるはずの収入を失うことなどを指す。

　さて，実際の選挙では自分以外の多くの有権者が投票するため，選挙の接戦度が高くても自分の 1 票で候補者や政党の当落が決まる可能性は低い。たとえば 2024 年衆議院選挙の和歌山 1 区では，得票率差が約 0.07 ％という僅差で当落が決定している。しかし得票数差は 124 票であり，厳密な意味で自分の 1 票が選挙結果に影響を与える可能性は低いことがわかる。したがって P は限りなくゼロに近づく一方で，投票参加には多くのコストが伴うために C が大きくなる。その結果 R が負の値となるため，理論的には人々は棄権すると予測される。しかし，本章の冒頭で言及した通り，実際には有権者の約半数が投票に行く。このような自分の 1 票が選挙結果に影響を与える可能性はわずかであるにもかかわらず，人々はコストを払って投票に行くという**投票参加のパラドックス**を解くために必要な要因が D である。

　第 4 に D（Duty）は，投票という民主的手続きに関わることで得られるさまざまな満足度である。たとえば投票を通じて市民的義務を果たすことで，人々は民主主義という制度を維持する満足感を覚える。このように，多くの人々が十分に大きな D を持つことで R が正の値となるため，たとえ投票参加に伴うコストが大きくても，実際には人々が投票することがわかる。

　このようにライカーとオーデシュックが定式化した期待効用モデルでは，

市民的義務感といった心理的要因が重要な役割を果たす。このことから，投票参加を予測する代表的モデルと心理学の議論は関連しているといえる。

　本節では投票参加を予測するモデルを紹介した。一方で，私たちは投票するかしないかを決めるだけでなく，自分たちにとって望ましい候補者や政党も選択している。さて，人々はどのようにして投票先を決めるのだろうか。そこで次節は投票行動研究で主要な3つのモデルを紹介することで，人々がどのように候補者や政党を選ぶのかという**投票選択**について説明する。

2　投票行動の理論

(1) 社会学モデル

　科学的な投票行動研究は，1940年にコロンビア大学の研究者たちがオハイオ州エリー郡で実施したエリー調査から始まる。この調査は，社会心理学や政治学といった複数の学問領域における記念碑的研究である（稲増，2022）。

　ラザースフェルドら（Lazarsfeld et al., 1968/1987）はエリー調査を通じて，以下の要因の影響を明らかにした。第1に人々の社会的属性が投票行動に与える影響である。社会的属性とは性別，年齢，教育程度，宗教，居住地域や社会経済的地位といった要因である。たとえばラザースフェルドらは人々の投票先を予測するために，宗教，居住地域および社会経済的地位という3つの変数を合成し，「政治的先有傾向の指標」を作成した。そして，その指標に基づき予測した投票先と実際の投票先を比べた結果，もっとも強く共和党を支持すると予測されたグループの74％が共和党に投票しており，同様の傾向が民主党の場合でも確認された。つまり，人々の投票選択は社会的属性からある程度予測できると論じた。

　第2に社会的ネットワークの影響も明らかとなった。具体的には，家族などの政治的同質性が高いネットワーク内で交わされる情報は特定の政党や候補者の内容に偏るため，そのような他者との会話が投票選択に影響するという議論である。たとえば，日頃から交流がある人たちに自民党の支持者が多く含まれることで，自民党やその候補者に好意的な情報に接触する環境が形

成され，結果的に自民党に投票する可能性が高まるとされる。

（2）心理学モデル

1960年代になると，人々の社会的属性で投票行動を説明する問題点が指摘されるようになる。具体的には，比較的安定した人々の社会的属性では短期的に変動する投票選択を十分に説明できないという指摘である。

そこで，ミシガン大学の研究者たちは人々の心理的要因に着目して投票行動を説明するモデルを提唱した。このモデルで特に重要な概念が，**政党帰属意識**（party identification：Campbell et al., 1960）である。政党帰属意識とは準拠集団としての政党に対する心理的な愛着感である（三宅，1989）。そして政党帰属意識が強い人は，特定の政党が社会的アイデンティティ（第1章，第9章参照）として機能することで，その政党に対する心理的な一体感を強く覚える。なお政党帰属意識はいくつかの特徴を持つが，その規定性と回帰性が重要な役割を果たす（Budge et al., 1976）。たとえば，有権者は帰属意識を持つ政党やその候補者に投票する可能性が高く，また政党帰属意識と一致しない投票先を一時的に選ぶこともあるが，最終的には帰属意識を持つ政党やその候補者へと投票先を戻す。このように，ミシガン大学の研究者たちは政党帰属意識という心理的要因に着目することで人々の投票行動の説明を試みている。

一方で，政党帰属意識の概念を日本に適用することは難しい。たとえば日本はアメリカと比べて政党を身近に感じる人の割合が少なく，日本では政党支持態度という概念を代わりに用いることが多い（三宅，1985）。しかし，日本では政党支持態度が投票行動を規定する効果が弱いため（善教，2016），心理学モデルだけでは人々の投票行動を十分に説明できない可能性がある。

（3）経済学モデル

以上の2つのモデルに基づけば，人々の投票選択は自身の社会的属性や帰属意識を持つ政党，もしくは周囲の他者が支持する政党の影響を受けると考えられる。それ以外にも，たとえば政府の経済政策が有効に機能しているかという評価に基づき投票先を決定することもあるだろう。

1980年代に入ると，これまでとは異なる観点から人々の投票選択を説明するモデルが提唱される。それは，政府が実施したさまざまな政策に伴う業

績の良し悪しの評価に基づき，業績が良ければ与党に投票し，悪ければ野党に投票するという**業績評価投票**である。フィオリーナ（Fiorina, 1981）は，特に経済政策に関する業績に基づき，経済状態の良し悪しに関する評価が与党もしくは野党への投票選択に影響するという**経済投票**のモデルを定式化した。

　経済投票の考えはシンプルである。しかし，私たちは自国の経済状態をどのように評価しているのだろうか。自分の給与が上昇しないという個人的な事柄からだろうか，あるいはメディアで見聞きした消費者物価指数の推移といった社会全体に関わる事柄からだろうか。平野（1998）が整理するように，経済投票は個人志向の経済投票（pocketbook voting）と社会志向の経済投票（sociotropic voting）に分けることができる。前者の経済投票は個人的な生活の暮らし向きへの評価，後者の経済投票は社会全体の経済状態への評価をそれぞれ考慮して投票先を決めることである。したがって，人々は2種類の異なるレベルの事柄を手がかりとして政府の経済政策に関する全般的な業績を評価し，その良し悪しに沿って投票選択を行うのである。

（4）投票行動と民主的アカウンタビリティ

　これまで社会学モデル，心理学モデルそして経済学モデルという3つのモデルを紹介した。実は各モデルが提唱された学術的背景には，人々の投票行動が民主的アカウンタビリティの役割をどのくらい果たしているのか，という民主主義の根幹に関わる問題が存在する。

　民主的アカウンタビリティとは，市民が代表性の高い政府とそうでない政府を識別し，業績が良い現職者を公職にとどめ，業績が悪い現職者を排除することで現職者に賞罰を与えることである（Manin et al., 1999）。たとえば，人々の要望に応えずに公約を実現しなかった政治家に対して，有権者が選挙を通じて不支持という「罰」を適切に与えていない場合には，民主的アカウンタビリティが有効に機能していない可能性がある。したがって人々が政府の業績の評価に基づかず，ただ帰属意識を持つ政党やその候補者を支持し続けるならば，結果的に人々の投票は民主的アカウンタビリティの役割を果たさない。そのため人々は政策争点ではなく，政党帰属意識に基づき投票するという心理学モデルの知見は，アメリカのみならず自由選挙を民主主義の基

盤とする政治システム全体の健全性に疑義を生じさせるものであった（遠藤，2009：田中，1998）。一方で，人々が政策争点について十分な知識を持っていなくても，個人的な生活の暮らし向きや社会全体の経済状態の評価に基づき経済投票を行っているならば，少なくとも与党への賞罰を下すことが可能となる。したがって業績評価投票，特に経済投票は民主的アカウンタビリティを機能させる上で重要な役割を果たす。

　本節は投票選択を説明する3つのモデルを紹介した。さて，私たちは投票先を決める上で利用できる政治情報が多いほど，適切な候補者や政党を選ぶことができるだろう。人々は日頃からどのような情報源を利用し，またその利用頻度は人によってどのくらい異なるのだろうか。次節では，テレビに代表される**マスメディア**，インターネットなどの**ネットメディア**，そして周囲の他者から構成される**社会的ネットワーク**という3つの情報源に着目する。そして近年のメディア環境の変容を踏まえつつ，人々の政治情報への接触機会の多寡がどのような帰結をもたらすのかを考えてみたい。

3　投票行動と政治情報

(1) マスメディア

　まず，どのような人がどのような目的でテレビを利用するのだろうか。図12-2にNHKが2022年に実施した「全国メディア意識世論調査」（渡辺・行木，2023）の結果を示す。実線の黒丸がテレビ番組をリアルタイムで毎日のように視聴する回答者の割合である。また実線の三角が世の中の出来事を知る上でもっともテレビが役に立つと評価する回答者の割合である。

　図12-2の通り，テレビ番組をリアルタイムで毎日視聴する回答者の割合は，もっとも若い16歳〜29歳の回答者が顕著に低く40％である。またその世代の31％しか情報源としてのテレビを高く評価していない。いずれの数値も，もっとも年齢層が高い70歳以上の回答者と比べると約40％の差がある。そのため年代が若いほど，日々変化する情報を伝えるテレビをリアルタイムで視聴せず，かつテレビをもっとも有用な情報源とはみなしていない。

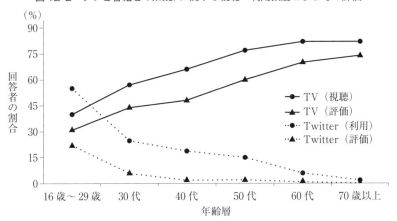

図 12-2　テレビ番組と Twitter に関する視聴・利用頻度およびその評価

(「全国メディア意識世論調査」〔渡辺・行木, 2023〕に基づき筆者作成)

したがって，近年ではテレビの利用者層や情報源としての評価が大きく変化している。このように人々の中で情報源としてのテレビの位置づけが変化し，かつメディア環境自体も変容している状況はどのような影響を及ぼすのだろうか。まずテレビで視聴できる番組の選択肢が増える，つまり**多チャンネル化**が進むほど自身の選好に沿った視聴行動が促進される (Prior, 2005)。そのため，娯楽番組が好きな人はバラエティ番組を，ニュース番組が好きな人は NHK などのニュース番組をより好んで視聴することが可能となる。したがって，娯楽志向が強い人とニュース志向が強い人は，テレビを通じて接触する政治ニュースの機会が異なるため，結果的に人々の間で政治知識量の格差が広がる可能性がある。

以上の議論は，人々の社会経済的地位に応じてマスメディアから入手する情報量が異なるという**知識ギャップ仮説** (Tichenor et al., 1970) と似ている。しかし，近年のメディア環境は情報技術の発展に伴い，番組の選択肢や視聴形態が多様化することで，当時よりも個人の選好と一致する視聴行動が可能となった。つまり，人々の「見たいものだけを見る」という選好を従来よりも満たすことが可能であるため，現在のメディア環境の方が人々の政治知識量の格差をさらに広げてしまうかもしれない。

さて，人々の娯楽・ニュース志向と視聴するテレビ番組の種類にどのような関係があるのだろうか。この問いを検証するために，「ウェブ利用と政治知識に関する調査」（稲増・三浦，2016）のデータを再分析する。この調査は，「あなたがふだんご覧になるテレビ番組について，ジャンルごとにご覧になる頻度をお選びください」という質問に対して，「全く見ない」から「ほぼ毎日」までの5件法で視聴頻度を測定している。そこで本章は「NHKのニュース番組」と「バラエティ番組」に着目し，それらの視聴頻度を「週1回未満・なし」と「週1回以上」に分けた変数を新たに作成した。また人々の娯楽志向・ニュース志向の変数は，稲増と三浦（2016）を参考に作成した。

図12-3に結果を示すが，ニュース志向を持つ人々の81.4％がNHKのニュース番組をよく視聴するが，娯楽志向の人々は58.3％しか視聴していない。同じくバラエティ番組については，娯楽志向の人々の方がよく視聴する割合が高い。このように，人々は自らの選好に合致するバラエティ番組やニュース番組を視聴している。したがって，ニュース志向の人々の方がマスメディアの利用を通じてより多くの政治情報を入手していると考えられる。

(2) ネットメディア

次に同じく図12-2に基づき，どのような人がどのような目的でネットメディア，特にソーシャルメディアを利用するのかを確認したい。なお点線の

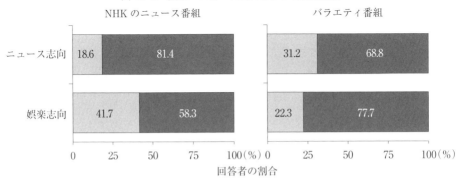

図12-3　娯楽・ニュース志向とテレビ番組視聴

（「ウェブ利用と政治知識に関する調査」〔稲増・三浦，2016〕に基づき筆者作成）

黒丸が Twitter（現 X）を毎日のように利用する回答者の割合を示し，点線の三角が世の中の出来事や動きを知る上でもっとも Twitter が役に立つと評価する回答者の割合である。

　図 12-2 に示した通り，Twitter を毎日のように利用する回答者の割合は，もっとも若い 16 歳〜29 歳の回答者だけが 5 割を超えている。またその世代において，Twitter を世の中の出来事や動きを知る上でもっとも役に立つと評価する割合は 22％で，前述したテレビの評価（31％）との有意差は認められていない（渡辺・行木, 2023）。この結果は，年代が若いほどネットメディアを利用する機会が増え，かつ情報源としての役割を高く評価する可能性を示唆している。

　このようにネットメディアを頻繁に利用し，かつテレビと同程度に有用な情報源として評価する世代が現れている。さて，このようなメディア環境の変容はいかなる影響を及ぼすだろうか。まずインターネット上には無数のコンテンツが存在する。そのため前項で説明した通り，人々はネットメディアを通じて自身の選好に沿った**選択的接触**を行うだろう。さらにネットメディアに特徴的なパーソナライゼーションと，その技術が生み出すフィルターバブルという情報環境が選択的接触を促す可能性がある（Pariser, 2011/2016）。

　パーソナライゼーションとは，人々がインターネット上で行う検索やクリックの履歴といったデータを学習し，個人の選好に沿った情報を提供する機能である。したがって，パーソナライゼーションの技術が埋め込まれたネットメディアでは個人の選好が強化されることで，人々は自身の選好や態度と一致した情報への接触がさらに促進される。このような情報接触は，最終的に個人の政策選好や先有態度に沿った情報をもたらす**フィルターバブル**という情報環境の形成につながる。このフィルターバブルという環境内では異なる考えや意見に接触する機会が失われるため，人々の間で政策争点や政策態度の分極化が促進される，あるいは異質な他者に対する反感が強まるというネガティブな政治的帰結が生じる可能性がある。

　それでは，たとえば日頃から政治の出来事に注意を払う人とそうでない人では，利用するインターネット上のニュース情報源に差はあるのだろうか。

この問いを検証するために，再び稲増と三浦（2016）を分析する。この調査では，「あなたがふだん，インターネットを使ってニュースを見るとき，以下のようなサイトをどのくらいの頻度で利用していますか」という質問に対して，前項と同じ5件法でその頻度を測定している。そこで本章は「新聞社のサイト」（読売新聞オンラインなど）と「ポータルサイト（Yahoo! JAPANなど）のトピックス」に着目し，それらの利用頻度を「週1回未満・なし」と「週1回以上」に分ける新たな変数を作成した。また政治関心は4件法で尋ねた項目に基づき，回答者の政治関心の高低を分ける変数を作成した。

図12-4に結果を示した通り，政治関心が高い人の約半数は新聞社のサイトをよく利用しているが，政治関心が低い人のうち23.9％しか利用していない。一方で，日本ではYahoo! JAPANのポータルサイトが一種のマスメディアとして機能するため（Kobayashi & Inamasu, 2015），政治関心が低い人もポータルサイトを情報源として利用すると考えられる。図12-4を再確認すると，政治関心が低い人のうち68.8％の人々がポータルサイトを情報源として利用している。ただし，やはり政治関心の高い人がネットメディアのさまざまなサービスを活用することで政治情報を入手していることがわかる。

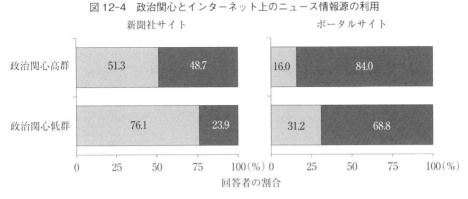

図12-4　政治関心とインターネット上のニュース情報源の利用

（「ウェブ利用と政治知識に関する調査」〔稲増・三浦，2016〕に基づき筆者作成）

（3）社会的ネットワーク

これまで，マスメディアやネットメディアが情報源として機能しており，人によってそれらの利用頻度が異なることを示してきた。それでは，私たちの周囲の他者から構成される社会的ネットワークは情報源としてどのような役割を果たすのだろうか。本項では，特にネットワーク内でさまざまな他者と交わす**政治的会話**に着目し，どのような人が政治的会話を情報源として利用しているのかを明らかにしたい。

横山（2023）に基づけば，社会的ネットワーク内で交わす政治的会話は，他のメディアと比べると政治情報への受動的な接触を促す特徴を持つ。たとえば，選挙期間中に自分では政治情報を収集しないが，家族との会話でたまたま入手した情報を活用して投票先を決めるという人物を想像してほしい。このように政治関心が低く，マスメディアなどを通じて政治情報を入手しない人物にとって，他者との会話は政治情報を効率的に入手する手段となる。このような情報の入手方法は，ラザースフェルドら（Lazarsfeld et al., 1968/1987）が提唱した**コミュニケーションの二段階の流れ説**からも理解できる。この仮説は，**オピニオンリーダー**という特定領域に関心を持つ人物が媒介することで，マスメディアの情報がその領域に関心がないフォロワーにも伝播するという理論である。したがって，普段は政治に関心がない人物でも，周囲の他者との政治的会話を媒介することで，さまざまなメディアで報じられている政治情報を低コストで入手することが可能となる。

それでは，前項と同じく人々の政治関心と政治的会話の頻度にどのような関係が認められるだろうか。この問いを解明するために，2019年に日本で実施された世界価値観調査（World Values Survey）の第7波のデータ（Inglehart et al., 2022）を分析する。この調査では「あなたは，友人などと一緒になった時，政治の話をどの程度しますか」という質問に対して，「しない」から「よくする」までの3件法で政治的会話の頻度を測定している。そこで本章の執筆に当たり，この会話頻度を「会話なし」と「会話あり」に分ける変数を新たに作成した。また政治関心は4件法で尋ねた項目を利用して，前項と同じく政治関心が高い人と低い人を分ける変数を作成した。

図12-5に結果を整理した通り，政治関心が高い人のうち82.2％が主に友人と政治的会話を交わすが，政治関心が低い人のうち76.2％も同じく政治的会話を交わしている。やはり政治的関心の低い人は，友人との政治的会話を主な情報源として活用していると考えられる。実際に，政治関心の低い人が家族や友人などの親しい他者と政治的会話を交わすほど政治知識量が増えることが明らかとなっている（横山，2023）。すなわち，社会的ネットワークは政治関心が低い人々の政治情報源として機能すると考えられる。そして，このような知見は前述の「コミュニケーションの二段階の流れ説」と一貫するものである。

本節の知見を整理すれば，人々はマスメディアやネットメディア，あるいは社会的ネットワークを通じて政治情報を入手している。一方でメディア環境の変容に伴い，自身の選好や態度に沿った情報接触の機会を技術的に担保することが可能になったため，各メディアが人々の政治知識量の格差を広げる可能性もある。将来的には，人々の娯楽・ニュース志向や政治関心といった態度とさまざまな特徴を持つ各メディア環境が相互作用することで，最終的にどのような社会的帰結がもたらされるのかという問いを実証する必要があるだろう。

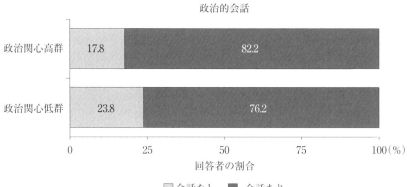

図12-5　政治関心と政治的会話

（「世界価値観調査（第7波）」〔Inglehart et al., 2022〕に基づき筆者作成）

4 投票行動研究と社会心理学

　本章は「人々はなぜ，どのように投票するのか」という問いに，投票行動研究の観点から答えた。その際には，投票参加や投票選択を説明するモデル，あるいは情報源としてのメディアの役割を実証的な見地から説明した。

　読者の皆さんは，本書をこの第12章から読んではいないだろうと思う。人々の政治参加を扱う本章の内容は，果たして社会心理学に関連するのかと疑問に思った方も多いかもしれない。しかし，本章は人々の投票行動が民主主義の根幹を支える民主的アカウンタビリティの役割を担っており，人々の投票行動を説明する上で社会心理学の知見や議論が必要不可欠であることを説明した。実際に本章が紹介した通り，期待効用モデルは投票参加のパラドックスを解くために D という市民的義務感を導入している。また心理学モデルが提唱した政党帰属意識は，現在でも人々の投票行動を説明する主たる要因の1つである。このように，政治領域における人々の行動を態度から説明するという政治学のアプローチの1つは社会心理学が採用するアプローチと重複する。

　このように社会心理学は政治学と接点があり，その研究領域の問題を解決するアプローチを提供してきた。今後も社会心理学は隣接領域と問題意識を共有しながら，さまざまな問題を解決するだろう。ぜひ社会心理学の知見や議論を応用して実証的な観点から人々の政治行動を説明してほしい。

●おすすめ図書

蒲島 郁夫・境家 史郎（2020）．政治参加論　東京大学出版会

稲増 一憲（2022）．マスメディアとは何か──「影響力」の正体──　中央公論新社

横山 智哉（2023）．「政治の話」とデモクラシー──規範的効果の実証分析　──　有斐閣

付記

　図 12-3 および図 12-4 の作成に当たり，東京大学社会科学研究所附属社会調査・データアーカイブ研究センター SSJ データアーカイブから「ウェブ利用と政治知識に関する調査，2014-2015」（関西学院大学社会心理学研究センター〔稲増一憲・三浦麻子〕）の個票データの提供を受けました。

〈コラム〉「政治の話」はタブーなのか

　「政治の話はタブーである」という通説を見聞きしたことはあるだろうか。たとえば，ある新聞のデジタル版記事は「日本人はなぜ身近な人と政治の話をしないのか」というテーマを取り上げている。このような政治の話をタブー視する通説は社会に流布しているため，多くの人々がこの通説を受け入れているかもしれない。しかし，「政治の話はタブーである」という通説は社会心理学の見地からしてどのくらい正しいのだろうか。そこで，人々がさまざまな空間で交わす政治の話に着目し，その特徴や効果を明らかにした横山（2023）に基づき，「政治の話はタブーである」という通説の実証的妥当性を検討したい。

　まず本章で言及した世界価値観調査（Inglehart et al., 2022）に基づけば，日本では約 40 年前から一貫して 50％以上の回答者が主に友人と政治の話を交わしている。また日本版 General Social Surveys（JGSS-2003）に基づけば，家族と政治の話を交わす回答者の割合は 67.3％である。つまり，人々は身近な人であれば政治の話をしている。

　さらに家族などの身近な他者であれば，政治の話題にほとんど抵抗感がない。具体的に「国や政府」といった政治の話題に抵抗感がある回答者の割合は 18.7％だが，「娯楽」の話題に抵抗感がある割合は 13.3％である。つまり，80％以上の回答者は政治の話題を含めた各話題を交わすことに抵抗感がない。

　また自然言語処理を応用することで，そもそも人によって「政治」の話題と捉える話題が異なるため，政治的会話に含まれる話題も多様であることが明らかとなっている。言い換えれば「政治の話はタブーである」という通説を見聞きした際に，タブーだと感じる「政治」の話題は人によって大きく異なるのだ。

　以上の議論に基づけば，「政治の話はタブーである」という通説と，政治の話に関する実証的知見は乖離するため，この通説の実証的妥当性は低いといえる。しかし，この通説がメディアで繰り返し強調されることで，結果的には政治的会話が民主政治にもたらすポジティブな効果が抑制される可能性がある。

　このように，私たちの身の周りには「政治の話」にまつわるステレオタイプがあふれている。このようなステレオタイプの妥当性を見極めるためにも，実証分析を基盤とする社会心理学が重要な役割を果たすだろう。

第13章

リスクコミュニケーション

——災害や疫病に関する情報をどう共有し，理解するか

　あなたは地震が起きた直後，まず何をするだろうか。どれぐらいの揺れだったのか，どこが震源なのか，真っ先にメディアを通して知ろうとするのではないだろうか。自分の身に危険が迫るとき，その危険について理解しなければ，私たちは判断をすることができない。地震，豪雨，噴火など，日本は自然災害の絶えない国である。それに加えて，未知の感染症や原発事故など，日常的に経験することの少ない災いも起こるかもしれない。一般市民である私たちは，こういったリスクについて，メディアから情報を集め，理解した上でどうするべきかを見極める。このリスクに関して情報を交換し，理解を深めていく社会的プロセスを，リスクコミュニケーションと呼ぶ。

　この章ではまず，リスクコミュニケーションの基本的な考え方や種類について触れた後，その中でメディアが重要な役割を果たすことを説明する。そして，SNSの普及により多様になった情報環境の実態を踏まえ，リスクコミュニケーションにおいてメディアがもたらす問題について，事例をもとに述べる。最後に，情報化時代のリスクコミュニケーションについて，私たちが今後意識していくべきことについて考える。

1 リスクとリスクコミュニケーション

(1) リスクコミュニケーションの考え方

　リスクコミュニケーションは文字通り，「リスク」に関するコミュニケーションである。ただし，「何がリスクか」については多様な考え方がある。これは，「リスク」という言葉が用いられる場面を思い浮かべてみるとわかりやすい。たとえば，投資のリスク，災害のリスク，事故のリスクなど，

「リスク」という言葉は多く使われているが，数値で表されるもの（今後地震が起こる確率は何％）や，「大きい」「小さい」で表されるもの（この金融商品に対する投資のリスクは大きい），「危険」と同じ意味で用いられるもの（この遊具は古いため，事故のリスクがある）などさまざまである。こういった意味の違いは学問領域によっても存在し，技術分野では客観的な「害」としてのリスクを扱うが，心理学では人々の主観的な捉え方としての**リスク認知**を扱うなどの違いがある（Renn, 2008）。

　2020 年にパンデミックとなった新型コロナウイルス感染症は，初期においては「謎の感染症」で，ウイルスがどのようなものか，それはどのように治療可能であるのかはわからなかった。このように，災禍が生じたときには常に不確実な要素が含まれている。不確実性を減らし，対策をとるためには知識が必要である。そして，こうした知識を見出すことや，それに基づいた対策や方針の決定を行うのは，一般市民ではなく，専門家や政府である。よって，専門家や政府はこうした知識や，知識に基づく対策の説明を，一般市民に伝えるという役割を担うことになる。

　専門家から市民に対する情報伝達について，かつては**欠如モデル**という形態が見られた。欠如モデルとは，市民は専門家らと比較して，知識が「欠けた」状態であり，知識のギャップをコミュニケーションによって埋めようという認識が暗黙に前提となっている考え方である（藤垣, 2020）。しかし，人々の態度は知識のみに規定されるような単純なものではない。科学への態度は，宗教性や政治的知識など文化的，文脈的なものであるということが，複数の実証研究において示されている（たとえば，Sturgis & Allum, 2004；Brossard et al., 2009）。よって，単に科学的な知識の啓蒙を目的とするコミュニケーションモデルは，現在では効果的ではない方法とされている。

　現在のリスクコミュニケーションの考え方は，より民主的な対話を中心とするものである。たとえば，アメリカ学術会議（National Research Council, 1989）による定義に基づけば，**リスクコミュニケーション**とは，リスクについて個人，集団，組織の間で情報や意見を相互に交換する過程であり，必ずしも，リスクに関する情報のみをやりとりするのではなく，懸念や意見など

202　第3部　「メディア社会」に生きる私たち

も含め広く見方を共有するものとされている。そして，互いに理解を深め，合意形成を行うに当たっては，専門家は市民から信頼を得ることが必要とされる（Covello et al., 1989）。このようなリスクコミュニケーションのあり方は，リスクに関わる市民や組織がそれぞれの認識を共有していくと同時に，権限と責任の分配を定めていく作業でもあり，その過程においては，**対話・共考・協働**が重要視されるのである（安全・安心科学技術及び社会連携委員会, 2014）。

（2）リスクコミュニケーションの種類

　リスクコミュニケーションはその目的によって分類される。一例として，ラングレンとマクマキン（Lundgren & McMakin, 2013/2021）は，次に示すケアコミュニケーション，コンセンサスコミュニケーション，クライシスコミュニケーションの3つにリスクコミュニケーションを分類している。

　ケアコミュニケーションとは，科学的に危険性が明らかなものについて，リスクを公然のものとして市民に伝達することである。たとえば，喫煙やエイズなどの健康リスクについての注意喚起が挙げられる。**コンセンサスコミュニケーション**とは，ステークホルダーの間でリスクマネジメントの方法について合意形成を行うためのコミュニケーションである。具体的には，有害廃棄物処理や企業の化学物質取り扱いに関する，住民参加型のワークショップや対話フォーラムなどが挙げられる。最後の**クライシスコミュニケーション**については，突発的な危険事態が生じた際のコミュニケーションであり，大規模自然災害や，感染症の大流行などの際における避難勧告や外出自粛要請のメッセージが該当する。

　これらのコミュニケーションには，情報発信主体から情報の受け手である市民に対して一方通行で発信される一方向的なコミュニケーションと，情報発信主体と市民が相互に意見を交換し合う双方向的コミュニケーションがある。市民の意思決定を後押しする形で行われるケアコミュニケーションと，緊急時において市民の行動変容を促す目的で行われるクライシスコミュニケーションは一方向的なものとなることが多いが，ステークホルダー同士がともに考えることが重視されるコンセンサスコミュニケーションは，双方向的なものとなる（平川, 2018）。

なお，研究者によっては双方向的なコミュニケーションのみを「リスクコミュニケーション」とみなし，メッセージの一方的な伝達であるクライシスコミュニケーションは，リスクコミュニケーションとは異なる分類とする意見もある（たとえば，木下，2016）。また，メッセージ伝達の方向性に関する議論と，先ほど述べた「欠如モデル」をめぐる問題がしばしば混同されることもある（内田・原，2020）。

このように，リスクコミュニケーションの思想や種類については概ね一致した見解が見られるものの，研究によって細かい定義に違いが見られるため注意が必要である。しかしながら，実践を考えたときには，リスクコミュニケーションがきれいに分類できるということはない。地震が起きたときにテレビから津波警報が発されるのはクライシスコミュニケーションかもしれないが，津波が起きたときにどのように行動すべきか，ということを地域コミュニティにおいて地区防災計画としてまとめておくことはコンセンサスコミュニケーションである。このように，災禍に立ち向かうときには，いくつかの手法が必要となる。

2　リスクコミュニケーションにおけるメディアの役割

(1) メディアと変わりゆく「リスク」

リスクを客観的なものだけではなく，主観的，社会的な認識として捉えたとき，市民のリスクに対する認識はコミュニケーションを経て変容していく。カスパーソンら（Kasperson et al., 1988, 2003）はリスク事象が発生してから，多様なコミュニケーション過程を経て，コミュニティ，社会，経済において対応を喚起し，社会的なリスクへの認識が増幅したり，減衰したりする過程を，先行研究を総括した形で，図 13-1 に示す**リスクの社会的増幅フレームワーク**として提唱した。

このフレームワークは，リスクに関するメッセージと情報源，メッセージを伝達・交換するステークホルダー（科学者，リスクマネジメント組織，ニュースメディア，活動家，社会集団におけるオピニオンリーダー，個人的なネットワーク，公共

204　第3部　「メディア社会」に生きる私たち

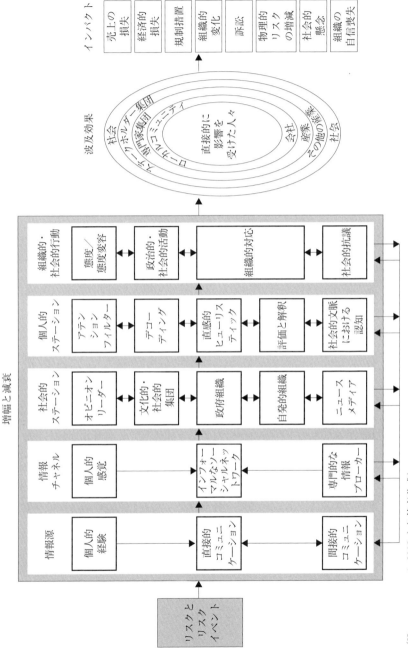

図13-1　リスクの社会的増幅フレームワーク

(Kasperson et al., 2003 より筆者作成)

組織など），およびそれらの相互作用により構成される（Kasperson et al., 1988）。このダイナミックなリスクのコミュニケーションには，個人的，社会的ステーションや組織的，社会的行動などの相互作用過程が含まれ，ここでは情報が取捨選択されたり，再解釈されたりすることでリスクへの認識が過大，または過小に発信されたり，受け取られたりする（Kasperson et al., 1988）。このように増幅・減衰したリスクは当初は関係ないように見えた地域コミュニティや企業に対しても社会的影響を与えるようになったり（波及効果），その結果として売り上げの損失や訴訟などのインパクトが生じたりする（Kasperson et al., 1988, 2003）。

このフレームワークの中で，リスクに関わる事象（リスク・イベント）を報じたり，それに関わる多様な知識や意見を伝達したりするメディアは，相互作用の中でリスクに対する認識を変容させていく1つのステークホルダーとみなされている。ただし，カスパーソンらがこのフレームを公表した当時に着目されていたのは主にマスメディアであり，現在ではSNSを含めたメディア環境が，リスクの増幅・減衰の様相を複雑にしている。たとえば，ドイツで行われた実証実験では，SNSにおける恐怖を伴ったリスク情報（原子力発電についての情報）が，程度の低い恐怖を伴ったリスク情報（食中毒についての情報）よりも，コミュニケーションの繰り返しによって，一層ネガティブな反応を増幅させていく傾向にあることが示されている（Jagiello & Hills, 2018）。一方で，アメリカにおける研究では，SNS投稿への注目度の高さが，政治的立ち位置に応じてリスク認知を調整する効果をもたらした可能性が示されている（Kinnally et al., 2023）。

このように，メディアが多様化した現代において，社会的なリスクに対する認識を変容させるステーションとしてのメディアの持つ役割は変化しつつある。

（2）メディアが作る個人のリスク

ここで，あなたがテレビで強盗のニュースを見たときのことを考えてほしい。それがもし，自分の住所の近くで起きたのだとすれば，「自分も巻き込まれる可能性があるかもしれない」と思うだろう。私たちは常に何らかの危

険に巻き込まれる可能性がある。しかし，すべての危険について，直接個人が気づくには限界がある。水害や感染症，気候変動，犯罪は，一般の人が直接目で確認して危ないと判断，予測できるものではない。このように，自分の身に振りかかる，物理的に確かめることが不可能なリスクについては，メディアに依存して判断することとなる。

このような理由から，メディアは一市民の主観的なリスク認知を考える上でも，着目されてきた要因である。たとえば，コームスとスロヴィック (Combs & Slovic, 1979) は，アメリカにおける2種類の新聞紙面の記事数や写真などについて内容分析を行い，殺人，事故，災害に関する死亡報道が実際の統計よりも過剰である一方で，病気に関する死亡報道は過小であったこと，またその報道状況は，実際の統計値の影響を排除した上でもなお，市民の推定する，各要因における1年当たりの死亡頻度と相関していたことを示している。

なお，知らず知らずのうちに，メディアから得た情報が個人のリスク認知を「培養」していることもある。第11章においても紹介した，アメリカの心理学者ガーブナーらによる**培養分析**では，暴力に関する認知を例として，テレビの影響力が検討されている。たとえば，ガーブナーとグロス (Gerbner & Gross, 1976) は，テレビの長時間視聴者と短時間視聴者のうち，長時間視聴者の方が暴力への遭遇頻度を多く見積もっていたことを明らかにした。この結果は，アメリカにおける平日のプライムタイム（午後8時から午後11時）や週末の子ども向け時間帯（午前8時から午後2時）内で放送されていたテレビドラマが，暴力描写を多く含んでおり，そのイメージがテレビ視聴者の中で「培養」されたものと解釈されている (Gerbner & Gross, 1976)。

(3) メディアが作る社会のリスク

このように，メディアは直接的に把握しづらいリスクについて情報を与え，リスク認知を形成する。しかしながら，それが必ずしも「自分の身に降りかかるリスク」と捉えられるかどうかは，わからない。

テイラーとクック (Tyler & Cook, 1984) は培養分析を発展させる形で，「リスクに関する判断は，個人・社会のレベルに区別される」「マスメディアは

主に社会レベルのリスク判断に影響する」という2つの命題を含む，**インパーソナル・インパクト仮説**を検証した。

ここで，個人的なレベルの判断とは，自らが被害者となるリスクについての判断であり，自身が被害に遭うリスクや，それに対する恐怖感のことを指す。一方で社会レベルのリスク判断とは，社会における犯罪の生起リスクなど，より大きなコミュニティを基準としたリスクについての判断であり，近隣で起こる犯罪への懸念や犯罪率の知覚を指す。

テイラーとクック（Tyler & Cook, 1984）は，この仮説をシカゴにおける在宅医療や介護サービスに関する詐欺にまつわるフィールド実験，銃器，飲酒運転などに関する学生への質問紙調査および実験によって検討した。結果として，リスクに関する判断は個人と社会に弁別され，両者には有意な相関はないか，あってもごく弱いもの（相関係数0.1程度）にとどまることを指摘した上で，マスメディアは社会レベルのリスク判断と主に関連することを明らかにした。このように，メディアによって伝達されるリスクが，「自分ごと」ではなく，「社会の問題」としてのみ考えられる場合もある。

以上のように，メディアとリスク認知の結びつきは，かねてより注目されてきた。ただし，後続研究は，リスク認知形成におけるメディアの「影響力」について控えめか，懐疑的な主張をしている。たとえば，山本（2004）は，交通事故，火事，自殺，殺人に関する新聞報道と大学生の見積もり値の関連性を検討し，自殺と殺人による死亡者の年代分布に関する見積もり値のみ，報道との間に関連性が見られたことを明らかにしている。また，ヴァッヒンガーら（Wachinger et al., 2013）は「リスク認知と自然災害」に関する2000年代以降の35件の文献のレビューを行い，メディアの提供する間接的経験は直接的な災害経験に勝らないことを見出し，リスク認知形成という点においてメディアはあまり役に立たないが，経験を思い出させるなどの間接的な教育やリスクコミュニケーションのツールとして活用可能ではないかと主張している。

一方で，パンデミックのような突発的な事象，あるいは原子力事故のような不可視性の高い災禍をテーマとした研究の中には，メディア利用に関わる

208 第3部 「メディア社会」に生きる私たち

変数とリスク認知，不安感の関連性を示唆する研究も散見される（たとえば，Sugimoto et al., 2013；Qiu et al., 2021；安藤ら，2022）。このように，メディアとリスク認知の関連性について一般的な見解はいまだ見られず，幅広いリスク・イベントについてのさらなる知見の蓄積が期待される。

3　メディアがもたらす問題

（1）不確実な情報

メディアは，個人がリスクを理解し，社会で共有していくリスクコミュニケーションにおいて，メッセージを伝達する媒体として機能する。しかし，実社会においては，メディアが常に望ましい帰結をもたらすわけではない。第1の問題として挙げられるのが，不確実な情報である。災害や疫病などの災禍が生じた際には，情報不足や不安から，真実かどうかわからない曖昧な情報が伝達されやすくなる（Shibutani, 1966/1985）。こうした**流言**は，かつて口伝えによって広まる問題であったが，現代ではSNSが普及し，拡散された上で，多くが可視化，記録されてしまうという別の問題が生じている。また，流言ではないにしても，過去の古い情報が更新されず，拡散し続けてしまうという問題もある。

こういった，SNS上の不確実，あるいは古い情報が混乱をもたらす1つの事例が，緊急時における救助要請である。東日本大震災以降，日本では災害が起こるたびに，X（旧Twitter）によって救助要請を行う様子が見られる。しかし，こういった救助要請は実質的には救助活動にはほとんど結びつかず，現場を混乱させるだけであることが，2017年の九州北部豪雨の際に行われた投稿と実際の救助活動の照合によって示されている（須藤・佐藤，2018）。

なお，本章執筆時に起きた令和6（2024）年1月1日の能登半島地震においても，救助を求める情報が多く流れ（図13-2），中には虚偽の救助要請が警察や消防の活動に支障を与えた事例もあったという（NHK NEWSWEB, 2024）。緊急時に流布する不確実な情報は，情報の受け手に混乱を与えるのみならず，対応組織に負担をかけることにより，救出活動の遅延などさらなる事態の悪

図 13-2　令和 6 年 1 月 1 日の能登半島地震の際に見られた SNS 投稿の例

助けてください
挟まれて逃げられません

○○市▲▲××-××

助けてください

#○○市　#地震　#SOS

○○市▲▲××-××

この情報は嘘です
実際には存在しません

#SOS　#地震

拡散してください

今助けを求めている人です

■■　■■■さん
○○市▽▽町 ××-××

〜〜　〜〜〜さん
○○市▲▲××-××

（実際の投稿より筆者作成）

化を招きかねない。

　また，平時とも接続する不確実な情報の問題として，SNS によって伝播する**陰謀論**がある。2020 年の新型コロナウイルスパンデミックの際には，「新型コロナウイルスは存在しない」「ワクチンは殺人兵器」といった言説が流布した。さらに，こういった思想を掲げる団体が新型コロナウイルスのワクチン接種会場に無断で侵入するなどの事例も起き，裁判沙汰となっている（朝日新聞，2022）。こういった誤った信念の形成については，多様な認知的要因が関連するため簡単に論じることはできない（詳しくは，Ecker et al., 2022）。しかし，少なくとも科学的事実に基づいた情報が伝達されているわけではないため，リスクコミュニケーションの観点からは健全ではない。たとえば，鳥海ら（Toriumi et al., 2024）は，Twitter（現・X）投稿の分析を行い，「いかにしてユーザーがワクチンの反対派になりうるか」について触れている。具体的には，フォローするアカウントの傾向に基づき「ワクチン反対派」のアカウントを特定した上で，2020 年から 2021 年にかけて新しく強い「ワクチ

ン反対派」に態度変容した集団を分析し，それらのプロフィール文が「集団ストーキング」などの陰謀論に関わる単語や，スピリチュアリティ，自然主義に関連する単語によって特徴づけられていたことを明らかにした。つまり，SNS 上に現れる陰謀論はリスクに関する捉え方や意思決定にも影響を及ぼす 1 つのきっかけとなる可能性がある。

　リスク・イベントが生じた際には，迅速なクライシスコミュニケーションが求められる。今や，行政や省庁，報道機関も SNS を用いて情報発信を行っており，SNS も情報源さえ見定めれば，誤った情報ばかりが流布するプラットフォームではない。しかしながら，SNS の持つ迅速性や拡散力，そして記録に残るという特徴は，有用な情報と不確実な情報の双方を広め，混乱を「増幅」させてしまう危険性がある。現在は流通する情報の正確性を判断するためのファクトチェックなどの整備など，制度面からの対策も進みつつある（笹原，2018）。一方で，最終的に意思決定を行うのは利用者であり，SNS における情報の発信と閲覧，双方の側面に注意が必要である。

(2) 風 評 被 害

　第 2 の問題が，**風評被害**である。風評被害とは，「ある社会問題（事件・事故・環境汚染・災害・不況）が報道されることによって，本来『安全』とされるもの（食品・商品・土地・企業）を人々が危険視し，消費，観光，取引をやめることによって引き起こされる経済的被害」である（関谷，2011，p.12）。

　2011 年に生じた福島第 1 原子力発電所事故は，発生直後に 1 号機，2 号機，3 号機において水素爆発を起こし，放射線の漏洩をもたらした（東京電力ホールディングス，n.d.）。こういった原子力事故後の処理に用いられた水は，放射性物質を含む汚染水であるため，ALPS（Advanced Liquid Processing System の略）と呼ばれる処理施設で浄化された後に ALPS 処理水として原子力発電所敷地内にタンクで貯蔵されてきた（経済産業省，2021）。しかしながら，タンクによる貯蔵はタンクの老朽化による内容物漏洩の危険性や，敷地内を占有し続けることの限界といった観点から見直され，海洋放出を行うことが2021 年に決定した（経済産業省，2021）。なお，ALPS 処理水はトリチウム以外の放射性物質を安全基準まで浄化した水であり，放出に際して健康被害や

環境汚染といった問題はないとされている（たとえば，経済産業省，2023）。しかしながら，この決定に際しては，特に国外において激しい反応が見られた。

　たとえば，中国においては処理水が放出された2023年8月24日より，福島県の飲食店などに対して嫌がらせの電話が殺到した（BBCNEWS JAPAN，2023）。また，直接的に関係のない化粧品など，日本の製品に対する不買運動も起きた（朝日新聞，2024）。中国においては政府レベルで海洋放出についての反対姿勢を露わにしていたという特徴があり，もともと2011年の事故後から行ってきた日本産品に対する輸入規制を，処理水放出後に全面的な規制へと移行させた（中華人民共和国海関総署，2023）。また，基本的にマスメディアも日本に対する非難の論調を強くしている（たとえば，人民網日本語版，2023）。一方，韓国においては，海洋放出に理解を示す尹政権の姿勢に対して，市民や対立政党が懸念を示し（朝日新聞，2023），ハンギョレ新聞などのマスメディアも日本，韓国両政府に対して対抗的な内容を示す記事を公表した（HAN-KYOREH，2023）。

　このように，ALPS処理水の海洋放出自体は安全であるが，リスクが高く認識され，海外の輸出に当たっては経済的な影響が及んでいる。また，国内においても，海洋放出に際してわずかに海産物購買意向が低下する可能性が示されている（関谷，2023）。ALPS処理水に関する情報はメディアを通して伝えられるものであるため，これらの国内外の反応と，その帰結としての購買意向の低下，買い控えといった風評被害もまた，メディアが媒介したものと解釈できる。

　このような風評被害については，結局のところ誠実なコミュニケーションによって対応する外ない。風評被害の問題を消費者心理の観点から検討した関谷（2016）は，2013年時点において見られた福島県産品の購買忌避に関して全国と福島県に対する質問票調査を行い，原子力そのものに対する不安というよりは，食品の放射能検査に対する不安感が福島県産品の購買拒否につながりうることを示している。よって，風評被害払拭のためには，行政，報道をはじめとする情報発信者がリスク管理の実態についてありのままに発信し続けることが有効といえよう。

（3）社会の分断

　第3の問題が，意見や態度の相違に起因する，社会の分断である。リスクは多義的であり，克服に向けて社会で合意形成を行おうにも，一筋縄ではいかない部分がある。なぜなら，被害を抑制しようとすることが，時として他のリスクを高めることにつながるからである。たとえば，2020年にパンデミック宣言がなされた，新型コロナウイルス感染症の蔓延に際しては，感染症に罹患するリスク以外にも，地域医療がひっ迫するリスク，外出自粛によって教育機会が奪われるリスク，制限によって仕事ができず，経済的に困窮するリスクなど多様な「リスク」が存在した。しかし，個人によってこれらの優先順位は異なり，それが個人間や集団間における対立，すなわち**コンフリクト**として立ち現れることもあった。特に，感染症がいかなるものか社会的に理解されていない，感染拡大初期における感染者やエッセンシャルワーカーに対する**偏見**や**差別**（第9章2節4項参照）は，分断が顕在化した事例の1つである。具体的には，外出自粛が国民に促されるような感染症流行下において，それでもなお働かざるをえなかった医療・介護従事者や，運送会社，そして感染者が実際に発生した学校，会社，感染者本人に対して，インターネット上で誹謗中傷がなされたり，勤務先から嫌がらせを受けたりするなどの事例が相次いだ。このような偏見・差別の要因となった，あるいはそれらを助長したのがマスメディア報道であると考えられる。新型コロナウイルス感染症の流行下では，感染者や感染者が出た施設などに関して，「感染者と濃厚接触者，クラスターの人物関係の図示」や「院内感染が発生した有力な原因があるかのように報じた事例」など報道のあり方に問題があったことが指摘されている（新型コロナウイルス感染症対策分科会　偏見・差別とプライバシーに関するワーキンググループ，2020：図13-3）。このような問題に対しては，報道への注意喚起が行われた（武藤，2022）。マスメディアはリスクを遍く伝達する上で有用なメディアであるが，そのメッセージがどのような人に，いかように受け止められるのか，情報発信者は注意が必要である。

　また，自らの持つ態度と類似する意見に選択的に接触し，同質性の高い言論空間に閉じ込められる**エコーチェンバー**（Sunstein, 2001/2003, 2017/2018）や

図 13-3　報道で用いられた人物相関図の例

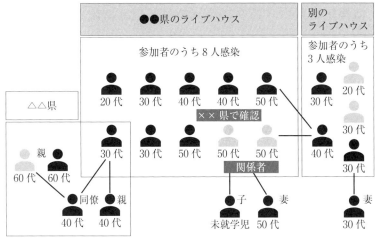

(NHK NEWSWEB, 2020 他当時の報道より筆者作成)

インターネットのアルゴリズムによって選択的接触が生じる**フィルターバブル**（Pariser, 2012/2016）など，インターネットが引き起こしうる情報空間の「分断」は，リスクコミュニケーションにおいても問題視されている。実際のところ，これらの情報の個別化については否定的な見解もある（たとえば，田中・浜屋, 2019）。しかし，政治的イデオロギーが感染症対策と強く関わるアメリカの Twitter（現・X）に関する分析では，2020 年 1 月から 7 月にかけての新型コロナウイルスに関連する投稿を分析したところ，中立派は左派の投稿をリツイートすることもあるが，右派傾向が強い投稿はほとんどリツイートをしない傾向が示され，右派のネットワークが孤立する可能性が示されている（Jiang et al., 2021）。日本国民の政治に対する向き合い方や，政治的立場とリスク対応の結びつきはアメリカとは異なるため，ただちに前述の状況を日本に当てはめることはできない。しかし，リスクについての議論が限定的な情報のみで展開されていないか，他に考え方はないのか，などと考えることは，とりわけ合意形成を目指すコンセンサスコミュニケーションにおいては必要な視点である。

4 情報化時代のリスクコミュニケーションのあり方

　本章では，リスクコミュニケーションにおける考え方，そしてメディアの役割と問題点について概観した。リスクコミュニケーションは思想であり，同時に方法である。どのような場面で，どのような目的を持ってコミュニケーションを行うのかを常に見定め，市民や社会が納得の上での意思決定を行わなければならない。

　一方向のコミュニケーション，双方向のコミュニケーションを行うに当たり，現代メディアは有効なツールであるが，社会心理学における知見はその限界や問題点についても指摘してきた。今後は，メディアの影響力と限界，そして利点を念頭に，メッセージの送り手，受け手が協働的にリスクコミュニケーションを行っていくことが重要である。かつて，専門家や政府からなされる多数の市民に対する情報発信は，テレビや新聞から行わざるをえなかったが，新型コロナウイルス感染症パンデミックの際に行われた情報発信では，SNS を活用した多様なメッセージ発信が行われた。こうしたインタラクティブなメディアにおいては，情報発信者側も情報の受け手の反応に鑑みてメッセージを調整することができ，協働的なコミュニケーションの実現にとって有益である。このように，情報技術の発展と普及は，受け手の実態を理解し，リスクコミュニケーションを改善させていくことを可能とする。

　一方で，リスクコミュニケーションの受け手が積極的に関与できるようになった以上，相応の心構えもまた，必要である。本章では多様な現代のメディア環境がもたらしうる問題について触れたが，まず私たちは一市民として，どのようにリスク・イベント時にメディア，そして情報と関わっていくのかを考えてみることが肝要である。よりよい意思決定を導くためには，どのような媒体からどんな情報を得たらよいのか，自身の情報発信が社会にいかなる影響をもたらしうるのか。今までに起きた災害や疫病，その他のリスク・イベントについて振り返り，分析的な視点で考えてみてほしい。そして，いざ深刻な災禍が生じたときには，自分はどのようにふるまったらよいのか。

情報化時代のコミュニケーションの中に潜む「リスク」についても，想像力を働かせてみてほしい。

●おすすめ図書

広田 すみれ・増田 真也・坂上 貴之（編著）（2018）．心理学が描くリスクの世界——行動的意思決定入門——（第3版） 慶應義塾大学出版会

中谷内 一也（2012）．リスクの社会心理学　人間の理解と信頼の構築に向けて　有斐閣

関谷 直也（2021）．災害情報　東日本大震災からの教訓　東京大学出版会

第 14 章

メディアと集合行動

——エンターテインメントとしてのメディアが
人々にもたらすものとファン心理

　2024 年 4 月，東京都内の大学生 181 人に「あなたの推しは何ですか？」と尋ねてみたところ，歌手，俳優，アイドルからスポーツ選手，YouTuber や Vtuber，アニメや漫画のキャラクターに至るまで実に 160 もの「推し」の名前が挙げられた。しかも，特定の人やグループに票が集中することはなく，最多得票はわずか 3 票であった。また，同じ日に同じ学生たちに「最近面白かったテレビ番組は何ですか？」という質問をしたところ，「なし」と答えた人が 50 人を上回り，もっとも票を集めた番組でも 10 票という状況であった。このように，現在，若者の間では，大多数に共通する流行現象がつかみにくくなっている。そして，エンターテインメントの中心はもはやテレビではないということも見て取れる。本章では，人々の間で起こる流行現象や，人々が何かを好きになるという心理や好きなものを共有したいという心理について考える。さらに，人々がエンターテインメントを「楽しむ」こととメディアとの関係について，メディア技術の発達と環境の変化とを関連づけながら考えていく。

1　メディアと流行現象

（1）流行に関するさまざまな理論

　流行は，「一般に突然に現れ，ある一定期間しか持続しない意見や行動や，ライフスタイルや，ファッションの変化を指す」（釘原, 2011, p.113）と定義されるように，さまざまな物，行為，思想（南, 1957）が，突然，短期間の間に普及し，衰退していくことと考えられている。

　流行現象を説明する古典的な理論には，有名なものとしてタルド（Tarde,

1890/2007）の**トリクルダウン説**やジンメル（Simmel, 1911/1976）の同調と差異化の両価説がある。前者は，上層階級のファッションなどが下層階級に模倣されるというもの，後者は，流行は人々にとって他者に同調する欲求と同時に，他者との区別や差異化の欲求も満たすというものである。ジンメルやタルドの時代は，階級社会の頂点に位置する上流階級の生活様式やファッションが中産階級や下層階級の憧れの対象であり，階級のより低い層が上の階級を模倣し近づこうとする，すなわち，流行は上から下へ流れるものと考えられていた。そして，模倣された上層階級の側が下層階級と同化することを嫌がり，彼らと自分たちを差異化するために新たな様式を取り入れることで，さらなる流行が生まれると考えられていた。しかしながら，20世紀中旬以降の流行現象は，上層階級から下層階級へ流れるというような階級を前提としたものというよりも，むしろ同じ階級内で水平に拡散していくことが指摘されている（Katz & Lazarsfeld, 1955；King, 1965など）。

　流行が人々に普及していく過程を説明する有名な理論に，ロジャース（Rogers, 1962）の**イノベーター理論**がある。この理論によると，新しいモノや行動などを最初に採用するのは，全体の2.5％程度を占める革新者である。革新者がそのモノや行動を採用すると，次に全体の13.5％程度を占める初期採用者が採用するようになり，さらにそれぞれ全体の34％を占める前期追随者，後期追随者がそれに続く。初期採用者は，集団の中での**オピニオンリーダー**（第12章3節3項参照）的な存在であることが多く，周囲への影響力がもっとも大きいといわれている。それに対し，いち早く新しいモノや行動を取り入れる革新者は，社会的規範から逸脱している人たちであることも多く，オピニオンリーダーにはなりにくいといわれている。そして，革新者と初期採用者が採用し始めると，あるモノや行動などが人々の間に広まる可能性が高いとされている（Rogers, 1962/1966：図14-1）。

　しかしながら，あるモノや行動が多くの人に流行する場合もあれば，一部の人に採用されただけで消え去ってしまうものもある。このように流行する／しないを分ける要因として，イノベーター理論における初期採用者と前期追随者の間には「キャズム」という大きな壁があると論じたのが，**キャズム**

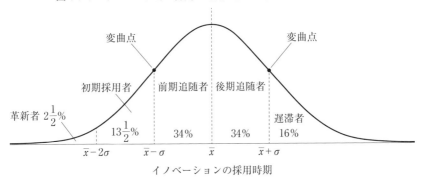

図14-1 イノベーション採用の時期に基づく採用者のカテゴリー化

(Rogers, 1962/1966より作成)

理論（Moore, 1991/2002）である。キャズム理論では，あるモノや行動が限られた人々の間にとどまるか，多数の人に採用されて大流行へと発展するかには，このキャズムを乗り越え，前期追随者に当たる人たちに受け入れられるかどうかがポイントとなると考えられている。また，イノベーター理論では，流行が普及する過程では，隣接する直前のカテゴリーの人から次のカテゴリーの人へと影響が及ぶことを想定しているが，実際の人々の影響過程では，マスメディアを通じて一気にすべてのカテゴリーの人に対して影響が及ぶといった，それ以外の経路も想定される。そのため，流行の広まりは図14-1のようなベル型の正規分布カーブではなく，最初期はゆるやかに普及するが，一定程度普及するとその普及速度が急速に上がり，さらに普及が進むと普及の伸びが鈍化し飽和状態となるロジスティック曲線的なS字カーブを描くという説も見られている（杉山，1992）。

(2) マスメディアと流行

マスメディアは，その特徴と幅広い普及，高度な発達により，流行現象と密接な関係を持つといわれてきた。川本（1981）は，マスメディアが流行に与える影響を，①流行の成立を促す作用，②流行の普及を促進させる作用，③流行を衰退させる作用の3つに整理している。また，南（1957）は，マスメディアは社会のあらゆる階層において流行を促進し，人々の間に流行を平等に広げるように見えるが，経済的条件の違いに応じたイミテーションが普

及することで，かえって階級間の違いを際立たせる作用がある，と論じている。そして，マスメディアは一般的に 1 つの流行の寿命を縮め，その回転率を高める役割を果たす一方，ベストセラー小説が映画化やドラマ化されることにより，さらに原作の小説の売り上げも伸びるといったような**メディア・ミックス**ともいえる状況が，むしろ流行の寿命を長くする可能性があることも指摘している。しかしながら，寿命を長くしようとも縮めようとも，マスメディアの発達は流行の強制力を強め，人々から自主性を奪うものであるとしている。

このように，マスメディア全盛時代の 20 世紀半ばから後半においては，流行はマスメディアが作り出し，人々はマスメディアにより「流行に流される」ものであるというイメージが強く持たれていた。

（3）メディアの発達と流行

前項にあるように，マスメディア全盛時代には，流行とマスメディアとの関係は，流行を生み出すのも，普及・衰退を促すのもマスメディアの側が優位であり，人々は流行に流される存在として捉えられていた。しかしながら，流行とマスメディアとの関係についての実証研究はあまり多くはなく，また，流行をリードする存在としてのマスメディアを否定するような研究も見られている。たとえば，川浦（1981）は，1978 年 9 月から 1979 年 12 月にかけてのゲームセンターでのインベーダーゲームの設置台数とインベーダーゲームの広告件数や新聞記事，新聞漫画で取り上げられた件数を調べている。その結果を見ると，広告件数は設置台数の伸びを追いかけるような曲線を描いており，広告件数のピークは設置台数のピークをややすぎた頃であった。また，新聞漫画や記事は，設置台数と広告件数がピークの頃に集中して現れていた。つまり，このケースでは，流行をマスメディアが後追いしていたということがわかる。

また，流行の中心的な担い手である若者のメディア利用の中心は，2000年代に入るとマスメディアから携帯電話やインターネットへ，さらに 2010年代以降はスマートフォンでのインターネットや SNS へと変化した。中島（2013）は，1994 年には若者にとっての身近なメディアは 6 割以上がテレビ

であったが，2012年にはその数値は3割弱となり，ケイタイ（携帯電話による通話，メール等）やインターネットとほぼ拮抗するようになったことを示している。2008年にiPhone3Gが日本で発売され，2010年代に入りスマートフォンの普及が進むと，若者のメディア利用の中心は一気にスマートフォンへと移行し，SNSの利用者が急増した。2020年代に入ると，平日のリアルタイムでのテレビ利用時間をインターネット利用時間が上回るようになり（総務省情報通信政策研究所，2022），2022年には趣味・娯楽に関する情報を得るために利用されるメディアとしてインターネットを挙げる人が全体で75％，10代，20代の若者では90％以上となった（総務省，2023）。そのため近年は，インターネット上での口コミにより商品やエンターテインメント作品がヒットしたり（石井，2010），SNSで話題となったモノや行動が新たな流行発生のきっかけとなるなど，ネット先行型の流行現象が多く見られるようになっている。

　この新たなメディアを中心とした流行現象は，インターネットを通じて興味・関心を同じくするさまざまな属性の人たちの間で高速に広まる可能性が高く，かつてより大規模な流行の発生が想定される一方，集約型ではないネットワークの中で発生する流行であるがゆえ，ニッチなファンの間での局所的なものにとどまることも多いと考えられる。また，インターネット上での情報の流通は高速であるがゆえに廃れるのも速く，流行がより短命化することも予想される。さらに，ネットでの流行をマスメディアが後追いすることにより，局所的な流行がより広範囲の流行へと発展したり，多くのメディアに取り上げられることにより流行が長続きする場合もあれば，マスメディアの表舞台に出ることで批判的な声にさらされたり，マスメディアでの過剰な露出が人々の間に「飽き」を生じさせ，流行の衰退がより速まることも考えられる。いずれにせよ，メディアの発達により現代の流行現象は複雑化し，その全体像を捉える理論の構築が難しくなっているといえる。

2 メディアとファン行動

（1）ファン心理とファン行動

　流行現象と深く結びついているのが，その愛好者である「ファン」である。「ファン」とは「熱心な愛好者。実際に自分がするのではなく，それらを見たり聞いたりすることが好きな人。また，ある特定の人物を熱烈に支持する人」（精選版　日本国語大辞典）と定義されている。ファン心理に関する研究は，2000年代に入るまでは，特定のスターの人気やポップカルチャー，日本特有のアイドルやプロスポーツのファンなどについて，時代背景も絡めて社会学や文化論の文脈で議論されることが多かった（小城，2019）。社会心理学の分野でも，さまざまな実証研究がなされているが，いずれも特定の対象に対するファン心理を扱ったもので，「直接的なコミュニケーションを持たず，主にマスメディアを介して知り得るタレント・アーティストを好きになる」（小城，2002）というファン心理一般の解明には至っていなかった。

　これらを受けて，2000年代以降は，特定の対象に対するファン心理を超えた一般的なファン心理やファン行動の構造を明らかにする研究が行われるようになった。たとえば，小城（2004）は，ファン心理が8因子構造であり，「作品の評価」「尊敬・憧れ」の2因子がファン心理の主軸をなすことを示した。また，川上（2005）は中高生を対象として好きな対象への気持ちとして6因子，向居ら（2016）は6因子，小城（2018）では10因子を抽出している。また，ファン行動についても，小城（2002）はファン行動が5因子構造で，「情報収集」と「作品の収集・鑑賞」がファン行動の中心であることを示し，向居ら（2016）はファン行動としてメディアでファン対象を鑑賞したり，作品を購入したりする「一般的ファン行動」，コンサートや試合などに行ったり，ファンレターを書いたりしてファン対象に働きかける「積極的ファン行動」の2因子を抽出している。さらに小城（2018）も，SNSが普及した状況を踏まえたその後の研究で，ファン行動として，ファン対象の「追っかけ」や作品を持ち歩いたりする「積極的ファン行動」とメディア経由でファン対

象を応援する「一般的ファン行動」の2因子を抽出している。

これらの研究を概観して小城（2019）は，ファン心理は「仕事」（楽曲や演技，プレーなど仕事の結果としての作品への好意），「本人」（外見や内面などの本人の魅力），「社会的共有」（流行意識やファン同士の交流）の3側面に分類されるとしている。また，ファン行動は，ファン対象をメディア経由で「鑑賞する」一般的なファン行動と，ファン対象に接近を試み，ファン対象を真似したり他の人に勧めたり，ファン同士で交流するなど「アクションする」積極的なファン行動の2側面に分けられると考えられる。

（2）メディアの発達とファン心理

2000年代前半のファン心理の研究では，その定義から，ファン対象は直接的コミュニケーションを持たない遠い世界に住む人たちであり，ファンはその姿や作品をテレビやCDなどの一方向的なメディアを通じて鑑賞するものと考えられていた。しかし，2010年代以降，SNSの発達によりかつては雲の上の存在であったファン対象とファンとの距離が一気に縮まった。SNSでファン対象がファンに語りかける投稿を行ったり，オフショットを公開したりすることで，ファンは常時，ファン対象を身近に感じることができるようになり，それに伴いファン対象に求めるものも変化してきた。またAKB48のような専用劇場を持つ「会いに行けるアイドル」やライブハウスやインターネット配信などを主な活動の場とする「地下アイドル」のようなマスメディアを介さず直接会えるアイドルの登場により，ファンとファン対象との関係性にも大きな変化が現れている。さらに，ファン対象とされる人物も，SNSで多くのフォロワーを持つ一般人のインフルエンサーが人気を博したり，インターネット上で数多くファンを有するファン対象がマスメディアではまったく見られず，必ずしも社会全般で広く認知されているわけではないという**「有名性」の乱立**（小城，2019）といった状況も生じている。

そのような状況を鑑みて，前項にもあるように小城（2018）は，時代の変化を見据えた新たなファン心理・行動尺度の構成を試みているが，ファン心理では小城（2004）で見られた「尊敬・憧れ」や「疑似恋愛感情」といった，完全無欠で手の届かないファン対象に対して恋焦がれる感情を示すような因

子が消失し，代わりに「人間性の評価」「疑似友人」「育成の使命感」といった，ファン対象を身近に感じ未熟なファン対象の成長を楽しむような因子が抽出されている。また，5つに分かれていたファン行動も，積極的ファン行動と一般的ファン行動の2つに集約され，ファン対象の種類とファン行動との組み合わせによりファンが層化されるようになった。たとえば，「疑似友人にわかファン層」のようにファン対象を友人や仲間として見立て流行に同調する形でファン行動を示す人たちや，「隠れファン層」のようにファンであることをあえて隠すような人たちも見られている。

さらに，先述の会いに行けるアイドルや地下アイドルのような**コミュニケーションアイドル**（田中，2016）との関係性では，ファンがファン対象を認知するだけでなく，ファン対象側もコミュニケーションを重ねればファン個人を認知する可能性がある。そのため，ファンは，ファン対象から「認知をもらう」ためにライブ会場に足しげく通ったり，握手会等に参加するために同一のCDを大量に購入したりして，ファン対象との直接的なコミュニケーションの機会を求めるようになった。このような状況において，ファンを動かす心理として働くのは，ファン対象から認められたいという**承認欲求**（田中，2016）であり，また「疑似恋愛感情」ではなくリアルな恋愛感情ともいえる。

このように，メディアの発達は，ファン対象とファンとの関係性を変化させたり，新たなファン対象を生み出すことにより，ファン心理やファン行動にも少なからず影響を与えているのである。

（3）進化するファン・コミュニケーション

メディアの発達は，ファン対象とファンとの関係性や，ファン対象にファンが抱く心理だけでなく，ファン同士のコミュニケーションも大きく変化させている。マスメディアが中心であった時代のファン同士のコミュニケーションは，家族や友人などの間で交わされる会話や，ファンサークルの会報誌などで募集されるペンフレンドとの手紙のやりとり，コンサート会場でのコミュニケーションなど，オフラインでのやりとりが中心であった。しかし，インターネットの発達に伴い，オフラインでは知り合いではないファン同士

がSNS等を通じて間接的にやりとりすることが増えてきた。地理的にも離れ社会的属性も異なる多くの同好の士が，SNS等のインターネットのプラットフォーム上に集うようになったことで，これまで以上に多くのファン同士が気軽にコミュニケーションをとれるようになった。それにより，かつてよりファン・コミュニティは大幅に拡大し，ファン同士の社会的関係が促進されるようになった一方で，喜怒哀楽のような感情を増幅させることも多くなっている（志岐，2021）。このようなファン・コミュニケーションでは，ファン同士がこれまで以上に強い絆を感じることがある一方，互いへの攻撃や誹謗中傷などが発生すると収集がつかなくなることもしばしば見られている。また，情報の拡散が速く，ファン対象やファンに関するネガティブな情報が一気に広がってしまうこともある。

　たとえば，SNSが発達する以前には，ファン対象に関するネガティブな情報が「怪文書」という形で流通していた（辻，2006）。怪文書とは，ジャニーズ（現・STARTO ENTERTAINMENT）事務所所属の男性アイドルのファンたちが，他のファンやアイドルを誹謗中傷するために作成したもので，主にファンサークルによる会報誌に掲載されたファンの住所宛に送られるものである。送り主は，知りうる限りのファンにその怪文書を送りつけるが，その流通範囲はファンが直接コミュニケーションをとれる間柄の人たちに限られるため，狭い範囲でとどまることも多かった。そのような怪文書は次第に，「怪メール」や「掲示板」に取って代わられつつあると辻（2006）は注記していたが，2020年代には，その流通の場が掲示板やSNSにほぼ移行しているといってよいだろう。掲示板やSNSでは，発信者は見かけ上は匿名のまま，住所やメールアドレスなどの個人情報を知らない不特定多数の人たちに向けて投稿を発信することが可能である。また，投稿を受け取った側も，手紙や電子メールに比べて簡単にその投稿を「シェア」することができるため，ひとたびその投稿の内容が流通し始めると，多くの人たちに高速かつ広範囲に広がってしまう可能性がある。また，電子ネットワーク上で拡散した情報は完全に消去することが困難なため，その内容が否定されたとしても，ことあるごとに蒸し返されたりする。そのため，これまでなら怪文書とは無縁だっ

たようなライトなファンに悪意のある裏話が伝わったり，後からファンになった人たちにも過去の悪評が伝わってしまったりすることもある。さらには，そのようなネガティブな投稿をファン対象自らが目にしたり，ファン対象に直接誹謗中傷がSNS経由で向けられることも頻発するようになり，社会問題にまで発展する事態となっている（東洋経済ONLINE，2023）。

　一方，多くのファン同士が親密にコミュニケーションをとることができるようになったことで，これまでのファン・コミュニケーションとは異なる新たな形のポジティブなファン・コミュニケーションも見られるようになっている。たとえば，ファンによる**応援広告**はその一例である。これは，ファン対象を応援したり祝ったりする広告を，駅の看板や繁華街のデジタルサイネージ，電車の車内広告などにファンが出資して掲載してもらうもので，日本国内ではオーディション番組をきっかけに増加してきたといわれている（Cheering AD，2024）。この応援広告を主導するのが，SNSを通じて集まった**ファンダム**と呼ばれる集団で，このファンダムはSNSを通じて多くのファンに呼びかけ，広告掲載のための資金を集めている。また，日本ではあまり馴染みがないが，隣国の韓国では，ファンダムがアイドルの社会貢献活動に協力するためSNSでファンに募金や署名を呼びかけたり，アイドルの名義でファンダムが寄付行為を行ったり，逆にアイドル側がファンダムの名義で寄付活動をするといったことが見られている（Urban Explorer，2022）。

　このように，メディアの発達はゆるやかに不特定多数のファン同士が結びつくことを可能にし，それに伴いファン同士のコミュニケーションの様相も変化した。そのことにより，ファン対象への新しい形でのファン行動が生み出されているといえる。

3　インターネット時代のメディアの送り手／受け手像

(1) メディアの「影響」から「相互作用」へ

　メディアの影響に関する研究は，マスメディアの効果に関するものが20世紀の初頭から行われてきた。マスメディアの効果に関する理論では，萌芽

期の**強力効果説**，1940年代から1960年代初頭に提唱された**限定効果説**，1960年代以降の**新たな強力効果説**と，時期によりその効果の大きさに対する評価が異なっている（田崎，1992）。しかしながら，限定効果説以降，送り手であるマスメディアと受け手との関係性では，受け手側の能動性が想定され，人々はマスメディアから画一的に影響を受けるのではなく，各人のニーズに合わせて情報を取捨選択したり，対人関係に利用したりする存在として位置づけられるようになった。さらに，インターネットの普及に伴い，人々の情報環境におけるマスメディアの地位が相対化し，メディアと人々との関係は送り手—受け手間の影響—被影響関係だけでなく，送り手—受け手間の相互作用を想定したものと変わりつつある。

メディア利用における能動性に最初に着目した研究は，1940年代に盛んに行われたラジオや新聞を対象とした**利用と満足**研究である。たとえば，ラジオのクイズ番組の聴取者を対象とした研究（Herzog, 1940）や，ソープオペラ（昼ドラ）のファンを対象とした研究（Herzog, 1944），さらに，新聞の効用を明らかにした研究（Berelson, 1949）などが見られている。この時期の利用と満足研究は，研究法が主観的すぎることや，調査対象者の代表性の問題などから徐々に下火となったが，1970年代に入りテレビの普及が進むと，再び注目されるようになった。

この時期の研究では，主にテレビを対象に量的な手法を取り入れ，たとえばマクウェールら（McQuail et al., 1972）は，メディアの利用動機を「気晴らし」「他者との個人的関係」「個人のアイデンティティ」「環境監視」の4つに類型化し，Rubin（1983）は，「暇つぶし・趣味」「情報」「娯楽」「仲間づきあい」「逃避」の5つに類型化している。

1990年代に入ると，インターネットを使った新しいメディアやサービスの利用動機についての研究が数多く発表されるようになり，2000年代初期は電子メール（Stafford et al., 1999など）やWebサイト（Ferguson & Perse, 2000など），2000年代後半からはSNSを対象とした研究が見られている（小寺，2009；柏原，2011；Kim et al., 2016など）。2000年代後半になると，インターネットでの動画視聴の効用に関する研究も現れてくるが，対象はその利用頻度の

高さから YouTube が中心となり，たとえば日本国内の研究では，小寺 (2012) が YouTube の効用として「利便性」「情報性」「再現性」「社交性」の 4 因子を抽出している。また，海外の研究では，YouTube の視聴動機が情報探索よりも娯楽目的である方が，他者との相互作用や共同視聴と関連があることを明らかにしたもの (Haridakis & Hanson, 2009) や，気晴らし的な娯楽目的での YouTube 視聴が YouTube への動画投稿を，情報探索目的での視聴が動画の共有やコメントを読むことを予測するということを明らかにしたものがある。ただしこれらの研究では，インターネットの最大の特徴である社会的相互作用を動画視聴の利用動機との関連から明らかにすることを試みている一方，見出された動画視聴の動機そのものは，従来のテレビと同様のものがほとんどであった。そのような状況に対し，スンダーとリンパロス (Sundar & Limperos, 2013) は，新しいメディア特有のアフォーダンスにより生み出されたことが予想される新たな満足に着目した新しいメディアの利用と満足を発見するための uses and grats 2.0 を提唱している。

この点に着目し，北村 (2019) は，モバイル端末で YouTube を見る際の状況の自由記述から，「音楽を聴きたいとき」「電車で座れたとき」「リラックスしたいとき」「興味・関心から見たいとき」「何もやることがないとき」「情報を得たいとき」という 6 つの状況を抽出している。さらに，佐々木ら (2021) は，モバイル端末によるインターネット動画全般の視聴動機として「友人間の話題・流行」「テレビの補完」「逃避・没入」「学習・環境監視」「音楽鑑賞・視聴」「リラックス」「オンライン相互作用」の 7 因子を抽出している。モバイル端末におけるインターネット動画視聴においては，動画視聴そのものから得られる効用だけでなく，いつでもどこでも視聴可能であるという特徴による動機や，動画の投稿者への働きかけや自身への反応を希求するといったオンライン上での相互作用が効用として表れていることが，テレビの視聴動機と大きく異なる点である。

このように，メディアの発達により，「メディアの影響」という観点は大きく変化し，また人々がメディアに求めるものも，実際にメディアから得られる効用も変化している。そして，メディアにおける送り手と受け手の関係

性も，送り手が受け手へ一方的に影響を与える関係から，送り手から与えられる選択肢の中から受け手が能動的に選ぶ関係，さらに送り手と受け手とが対等に相互作用する関係が想定されるようになっている。

（2）送り手と受け手の境界線の曖昧化

　マスメディア全盛時代には，エンターテインメントのコンテンツは，限られたごく少数の送り手が，テレビや雑誌といったマスメディア経由で不特定多数の受け手に向けて発信するのが常であった。一般の人々が送り手の側に回ることは稀であり，あったとしてもその到達範囲は非常に限られたものであった。しかしながら，インターネットが発達し，テキストのみならず音声や動画の配信もインターネット経由で容易にできるようになった現在，多くの一般人がYouTubeやTikTokといった動画共有SNSに動画をアップしている。2024年4月現在，日本国内でもっともチャンネル登録者数の多いYouTuberじゅんやはYouTubeの登録者数が3500万人を超えている（Yutura, 2024）。また，前節でも述べたように，近年は，テレビに登場するようなタレントやアイドルがYouTubeのチャンネルを開設し，テレビでは見せないような素顔やネタをファンの前で披露するようになった。中には，テレビからYouTubeやTikTokなどの動画共有SNSに活動の中心を移している人もおり，活動の場が多様化している。また，テレビ局やテレビ番組も積極的に動画共有SNSを活用し，公式チャンネルを通じて番組の宣伝や舞台裏などを伝えたりすることも増えている。さらに，テレビ番組がインターネットで話題となっているトピックを取り上げたり，逆にテレビで話題になったトピックがインターネット上で話題となったり，とテレビとインターネットとの間で情報が循環して拡散する過程も起きている。このように，現在は一般人であれ有名人であれ，個人が送り手にも受け手にもなりうる状況が発生し，送り手と受け手の境界が曖昧化している。

　また，テレビと動画共有SNSとの関係以外に，送り手と受け手の境界の曖昧化を象徴する現象に「同人誌」を中心とした**二次創作**がある。ここでいう同人誌とは，一般の人々が愛好者の間で共有することを目的とした既存のメディア，漫画，アニメ，ゲーム作品をベースとした二次創作の漫画や小説

や雑誌のことを指す（志岐，2021）。

　漫画やアニメなどは，これまで主にマスメディアを通じて流通するものであり，一般の人々は受け手として一方的に与えられたものを享受する立場と考えられてきた。また，送り手であるマスメディア産業と受け手である一般の人々は明確に区分されたものであり，両者の間の情報量や権力の非対称性が問題視され，一般の人々のコンテンツ生産は送り手と受け手との対立の構造の存在と受け手によるメディア産業批判という文脈から論じられてきた（平井，2014）。しかしながら，インターネットやSNSが発達した現代では，動画や作品の投稿からSNSへの書き込み，コメントといったものまで一般の人々のコンテンツ生産ともいえる活動は日常化し，そこにメディア産業への批判の視点は必ずしも含まれなくなった。そこに見られるのは，**テキストの密漁**（bootlegging：Jenkins，2013）とも呼ばれる「ポピュラーテキストを自己流に読み解き，流用する」という営みである。すなわち，一般の人々のコンテンツ生産，特に二次創作は，メディア産業の生産物を消費しつつ，それを自身の解釈に基づいて加工するという形をとり，その目的は，自身で楽しむだけでなく，愛好者同士の交流の場や趣味により結びついたコミュニティにおいて共有することも含まれる。ここでは，マスメディアで提供されたオリジナルのコンテンツは消費されるものであると同時に受け手に製作のインスピレーションを与えるものにもなる。

　二次創作の発表の場は，主にコミック・マーケットのような同人誌即売会やpixivのような作品投稿SNSであるが，コミック・マーケット，いわゆる「コミケ」は，1975年の開始当初には参加者700人であったものが，2023年12月には2日間で27万人が集うほどの大イベントへと成長している（コミックマーケット公式サイト，2024）。またpixivは，2024年1月に総登録者数が1億人を超えたという（ピクシブ，2024）。さらに，このような同人活動を通じて，メジャーデビューを果たす作家も登場するようになっている（ORICON NEWS，2017）。このように，二次創作は，一般の人々の情報発信や大規模なファン・コミュニティの形成という点のみならず，コンテンツ産業の発展という点でも看過できない影響力を持つまでに至っている。

4 メディアの変容と「新しい」集合行動

　ここまで述べてきたように，メディアの発達により，人々とメディアとの関わり方は大きく変わり，それに伴い，流行現象の起こり方やエンターテインメントを享受する環境も大きく変容している。そして，メディアコンテンツの送り手—受け手の概念が曖昧化し，送り手と受け手との関係も，送り手が受け手に一方的に影響を与える関係から，送り手と受け手とが相互作用し，これまで受け手側にいた人々が送り手側に大きな影響力を持つ場合も生じている。このような受け手の能動性を鑑みて，メディア研究やカルチュラル・スタディーズの文脈では，メディアやエンターテインメントの受け手を**オーディエンス**と表現することも多いが，近年では，さらにオーディエンスを単なる受け手ではなくコンテンツの生産者かつ消費者であるとみなす**プロデューザー**（producer + user：Bruns, 2010）という新たな概念も提出されてきている。

　誰でもが生産者になれ，場合によっては有名人にもなれる時代の到来により，新しい形のファン行動や，ファン・コミュニティが構築されつつある。その一方で，ファンのあり方やファンとしてのアイデンティティにも変容が見られつつある（大尾・鈴木, 2015）。昨今，「オタク」や「推し」という表現が日常生活の中で頻繁に使われるようになったが，かつては日陰に隠れていたエンターテインメントのファンであった「オタク」たちが，メディアの変容により可視化され市民権を得たことにより，「オタク」であることを公言するハードルが下がった一方，個々のファンの熱量には差が見られるようにもなっている（大石, 2023）。このようにメディアの発達により裾野が広がったファンとインターネットによりゆるやかにつながったファン・コミュニティを基礎としたファン行動が，今後，エンターテインメント文化の発展や新たな流行現象とどのように関わっていくのか，メディアの技術的な発達と人々のメディア利用行動，さらにはファン同士のコミュニケーション行動の変容といった観点から，注意深く見ていく必要があるだろう。

第14章　メディアと集合行動　　**231**

●おすすめ図書

松井　豊（編）（1994）．ファンとブームの社会心理　サイエンス社

李　光鎬・渋谷　明子（編著）（2021）．メディア・オーディエンスの社会心理
　　学（改訂版）　新曜社

〈コラム〉ファン心理を「抽出」する──因子分析という手法

　2節1項で，ファン心理の「因子が抽出」された，という表現が何度も登場し
てきたが，この因子を抽出する，とはどのようなことを指すのだろうか。

　社会心理学に限らず，心理学における質問紙調査では，1つの物事について複
数の質問項目で構成された「心理尺度」を用いて尋ねることが頻繁に行われる。
そして，この心理尺度では，1つひとつの質問項目それぞれが独立した意味を持
つのではなく，同様の意味合いを持つ項目をグループにまとめて，1つの概念を
測定するように構成されるのが通常である。この，同様の意味合いを持つ質問項
目をグループにまとめる方法の1つに「因子分析」という手法がある。

　「因子分析」とは，得られたデータの背後に共通して潜んでいる因子を探る分
析手法である。心理尺度の場合には，実際に用いられた質問項目に対する回答に
共通して影響を及ぼしている因子を推測し，それぞれの因子に負荷量が高い質問
項目をまとめる。この作業が「因子を抽出」するということであり，この抽出さ
れた因子に含まれた質問項目を下位尺度として使用することになる。たとえば，
2節1項で登場した小城（2018）では，もっとも好きな有名人「A」に対する態度
を問う96の質問項目から83項目を採用し（最終的には82項目），「ファンアイデ
ンティティ」（「Aは，自分の人生に強い影響を与えていると思う」「Aは，私の生活の
一部になっている」など15項目），「育成の使命感」（「Aを大きく成長させることが自
分の務めだと思っている」「Aのことを本当に理解しているのは自分だけだ」など6項目），
「作品の評価」（「Aの作品（歌・演技・プレーなど）が好きである」「Aの作品（音楽・
本・演技・プレーなど）は心に残る」など12項目），「流行への反発」（「Aには有名に
なってほしくない」「Aが流行することが嫌だ」など9項目），「人間性の評価」（「Aは
自分の目標としたい人物である」「Aのような生き方をしたい」など11項目），「ファ
ン・コミュニケーション」（「私は，他のAのファンがとても好きである」「他のAの
ファンに親近感を感じる」など8項目），「外見的魅力」（「Aの外見は，私にとって，
魅力的である」「Aの顔が好きである」など6項目），「隠れファン」（「Aのファンであ
ることは，あまり大っぴらにしたくない」「Aのことは心の中にひそかに応援しているだ
けで，他人には言いたくない」など5項目），「疑似友人」（「友だちとしてAと遊びた
い」「Aと友だちになりたい」など4項目），「流行への同調」（「Aは，知名度が高いか

ら好きだ」「Aは世間一般的に人気があるから好きだ」など6項目）の10因子を抽出している。

　このように，因子分析を行うことにより，個々バラバラと思われたファン心理を表す心的傾向がいくつかのまとまりを持った概念から構成されていることがわかり，さらに，人々のファン心理の傾向を測定したり，他の心理傾向やファン行動との関連性を分析したりする際にも，作業が簡略化され，また解釈もわかりやすいものとなるのである。

第 15 章

インターネットコミュニケーション

——CMC で変わるわたし・トモダチ・世界

　あなたが朝起きてから，学校や職場に行くまでを振り返ってみよう。目覚めとともにスマートフォンを手にし，友人・知人からメッセージが来ていないかをチェックして返信し，さらに SNS でニュースやトレンド情報，お気に入りのインフルエンサーや親友の投稿を閲覧してシェアや「いいね！」する。好きな芸能人の YouTube を見ながら朝食をとり，身支度を手早く済ませ，学校や職場の掲示板で休講や業務連絡を確認しながら家を飛び出す……このように，私たちの生活の中に，インターネットなどの電子ネットワークで接続された情報機器を介したコミュニケーション（以下，**CMC**：Computer-Mediated-Communication）は，隅々まで入り込んでいる。そして，知らず知らずのうちに，私たちの日頃の行動や対人関係に影響を及ぼし，社会現象へと発展することもある。この章では，スマートフォンの普及により，ますます発展する CMC に焦点を当て，その特徴やメリット，デメリット，CMC が人間関係に及ぼす影響について，見ていくことにする。さらに，CMC の中でも近年発達の目覚ましい SNS にも着目し，SNS によりさらに広がる人間関係や SNS 上で発生する集合的な現象についても触れ，インターネットコミュニケーションの将来像と私たちの心構えについて考えていく。

1　CMC の特徴

(1) CMC 小史

　CMC を支える技術であるインターネットの萌芽は，1969 年頃，アメリカ国防総省の援助で始まった ARPANET であるといわれており，大学や研究所のコンピュータを相互に利用するのが目的で，特に，電子メールの利用が

盛んであった（Levy, 1984/1987；川浦, 1993）。日本でのインターネットの萌芽は，1984年に東京工業大学，東京大学，慶應義塾大学の間を結んだJUNETといわれており，その後，ネットワークを通じて大学研究者の間でコミュニケーションが図られるようになった。その後，ホストコンピュータを介して人々をつなぐパソコン通信のサービスが相次いで登場し，1980年代には日本の電子会議室や電子掲示板文化をリードする存在となった。しかしながら，まだその利用範囲は狭く，パソコン通信大手の1つであったNifty-Serveでも，その最盛期の1992年の時点で利用者は41万人，20〜30代の製造業や情報技術関連の技術者やビジネスマン男性が中心で，女性の割合はわずか1割程度だったという（宮沢, 1993）。

　1990年代に入ると，インターネットが商用化され，企業間，企業と個人，さらには個人同士がインターネットでつながるようになった。1995年にWindows95の発売とともに，インターネットの普及が一気に加速し，その後，回線の高速化，携帯電話での電子メールや専用Webページ閲覧サービスの開始，2000年代後半以降のスマートフォンの登場と，技術の発展により，CMCが一般の人々にとって身近な活動となっていった。それに呼応するように，インターネットで利用できるサービスも，電子メールや電子会議室，電子掲示板から，Webページ，ブログ，SNS，メッセージ・アプリやチャット・アプリ，さらにはビデオ通話やビデオ会議システムというように，公開範囲や用途が異なるサービスが次々と生み出されていった。

　このようにCMCといっても，現在は利用可能なサービスが数多くあり，それがもたらす効用もサービスによりさまざまである。その中で本章では，主に一般の個人による対人コミュニケーションや情報発信・収集に焦点を当てて，CMCについて考えていくこととする。

(2) CMC のメリット／デメリット

　CMCは，その名の通り，コンピュータを介したコミュニケーションのため，物理的に間接的なコミュニケーションである。また，近年は音声や動画などを用いたやりとりも増加しているが，そのやりとりの中心は文字であるため，対面でのコミュニケーションでは伝わりやすい**非言語的な手がかり**や

社会的手がかりが伝わりにくい。そして，技術の発達により電子ネットワーク網が拡大し，安価で常時接続が可能となったことから，世界中の人といつでもどこでもつながれるようになった。このような CMC について，柿本(2015) は CMC の特徴を①空間的制約からの解放，②情報発信の容易さ，③社会的存在感の希薄さ，④平等性の 4 つにまとめている。それぞれの特徴には，CMC が持つメリットとデメリットが含まれている。

　まず，**空間的制約からの解放**である。従来の対面を中心としたコミュニケーションでは，人間関係を形成，維持するには，コミュニケーションの相手と物理的に同じ場所にいる必要があったため，自分と相手との空間的距離は非常に大きな制約となった。しかし，CMC でのコミュニケーションはオンライン上で行われるため，これが問題とならなくなり，遠く離れた場所にいる人とも気軽にコミュニケーションがとれるようになった。その一方で，常時接続が可能となった現在では，相手と離れた場所にいても，常時「つながる」ことを求められるようになり，それが人間関係において負担を生み出すことにもなっている。

　次に**情報発信の容易さ**であるが，CMC の発達により，一般の個人が，広範囲へニュースや論評，自身の主張などの情報発信を簡単にできるようになった。インターネットによる CMC が普及する以前は，不特定多数への情報発信は，マスメディアなどの専門家集団により，組織的に行われていた。しかし，現在では，一般の一個人がブログや電子掲示板，SNS で行った投稿は，インターネットでの接続範囲を到達可能範囲とみなすならば，物理的には日本の民放ローカルテレビ局 1 局が到達可能な範囲よりも広いことになる。このことは，人々が情報伝達・共有を通して地球市民としてゆるやかなネットワークを形成・維持していくことを可能にしたと考えられる。その一方で，専門家によるチェックや編集を経ない個々人の発する情報の信憑性は必ずしも保証されていないため，粗製乱造された情報や虚偽情報の流通も増えることになり，人々はその見極めが必要とされるようになった。

　さらに，**社会的存在感**とは，ショートら (Short et al., 1976) によると，「他者との相互作用において（受容される）他者の顕現性の程度，またその（相互

作用の）結果として起こる対人関係の顕現性の程度」とされ，簡単にいうと，やりとりの相手の存在感を感じる程度のことである。CMC は，文字でのコミュニケーションが中心であることから，対面でのコミュニケーションに比べ社会的存在感が希薄となる。そのことが，匿名性の感覚を引き起こし，話しやすさにつながる一方，誹謗中傷につながることもある。

そして，CMC は上記のように社会的存在感が薄く，相手の顔や性別，年齢や社会的地位などの社会的な手がかりが伝わりにくい**ローコンテクスト**なコミュニケーションの場であることから，実社会での経済的・社会的階層間の格差による影響力の差が小さくなりやすい。そして，発言者の属性よりも，メッセージのやりとりそのものの影響力が大きくなることから，発言者の間の**平等性**がもたらされ，現実世界では発言力が小さい人でも強力な発言力を持ちうる場合がある。しかしながら，CMC でのやりとりが長期化し現実世界の属性が明らかになると，かえってその少ない社会的属性の重みが増幅され，大きな影響を持ってしまうこともある（杉森，2001）。

2　CMC と人間関係

（1）CMC で見せる自分・見られる自分

CMC は，対面など他のコミュニケーションに比べ，送り手が「話しやすい」と感じていることが多くの研究で示されている（木村・都築，1998；都築・木村，2000；西村，2003；杉谷，2007 など）。その理由として，相手から自分が見えないという感覚である**視覚的匿名性**（三浦，2024）の高さと，非同期的コミュニケーションが可能であるということが考えられる。つまり，相手に望ましい非言語的な手がかりが伝わることを心配せずに，時間をかけてやりとり内容を編集できることが，話しやすさにつながっているのである。

このことは，自分自身について語ることにも当てはまり，CMC では「本当の自己」（Bargh et al., 2002）をありのままに表現しようとする**自己開示**が促進されることが示されている。たとえば，ジョインソン（Joinson, 2001）は，ジレンマを伴うテーマについてコンピュータのチャット上で会話する CMC

条件と対面条件とを設定したところ，CMC 条件では対面条件に比べ，会話の全体量が少ないにもかかわらず，自分の年齢などテーマに関係のない自己開示が多く生じていたことを示している。また，フェリター（Ferriter, 1993）では，2 種類のカウンセリング場面（非構造化インタビューと多肢選択式構造化インタビュー）を，対面と CMC で比較したところ，どちらのカウンセリングでも，CMC の方がインタビュー内容と事実との相違が少なく，より率直な発言が得られていた。さらに，CMC での会話は，自分自身が本当の自己を示しやすいだけでなく，コミュニケーションの相手にも本当の自己の姿が伝わりやすいことも示されている。バージら（Bargh et al., 2002）では，実験参加者に普段の自己と本当の自己についての性格特性語をリストアップしてもらった後，インターネットのチャットまたは対面状況で他の実験参加者と会話してもらい，最後に相手から自分のことを評価してもらった。その結果，本当の自己については，チャット条件の方が自己評価と相手からの評価が一致しやすいことが示された。

　また，CMC はその非言語的な手がかりや社会的手がかりの少なさから，「偽りの自己」も演じやすいと考えられる。CMC は視覚的匿名性が高く，嘘をついているかどうかが伝わる表情やしぐさなどを相手に気づかれることがないため，嘘がばれないようにするために割かなければならない認知資源が少なくなる。コーンウェルとラングレン（Cornwell & Lundgren, 2001）は，恋愛関係を語り合う場における対面と CMC の比較調査の結果から，詐称行動の発生率が，年齢や身体的特徴に関して，対面よりも CMC で相対的に高い傾向を見出している。すなわち，自分の魅力度に影響する内容で視覚的に隠すことが難しい点において，CMC では嘘をつきやすいことが示された。ブログで自分自身の顔写真を示さずに家庭的な女性像を演じ，結婚詐欺を働いた例などは，これを悪用した最たる例だろう（村山, 2015）。

　また，虚偽の自己像を伝えるのとは若干異なるが，他者に対してネガティブなイメージを持たれないために戦略的に**自己呈示**を行う場として，CMC が選ばれやすいことも示されている。たとえば，オサリバン（O'Sullivan, 2000）では，大学生が自分の交際相手とやりとりする際に，自分にとって都

238　第3部　「メディア社会」に生きる私たち

合の悪い情報を告白する場面では，自慢したり相手を褒めたりする場合に比べ，対面でのコミュニケーションよりもメディアを介したコミュニケーションを選びやすいことが示されている。

（2）親密な人間関係と CMC

　すでに古典ともいえるクラウトら（Kraut et al., 1998）の研究では，インターネットの利用が対人関係や精神的健康に及ぼす影響を2年間にわたる3回の追跡調査で検討し，インターネットの利用量が多い人ほど，家族とのコミュニケーションなどが減少し，孤独感や抑うつなどの精神的健康が悪化していることを示した。しかも，参加者によるインターネットの利用は，主として電子メールの送受信などのように他者とのコミュニケーションのためのものであった。これらの結果を総合し，クラウトら（Kraut et al., 1998）は，人と人とをつなぐ役割を果たすインターネットが，むしろ人々の結びつきを希薄化していたという**インターネット・パラドックス**と呼ばれる状況が生じていると主張した。

　しかし，その後，インターネット・パラドックスを再検討した調査で異なる結果が得られるようになり（McKenna & Bargh, 1998 など），クラウトら（Kraut et al., 2002）が行った追跡調査では，最初の調査で見られていたインターネットの利用が対人関係に及ぼすネガティブな影響が消えていることが示された。さらに，インターネットの利用者自身の性格特性を見ると，内向的な人，また日常生活でソーシャル・サポート（道具的・情緒的サポート，コンパニオンシップ，承認）が低い人にとっては，インターネットを利用するほど，対人関係や精神的健康にネガティブな影響を及ぼしていた。しかしソーシャル・サポートが高い人や外向的な人にとっては，インターネットを利用するほど，家族や友人との関わりが促進したり孤独感が低下するなどのポジティブな影響があることが示された。

　このような結果について，クラウトら（Kraut et al., 2002）は，時間の経過とともにインターネット環境そのものが変化してきたことを原因として指摘している。すなわち，CMC を行う環境が豊かになったことで，オンライン上で親密な他者との交流がより簡単になり，オンライン上での行動と実際の

社会生活での行動とのより良いつながりが促進され，対人関係や精神的健康にポジティブな影響を及ぼすようになったと考えられる。

　しかしながら，CMC を行う環境が「豊か」になったことは親密な対人関係にポジティブな影響を与えるばかりではない。たとえば，近年は，モバイルメディアの発達やスマートフォンの普及により，文字ベースの CMC でも同期的で社会的手がかりを伝えやすいコミュニケーションが可能となってきた。そのことが「返信のタイミング」という新たな課題を CMC に生じさせている。特に，日本では普及率の高い LINE では，既読機能というメッセージを読んだか否かが相手に伝わる機能が備わっている。もともとは非常時の安否確認をメッセージに返信しなくてもできるよう作られた機能であったが，日常のコミュニケーションでは，この機能が返信やメッセージを読むことに対するプレッシャーを常に感じさせることになり，多くの若者が LINE でのコミュニケーションに対する疲れを感じているという（産経新聞，2013）。また，LINE では，クローズドな集団におけるオンラインでのグループトークがこれまで以上に簡単になったことで，グループ内での返信を待つ間や，すぐに返信ができないことによりネガティブな感情が生じることも示されている。加藤ら（2018）では，LINE の返信が届かない状況でネガティブな感情が生じる人は，LINE の返信が来ないことに不安を感じやすく，LINE でしか本心を伝えられないなどの性格的な特徴があることを示している。また，宇宿ら（2019）では，人間関係の構築・維持のために LINE を重視する傾向が強い人ほど，グループ LINE で返信できないことでネガティブな感情を感じるまでの時間が短いことが示されている。このように，親密な間柄での CMC の利用が常時化し，それへの依存度が高まることにより，かつての CMC が持っていたメリットが損なわれ，精神的健康にネガティブな影響を及ぼしてしまう可能性も示唆される。

（3）CMC で広がる人間関係

　1 項にあるように，CMC は話しやすく，自己開示しやすいというメリットがあるが，その結果，対面でのコミュニケーションに比べ，初対面の相手と親密な関係を築くことができる可能性があることを示す研究もある。ワル

サー（Walther, 1995）の実験では，初対面の3人組グループで対面かCMCか
いずれかの形でコミュニケーションを5週間，3回にわたって行ってもらっ
たところ，CMCで議論を行った参加者の方が対面で行った参加者よりも，
3回とも第三者の評定でより好意的で社会的であったと評価された。また，
ティドウェルとワルサー（Tidwell & Walther, 2002）では，初対面の2人に対
面状況かCMCで会話させる実験を行い，そこで交わされた発話内容を分類
したところ，CMCの方が相手に対する質問の内容や自己開示が直接的で親
密であることが示された。

　このような，社会的手がかりが少ないCMCにおいて，対面状況よりも相
手と親密な関係を築くことができる現象を，ワルサーは**ハイパー・パーソナ
ル・モデル**として提唱した（Walther, 1996）。このモデルでは，CMCで親密
な対人関係が深まる要因として，①相手に選択的な自己呈示ができることに
より自分にとって望ましい自己像を示し，望ましくない自己像を隠すことが
できること，②相手に関する情報の欠如を，集団アイデンティティやステレ
オタイプなどを用いて理想化した形で埋め合わせること，③コミュニケー
ションチャネルの管理が可能であることから，相手に伝わるメッセージを十
分に吟味できること，④互いに理想的な自己呈示を行うことで相手に対する
好意度が高まり，好ましい相手に好かれようとさらに自己呈示を行うことで
互いに好意度が高まる循環的なフィードバックが形成されることを挙げてい
る。

　また，マッケナとバージ（McKenna & Bargh, 1998）では，世の中で存在自
体が隠されがちなマイノリティ（同性愛やSM愛好など）が集うインターネッ
ト上のニュースグループへの参加者を対象にした調査で，このようなグルー
プの人たちは，世の中で可視化できるマイノリティ（肥満や脳性麻痺など）が
集まるグループや主流のグループと異なり，投稿数も多く，投稿に対する
フィードバックもポジティブであることが示された。また，投稿することが
社会的孤立を低め，自身のグループとしてのアイデンティティを高め，自己
受容や周囲へのカミングアウト行動を促進し，グループメンバー同士が仲良
くなることが示されている（**脱周辺化過程モデル**：図15-1）。

図 15-1　ニュースグループへの参加によるマイノリティアイデンティティの脱周辺化過程モデル

(McKenna & Bargh, 1998 より筆者作成)

　このように，CMC は既存の人間関係を強化するだけでなく，見ず知らずの初対面の人たちを親密にし，さらに，対面ではなかなか知り合うことのできない人たちの間での良好なコミュニケーションやマイノリティの人々の自己受容を促進する機能があることも示されている。しかしながら，CMC により人間関係が豊かになる人とそうでない人，そういう状況とそうでない状況とがあり，それが個人の性格特性やソーシャル・サポートの量の違いに左右される，という説も唱えられている（Kraut et al., 2002；McKenna et al., 2002 など）。さらに SNS が普及した現代において，その様相は複雑化していると思われる。この点は，3 節 2 項において詳述する。

3　SNS におけるコミュニケーション

(1) SNS がもたらすもの

　SNS とは，「ソーシャル・ネットワーキング・サービス」の頭文字をとったものとして認識されているが「ソーシャル・ネットワーク・サイト」の略語とする場合もある（boyd & Ellison, 2007）。北村（2023）によると，「ネットワーキング」とする場合には，未知の他者同士の関係を開始・形成していくことに重点が置かれ，「ネットワーク」とする場合には利用者がオフラインでの既存のソーシャル・ネットワークをオンライン上で明確・可視化できることを強調することになるという。このように SNS には，新たな人間関係

を広める機能と既存の人間関係を強化・維持する役割の両方が備わっているといえる。北村（2023）は，SNS の特徴とそれがもたらすものを，①カスタマイズ可能性と情報発信可能性の高さ，②永続的個人化，③対人コミュニケーションとマス・コミュニケーションの境界線の溶解，④オンラインとオフラインの重なりの選択性，⑤解放されたオンライン・コミュニティ，の 5 つの観点から述べている。

カスタマイズ可能性とは，利用者の需要やニーズに応じて情報環境を選択できることを指し，**情報発信可能性**とは，利用者がそのメディアを通じて情報を受け取るだけでなく，情報発信者にもなりうることを指す。これは CMC 全般の特徴でもあるが，SNS では個人による情報発信がより簡単になっていることから，これらの特徴がより強く現れている。

また，SNS では，各個人は自分のプロフィールと自分とつながりのある人たちのリストを持っている。**永続的個人化**とは，そのアカウントで登録した情報やそれまでの利用情報に応じてアカウントごとに異なる内容が表示される仕組みのことを指す（Schafer et al., 2001）。SNS の場合，利用者が自らの意思で選択した個人化と，推奨アルゴリズムによる自動的個人化の両方が含まれてくる。また，SNS ではその発信者が個人のみならず企業や組織の公式アカウントやテレビ局や新聞社がニュースを発信するアカウントもあり，個人ユーザーがつながる対象は個人とは限らなくなっている。また，個人が発信する投稿も，ニュースの共有であったり，口コミやマスコミでは流れていない裏情報であったりするため，個人の投稿にニュース的な情報価値が与えられることも起きている。

さらに，SNS は川上ら（1993）が**情報縁**と呼んだオフラインで形成されるものとは異なる縁を結ぶ場として，オフラインとは独立した対人関係が形成される場として機能する一方，既存のオフラインでの人間関係をそのまま持ち込み，維持・強化する機能も持つ。また，既存の人間関係に基づいたオンライン・コミュニティにおいて，共通の知人を介して未知の人同士が知り合いとなるなど，その両者が重なり合うこともありうる。

そして，SNS では，メーリングリストや，電子掲示板，チャットグルー

プなどのオンライン・コミュニティのように参加者全員が，共通する内容に接触したり，同じ場に集ったりするのではなく，自分専用の場であるタイムラインやニュースフィードを通じて参加する。そこにはSNS上での自分のつながりによってカスタマイズされた情報のみが表示される。したがって，同じサービス上のネットワークに属しながら，他者とは異なる情報へと接触する状況が生み出されている。このことを，北村ら (2016) は，SNSは**ネットワーク化された個人主義** (Rainie & Wellman, 2012) が当てはまる**解放されたオンライン・コミュニティ**として捉えられるとしている。

（2）SNSと社会関係資本

SNSは社会的ネットワークに関わるサービスであることから，**社会関係資本**の観点からの研究も多く行われてきた。社会関係資本とは，「個人間のつながり，すなわち社会的ネットワーク，およびそこから生じる互酬性と信頼性の規範」 (Putnum, 2000/2006, p.14) と定義されており，簡単にいうと，人と人との関係性を資本として考え，互いに信頼し合い，利益を与え合う個々人の関係性，さらには社会的ネットワークを持っているかどうかということを指す。

SNSと社会関係資本の関係については，エリソンら (Ellison et al., 2007) の大学生を対象としたFacebook研究が有名である。エリソンらは社会関係資本を「結束型」（同質的で緊密性の高いつながりを反映したもので，感情的なサポートが得られる関係），「橋渡し型」（外部に開かれた弱い紐帯を反映したもので，有益な情報や新たな視点などが得られる関係），「維持型」（以前に属していた社会集団やコミュニティからサポートが得られるよう維持している関係）の3種類に分けたが，これらがすべてFacebookの利用度合いと有意な正の関係にあることが示されている。また，エリソンらは自尊心や生活満足感の低い学生で，Facebookの利用が橋渡し型社会関係資本を高める効果が大きくなることを示した。

CMCの利用と対人関係については，クラウトら (Kraut et al., 2002) が，インターネットの普及が進んだことで，日常生活で社会関係資本が多い人たちがインターネットの利用によってそれらをより増やすことができるという**社会的拡張仮説**（富める者がますます富む仮説）を提唱しているが，エリソンらの

研究結果は，自尊心の低い者がFacebookを利用することで橋渡し型社会関係資本に関する格差を縮小させているという点で，それとは逆の**社会的補償仮説**（窮する者が富む仮説）を支持している。この社会的補償仮説と社会的拡張仮説とは一見，相反するように見えるが，SNS利用においては両立可能ということを示す研究もある（Zywica & Danowski, 2008）。特に，自尊心が高く外向的な人はSNSの利用によりさらに現実での社会関係資本を増強する一方，自尊心が低く内向的な人でも，SNSで本当の自己を表現し，現実世界とは違う交友関係を広げる努力をすることで，オンライン上で社会関係資本を充実させることができることが示唆されている。

　また，人間関係を社会関係資本の基礎とみなすとするならば，SNSにおける人間関係において，近年，しばしば問題となるのが，フィルターバブル（第12章3節2項，第13章3節3項参照）とエコーチェンバー（第13章3節3項参照）と呼ばれる現象である。**フィルターバブル**とは，過去の検索履歴や位置情報といった利用者情報に基づいて推奨アルゴリズムが利用者の好む情報を自動的に推測し提示する結果，自身の視点や関心に合わない情報から切り離され，自身の好む情報だけに接触することを表す造語である（Pariser, 2011/2016）。他方，**エコーチェンバー**とは，賛同できるメッセージが増幅され反響するとともに反対意見から隔離される可能性のある閉じられた情報環境を表す言葉である（Jamieson & Cappella, 2008）。フィルターバブルは，自動的個人化の影響を受けて各個人が接触する情報が偏ることを強調し，エコーチェンバーは自らが選んだ情報環境において，接触する情報の偏りとともに自身と類似した人々とのつながりばかりが強化されることを強調する点で，意味合いはやや異なっている。いずれにせよ，SNSがそうした情報環境であると，SNS上ではすでに同意している意見・メッセージにしか遭遇せず，SNSを使い続けることでそうした情報がすべてであると信じることになりかねず，社会関係資本を豊かにする妨げとなりうる。

　しかしながら，SNSにおけるエコーチェンバーは，強調されすぎているという見方もある。たとえば，政治関心の高い人や多様なメディア利用習慣を持つ人はエコーチェンバーを避ける傾向があることがイギリスの調査研究

で示されている（Dubois & Blank, 2018）。人々は情報をあるメディアだけに頼っているわけではなく，また，求める情報ごとに利用するメディアも使い分けているだろう。そのようなメディアの使い分けにより，人々はエコーチェンバーを回避できる可能性があるとも考えられる。

（3）SNS における虚偽情報・誹謗中傷とその対応

SNS において問題となる現象のもう 1 つの側面は SNS に虚偽情報や誹謗中傷があふれ，人々が悪影響を受けているのではないか，ということである。虚偽情報については**フェイクニュース**という言葉が 2016 年のアメリカ大統領選挙をきっかけに有名になったが，この言葉は現在では，インターネット上で流通するニュース記事の体裁をとった真偽不明な情報全般を指している。フェイクニュースには，単なる誤報も意図を持って流された偽情報も両方含まれる可能性があるが，フェイクニュースの問題は，真偽不明の情報や悪意ある情報を発信する送り手やそのような情報が簡単に流通してしまうシステムとともに，人々が真偽不明の情報を信じてしまう心的メカニズムにもあると考えられる。

フェイクニュースを人々が信じてしまう心的メカニズムとしては，自分の仮説や信念，態度に合致する情報を正しいと信じ，それに合致する情報ばかりを探してしまう**確証バイアス**（第 2 章 2 節 1 項参照）や，真偽の判断に客観的証拠が利用できない話題について他者の意見分布を参照し，多数派の意見を正しいと信じてしまう**情報的影響**（第 8 章 1 節 4 項参照）が挙げられる（北村，2023）。SNS の情報に接する際にこれらの心的メカニズムが働くと，自身の意見とは異なる情報に「フェイクニュース」とレッテルを貼り，また，多くの人々が「いいね！」やリツイートをしている情報を，真偽を確かめずに真実と信じ込んでしまうことが起きてしまう。また党派性の強い人ほど，外集団からの情報を自身の意見と合致しないものとして敵対的に認知したり（Reid, 2012），自身はフェイクニュースに騙されないが，世の中の人はフェイクニュースに影響されてしまうと認知する傾向が示されている（Jang & Kim, 2018）。これは，マスメディアの影響が自分よりも他者に対して大きいとする**第三者効果**（Davison, 1983）が，フェイクニュースについても働いていると

いえる。このように，SNS上でのフェイクニュースには，SNS上で虚偽情報があふれていること以上に，受け手自らがフェイクニュースを心の中で作り上げてしまっている，という側面も存在するのである。したがって，フェイクニュースからの悪影響を防ぐには，このような心的メカニズムの存在を理解しておく必要があるだろう。

　また，SNS上での誹謗中傷については，その苛烈さから被害者の生活の安寧が失われ，場合によって被害者が自死するなど，社会問題化している(BBCNEWS JAPAN, 2020)。CMCは，まだ電子メールが中心であった時代から，その社会的手がかりの少なさから，コミュニケーション行動を逸脱的で攻撃的なものへと変容させるということが示されていたが (Sproull & Kiesler, 1986 ; Siegel et al., 1986)，SNSにおいては，その攻撃対象が見も知らぬ人や有名人にまで拡大し，誰しもがSNS上での**炎上**の被害者にも加害者にもなりうる状況となった。

　しかしながら，このSNS上における炎上へ直接的に加担する人は，実はあまり多くないということを示す研究もある。田中と山口 (2016) は炎上を「ある人物や企業が発信した内容や行った行為について，ソーシャルメディア上に批判的なコメントが殺到する現象」(p.5) と定義し，2014年に2万人規模の調査を行ったが，その結果，炎上に書き込んだことがある人は1％を超える程度であることを示した。その一方で炎上を見聞きしたことがあるという人は90％超えており，その中でも70％を超える人は「炎上を聞いたことはあるが見たことはない」という人たちであった。すなわち，私たちの大多数は，炎上の直接的な参加者ではないが，その存在をメディア経由や人づてに知っている，という状況ともいえるのである。とはいえ，SNSの利用者は今や日本国民の70％近くに達し，人々に欠かせないメディアとなりつつあり (総務省, 2022)，たとえ参加者がわずかであってもその絶対数はかなりの数になりうる。また，実害が発生している以上，看過することはできない。

　また，SNS上での炎上は，匿名でない人の方が攻撃的であったり (Rost et al., 2016)，多数の人が炎上に参加しているのを目にするほど，実際に自身が

参加する際にはより攻撃的になったりする（Johnen et al., 2018）など，多数派が容認しているという集団規範的な影響を受けていることも示されている。

インターネット上で誹謗中傷に対応するための政策提言や法整備は進められてきてはいるが（総務省, 2020；NHKWEB, 2024），いまだに十分とはいえない。そのような中，私たち自身が炎上の被害を少しでも減らしていくためには，自身が誹謗中傷を行わないことは当然であるが，「炎上に加担してもよい」という雰囲気に流されない，ということも重要なのである。

4　これからのインターネットコミュニケーション

インターネットの発達により，2022年には日本におけるブロードバンドの世帯カバー率は99.8％となり（総務省, 2024），CMCはブロードバンド接続をベースとしたデバイスで行うものになった。その結果，かつては文字が中心であったCMCでも，映像や音声も簡単に交換できるようになり，いつでもどこでも社会的手がかりの「濃い」コミュニケーションをとれる環境が整いつつある。特に近年，Zoomに代表されるような対面機能のある遠隔コミュニケーション（**リモート対面**：岡本, 2023）が急速に普及し，2020年から続いたコロナ禍を経て，ビジネスの現場や教育現場，さらにはレジャーやエンターテインメントの分野においても，必須のツールにまで成長している。

このようなリモート対面の発展により，これまで文字ベースであったCMCや対面コミュニケーションがすべてリモート対面で代替されるようになるか，といえば，おそらくそうはならないであろう。リモート対面には，これまでの文字ベースのCMCとも対面コミュニケーションとも異なるメリットやデメリットがあり，特に**Zoom疲れ**（Bailenson, 2021；久保, 2022）と呼ばれるようなリモート対面特有のデメリットも指摘されている。リモート対面では，コミュニケーションの最中にカメラをオンにすると相手とずっと目線を合わせる必要を感じたり，画面上に映る自分自身の姿を見ることで内省が進みすぎてしまったり，非言語的手がかりが中途半端にしか伝わらないことで，言語情報と非言語的手がかりとのバランスに苦慮したりするという

ことが起こりうる。このようなことが疲労感につながるというのである。

　今後，インターネットはますます発展することはあれど，後退することはないであろう。これまで多くのメディアが登場し，新たなメディアの登場により，衰退したり消滅したり，またその役割を変化させて生き延びたりしてきた。CMC で用いられるメディアやサービスも，今後，ますます進化し，あるものは大いに普及し，あるものは消失し，あるものは姿形を変えながら，人々がその用途に合わせて使いこなしていくことになるであろう。

●おすすめ図書

ウォレス, P.　川浦 康至・和田 正人・堀 正（訳）(2018). 新版　インターネットの心理学　NTT 出版

北村 智・佐々木 裕一・河井 大介 (2016). ツイッターの心理学——情報環境と利用者行動——　誠信書房

引用・参考文献

第 1 章

Baldwin, M. W. (1992). Relational schemas and the processing of social information. *Psychological Bulletin, 112* (3), 461-484.

Bem, D. J. (1972). Self-perception theory. In L. Berkowitz (Ed.), *Advances in Experimental Social Psychology, Vol.6* (pp. 1-62). Academic Press.

Carpenter, S. L. (1988). Self-relevance and goal-directed processing in the recall and weighting of information about others. *Journal of Experimental Social Psychology, 24* (4), 310-332.

Conway, M., & Ross, M. (1984). Getting what you want by revising what you had. *Journal of Personality and Social Psychology, 47* (4), 738-748.

Cousins, S. D. (1989). Culture and self-perception in Japan and the United States. *Journal of Personality and Social Psychology, 56* (1), 124-131.

Dunning, D., Meyerowitz, J. A., & Holzberg, A. D. (1989). Ambiguity and self-evaluation: The role of idiosyncratic trait definitions in self-serving assessments of ability. *Journal of Personality and Social Psychology, 57* (6), 1082-1090.

Fazio, R. H., Effrein, E. A., & Falender, V. J. (1981). Self-perceptions following social interaction. *Journal of Personality and Social Psychology, 41* (2), 232-242.

Festinger, L. (1954). A theory of social comparison processes. *Human Relations, 7* (2), 117-140.

Festinger, L. (1957). *A Theory of Cognitive Dissonance*. Stanford University Press.［フェスティンガー, L. 末永 俊郎（監訳）(1965). 認知的不協和の理論 誠信書房]

Festinger, L., & Carlsmith, J. M. (1959). Cognitive consequences of forced compliance. *Journal of Abnormal and Social Psychology, 58,* 203-210.

Higgins, E. T. (1987). Self-discrepancy: A theory relating self and affect. *Psychological Review, 94* (3), 319-340.

Higgins, E. T. (1997). Beyond pleasure and pain. *American Psychologist, 52* (12), 1280-1300.

北山 忍 (1998). 自己と感情――文化心理学による問いかけ―― 共立出版

Leary, M. R., & Baumeister, R. F. (2000). The nature and function of self-esteem: Sociometer theory. In M. P. Zanna (Ed.), *Advances in Experimental Social Psychology, Vol.32* (pp. 1-62). Academic Press.

Leary, M. R., & Downs, D. L. (1995). Interpersonal functions of the self-esteem motive: The self-esteem system as a sociometer. In M. H. Kernis (Ed.), *Efficacy, Agency, and Self-esteem* (pp. 123-144). Plenum Press.

Leary, M. R., & Kowalski, R. M. (1990). Impression management: A literature review and two component model. *Psychological Bulletin, 107,* 34-47.

Lockwood, P., & Kunda, Z. (1997). Superstars and me: Predicting the impact of role models on the self. *Journal of Personality and Social Psychology, 73* (1), 91-103.

Markus, H. (1977). Self-schemata and processing information about the self. *Journal of Personality and Social Psychology, 35* (2), 63-78.

Markus, H., & Nurius, P. (1986) Possible selves. *American Psychologist, 41,* 954-969.

Markus, H., & Smith, J. (1981). The influence of self-schema on the perception of others. In N. Cantor & J. F. Kihlstrom (Eds.), *Personality, Cognition and Social Interaction* (pp. 233-262). Laurence Erlbaum Associates.

Markus, H., & Wurf, E. (1987). The dynamic self-concept: A social psychological perspective. *Annual Review of Psychology, 38,* 299-237.

Markus, H., Crane, M., Bernstein, S., & Siladi, M. (1982). Self-schemas and gender. *Journal of Personality and Social Psychology, 42,* 38-50.

McFarland, C., & Ross, M. (1987). The relation between current impressions and memories of self and dating partners. *Personality and Social Psychology Bulletin, 13* (2), 228-238.

Pelham, B. W. (1995). Self-investment and self-esteem: Evidence for a Jamesian model of self-worth. *Journal of Personality and Social Psychology, 69* (6), 1141-1150.

Savitsky, K., Epley, N., & Gilovich, T. (2001). Do others judge us as harshly we think? Overestimating the impact of our failures, shortcomings, and mishaps. *Journal of Personality and Social Psychology, 81* (1), 44-56.

Schlenker, B. R., & Leary, M. R. (1982). Social anxiety and self-presentation: A conceptualization model. *Psychological Bulletin, 92* (3), 641–669.

Sedikides, C., & Strube, M. J. (1997). Self-evaluation: To thine own self be good, to thine own self be sure, to thine own self be true, and to thine own self be better. In M. P. Zanna (Ed.), *Advances in Experimental Social Psychology, Vol.29* (pp. 209–269). Academic Press.

Swann, W. B., & Read, S. J. (1981). Self-verification processes: How we sustain our self-conceptions. *Journal of Experimental Social Psychology, 17* (4), 351–372.

高田利武 (1993). 青年の自己概念形成と社会的比較——日本人大学生にみられる特徴—— 教育心理学研究, *41* (3), 339–348.

Taylor, S. E., & Brown, J. D. (1988). Illusion and well-being: A social psychological perspective on mental health. *Psychological Bulletin, 103*, 193–210.

Tedeschi, J. T., & Norman, N. (1985). Social power, selfpresentation, and the self. In B. R. Schlenker (Ed.), *The Self and Social Life* (pp. 291–322). McGraw-Hill

Tesser, A. (1988). Toward a self-evaluation maintenance model of social behavior. In L. Berkowitz (Ed.), *Advances in Experimental Social Psychology, Vol.21. Social Psychological Studies of the Self: Perspectives and Programs* (pp. 181–227). Academic Press.

Tice, D. M. (1992). Self-concept change and self-presentation: The looking glass self is also a magnifying glass. *Journal of Personality and Social Psychology, 63* (3), 435–451.

Trope, Y. (1980). Self-assessment, self-enhancement, and task preference. *Journal of Experimental Social Psychology, 16* (2), 116–129.

Wilson, T. D., Lisle, D. J., Schooler, J. W., Hodges, S. D., Klaaren, K. J., & LaFleur, S. J. (1993). Introspecting about reasons can reduce post-choice satisfaction. *Personality and Social Psychology Bulletin, 19* (3), 331–339.

第２章

Ackerman, J. M., Nocera, C. C., & Bargh, J. A. (2010). Incidental haptic sensations influence social judgments and decision. *Science, 328*, 1712–1715.

Anderson, N. H. (1965). Averaging versus adding as a stimulus-combination rule in impression formation. *Journal of Experimental Psychology, 70*, 394–400.

Anderson, N. H. (1971). Integration theory and attitude change. *Psychological Review, 78*, 171–206.

Asch, S. E. (1946). Forming impressions of personality. *Journal of Abnormal and Social Psychology, 41*, 258–290.

Banaji, M. R., Hardin, C., & Rothman, A. J. (1993). Implicit stereotyping in person judgment. *Journal of Personality and Social Psychology, 65*, 272–281.

Bargh, J. A., & Pietromonaco, P. (1982). Automatic information processing and social perception: The influence of trait information presented outside of conscious awareness on impression formation. *Journal of Personality and Social Psychology, 43*, 437–449.

Bodenhausen, G. V., Kramer, G. P., & Süsser, K. (1994). Happiness and stereotypic thinking in social judgment. *Journal of Personality and Social Psychology, 66*, 621–632.

Brewer, M. B. (1988). A dual process model of impression formation. In T. K. Srull, & R. S. Wyer, Jr. (Eds.), *Advances in Social Cognition, Vol.1* (pp. 1–36). Lawrence Erlbaum Associates.

Cohen, C. E. (1981). Person categories and social perception: Testing some boundaries of the processing effect of prior knowledge. *Journal of Personality and Social Psychology, 40*, 441–452.

Darley, J. M., & Gross, P. H. (1983). A hypothesis-confirming bias in labeling effects. *Journal of Personality and Social Psychology, 44*, 20–33.

Devine, P. G. (1989). Stereotypes and prejudice: Their automatic and controlled components. *Journal of Personality and Social Psychology, 56*, 5–18.

Fein, S., & Spencer, S. J. (1997). Prejudice as self-image maintenance: Affirming the self through derogating others. *Journal of Personality and Social Psychology, 73*, 31–44.

Fiske, S. T., & Dépret, E. (1996). Control, interdependence and power: Understanding social cognition in its social context. *European Review of Social Psychology, 7*, 31–61.

Fiske, S. T., & Neuberg, S. L. (1990). A continuum of impression formation from category-based to individuating processes: Influences of information and motivation on attention and interpretation. In M. Zanna (Ed.), *Advances in Experimental Social Psychology, Vol.23* (pp. 1–74). Academic Press.

Gilbert, D. T., & Hixon, J. G. (1991). The trouble of thinking: Activation and application of stereotypic beliefs. *Journal of Personality and Social Psychology, 60*, 509–517.

Greenwald, A. G., McGhee, D. E., & Schwartz, J. L. K. (1998). Measuring individual differences in implicit cognition: The implicit association test. *Journal of Personality and Social Psychology*, *74*, 1464-1480.

Higgins, E. T., Rholes, W. S., & Jones, C. R. (1977). Category accessibility and impression formation. *Journal of Experimental Social Psychology*, *13*, 141-154.

池上　知子・川口　潤（1989）. 敵意語・友好語の意識的・無意識的処理が他者のパーソナリティ評価に及ぼす影響　心理学研究, *60*, 38-44.

Kelley, H. H. (1950). The warm-cold variable in first impressions of persons. *Journal of Personality*, *18*, 431-439.

北村　英哉（2013）. 社会的プライミング研究の歴史と現況　認知科学, *20*, 293-306.

Macrae, C. N., Bodenhausen, G. V., Milne, A. B., & Jetten, J. (1994). Out of mind but back in sight: Stereotypes on the rebound. *Journal of Personality and Social Psychology*, *67*, 808-817.

Macrae, C. N., Milne, A. B., & Bodenhausen, G. V. (1994). Stereotypes as energy-saving devices: A peek inside the cognitive toolbox. *Journal of Personality and Social Psychology*, *66*, 37-47.

内閣府政府広報室（2023）.「男女共同参画社会に関する世論調査」の概要. (https://survey.gov-online.go.jp/r04/r04-danjo/gairyaku.pdf, 2024/7/30 最終閲覧)

Neuberg, S. L. (1989). The goal of forming accurate impressions during social interactions: Attenuating the impact of negative expectancies. *Journal of Personality and Social Psychology*, *56*, 374-386.

Neuberg, S. L., & Fiske, S. T. (1987). Motivational influences on impression formation: Outcome dependency, accuracy-driven attention, and individuating processes. *Journal of Personality and Social Psychology*, *53*, 431-444.

坂元　章（1995）. 血液型ステレオタイプによる選択的な情報使用　実験社会心理学研究, *35*, 35-48.

Todorov, A. (2017). *Face Value: The Irresistible Influence of First Impressions*. Princeton University Press.［トドロフ, A.　中里　京子（訳）作田　由衣子（監修）(2019). 第一印象の科学――なぜヒトは顔に惑わされてしまうのか？――　みすず書房］

Williams, L. E., & Bargh, J. A. (2008). Experiencing physical warmth promotes interpersonal warmth. *Science*, *322*, 606-607.

第3章

Cosmides, L. (1989). The logic of social exchange: Has natural selection shaped how humans reason? Studies with the Wason selection task. *Cognition*, *31*, 187-276.

Cosmides, L., & Tooby, J. (1989). Evolutionary psychology and the generation of culture: II. Case study: A computational theory of social exchange. *Ethology & Sociobiology*, *10*, 51-97.

Cosmides, L., Barrett, H. C., & Tooby, J. (2010). Adaptive specializations, social exchange, and the evolution of human intelligence. *Proceedings of the National Academy of Sciences*, *107*, 9007-9014.

Epley, N., & Gilovich, T. (2006). The anchoring-and-adjustment heuristic: Why the adjustments are insufficient. *Psychological Science*, *17*, 311-318.

Gigerenzer, G. (2007). *Gut Feelings: The Intelligence of the Unconscious*. Viking Press.［ギーゲレンツァー, G.　小松　淳子（訳）(2010). なぜ直感のほうが上手くいくのか？――「無意識の知性」が決めている――　インターシフト］

Gilbert, D. T. (1989). Thinking lightly about others: Automatic components of the social inference process. In J. S. Uleman, & J. A. Bargh (Eds.), *Unintended Thought* (pp. 189-211). Guilford Press.

Gilbert, D. T., & Malone, P. S. (1995). The correspondence bias. *Psychological Bulletin*, *117*, 21-38.

Gilbert, D. T., Pelham, B. W., & Krull, D. S. (1988). On cognitive busyness: When person perceivers meet persons perceived. *Journal of Personality and Social Psychology*, *54*, 733-740.

Goldstein, D. G., & Gigerenzer, G. (2002). Models of ecological rationality: The recognition heuristic. *Psychological Review*, *109*, 75-90.

Griggs, R. A., & Cox, J. R. (1982). The elusive thematic-materials effect in Wason's selection task. *British Journal of Psychology*, *73*, 407-420.

Haselton, M. G., & Buss, D. M. (2000). Error management theory: A new perspective on biases in cross-sex mind reading. *Journal of Personality and Social Psychology*, *78*, 81-91.

Heider, F. (1958). *The Psychology of Interpersonal Relations*. Wiley & Sons.［ハイダー, F.　大橋正夫（訳）(1978). 対人関係の心理学　誠信書房］

Jones, E. E., & Davis, K. E. (1965). From acts to dispositions: The attribution process in person perception. In L. Berkowitz (Ed.), *Advances in Experimental Social Psychology, Vol.2* (pp.

219-266). Academic Press.

Jones, E. E., & Harris, V. A. (1967). The attribution of attitudes. *Journal of Experimental Social Psychology, 3*, 1-24.

Kahneman, D., & Tversky, A. (1972). Subjective probability: A judgment of representativeness. *Cognitive Psychology, 3*, 430-454.

Kahneman, D., & Tversky, A. (1973). On the psychology of prediction. *Psychological Review, 80*, 237-251.

Kahneman, D., & Tversky, A. (1982). The simulation heuristic. In D. Kahneman, P. Slovic, & A. Tversky (Eds.), *Judgment under Uncertainty: Heuristics and Biases* (pp. 201-208). Cambridge University Press.

Lichtenstein, S., Slovic, P., Fischhoff, B., Layman, M., & Combs, B. (1978). Judged frequency of lethal events. *Journal of Experimental Psychology: Human Learning and Memory, 4*, 551-578.

Miller, D. T., & Ross, M. (1975). Self-serving biases in the attribution of causality: Fact or fiction? *Psychological Bulletin, 82*, 213-225.

Nisbett, R. E., Caputo, C., Legant, P., & Marecek, J. (1973). Behavior as seen by the actor and as seen by the observer. *Journal of Personality and Social Psychology, 27*, 154-164.

Ross, L., Greene, D., & House, P. (1977). The false consensus effect: An egocentric bias in social perception and attribution processes. *Journal of Experimental Social Psychology, 13*, 279-301.

Snyder, M. L., Stephan, W. G., & Rosenfield, D. (1976). Egotism and attribution. *Journal of Personality and Social Psychology, 33*, 435-441.

Tversky, A., & Kahneman, D. (1973). Availability: A heuristic for judging frequency and probability. *Cognitive Psychology, 5*, 207-232.

Tversky, A., & Kahneman, D. (1974). Judgment under uncertainty: Heuristics and biases. *Science, 185*, 1124-1131.

Tversky, A., & Kahneman, D. (1981). The framing of decisions and the psychology of choice. *Science, 211*, 453-458.

Tversky, A., & Kahneman, D. (1983). Extensional versus intuitive reasoning: The conjunction fallacy in probability judgment. *Psychological Review, 90*, 293-315.

Wason, P. C. (1968). Reasoning about a rule. *The Quarterly Journal of Experimental Psychology, 20*, 273-281.

Weiner, B. (1979). A theory of motivation for some classroom experiences. *Journal of Educational Psychology, 71*, 3-25.

Weiner, B., & Kukla, A. (1970). An attributional analysis of achievement motivation. *Journal of Personality and Social Psychology, 15*, 1-20.

第4章

Bornstein, R. F., & D'Agostino, P. R. (1992). Stimulus recognition and the mere exposure effect. *Journal of Personality and Social Psychology, 63* (4), 545-552.

Brehm, J. W. (1956). Postdecision changes in the desirability of alternatives. *Journal of Abnormal and Social Psychology, 52* (3), 384-389.

Briñol, P., & Petty, R. E. (2003). Overt head movements and persuasion: A self-validation analysis. *Journal of Personality and Social Psychology, 84* (6), 1123-1139.

Briñol, P., Petty, R. E., Valle, C., Rucker, D. D., & Becerra, A. (2007). The effects of message recipients' power before and after persuasion: A self-validation analysis. *Journal of Personality and Social Psychology, 93* (6), 1040-1053.

Byrne, D., & Nelson, D. (1965). Attraction as a linear function of proportion of positive reinforcements. *Journal of Personality and Social Psychology, 1* (6), 659-663.

Cancela, A., Briñol, P., & Petty, R. E. (2021). Hedonic vs. epistemic goals in processing persuasive communications: Revisiting the role of personal involvement. *Motivation and Emotion, 45* (3), 280-298.

Chan, E., & Sengupta, J. (2010). Insincere flattery actually works: A dual attitudes perspective. *Journal of Marketing Research, 47* (1), 122-133.

Cialdini, R. B. (1988). *Influence: Science and Practice* (2nd ed.). Foresman & Company.［チャルディーニ, R. B. 社会行動研究会（訳）(2014). 影響力の武器——なぜ, 人は動かされるのか——（第3版）誠信書房］

Cialdini, R. B. (2016). *Pre-suasion: A Revolutionary Way to Influence and Persuade.* Simon & Schuster.［チャルディーニ, R. B. 安藤 清志（監訳）(2017). PRE-SUATION——影響力と説得のための革命的瞬間—— 誠信書房］

DeMarree, K. G., Loersch, C., Briñol, P., Petty, R. E., Payne, B. K., & Rucker, D. D. (2012). From primed construct to motivated behavior: Validation processes in goal pursuit. *Personality and Social Psychology Bulletin, 38* (12), 1659-1670.

Dion, K., Berscheid, E., & Walster, E. (1972). What is beautiful is good. *Journal of Personality and Social Psychology, 24* (3), 285-290.

Dovidio, J. F., Kawakami, K., Johnson, C., Johnson, B., & Howard, A. (1997). On the nature of prejudice: Automatic and controlled processes. *Journal of Experimental Social Psychology, 33* (5), 510-540.

Eagly, A. H., Chaiken, S. (1984). Cognitive theories of persuasion. In L. Berkowitz (Ed.), *Advances in Experimental Social Psychology, Vol.17* (pp. 267-359). Academic Press.

French, J. R. P., Jr., & Raven, B. H. (1959). The bases of social power. In D. Cartwright (Ed.), *Studies in Social Power* (pp. 150-167). University of Michigan.

Goldstein, N. J., Griskevicius, V., & Cialdini, R. B. (2007). Invoking social norms: A social psychology perspective on improving hotels' linen-reuse programs. *Cornell Hotel and Restaurant Administration Quarterly, 48* (2), 145-150.

Hovland, C. I., & Weiss, W. (1951). The influence of source credibility on communication effectiveness. *Public Opinion Quarterly, 15*, 635-650.

Hovland, C. I., Janis, I. L., & Kelley, H. H. (1953). *Communication and Persuasion; Psychological Studies of Opinion Change*. Yale University Press.

Mackie, D. M., & Worth, L. T. (1989). Processing deficits and the mediation of positive affect in persuasion. *Journal of Personality and Social Psychology, 57* (1), 27-40.

Montoya, R. M., Horton, R. S., & Kirchner, J. (2008). Is actual similarity necessary for attraction? A meta-analysis of actual and perceived similarity. *Journal of Social and Personal Relationships, 25* (6), 889-922.

Petty, R. E., & Briñol, P. (2020). A process approach to influencing attitudes and changing behavior: Revisiting classic findings in persuasion and popular interventions. In J. P. Forgas, W. D. Crano, & K. Fiedler (Eds.), *Applications of Social Psychology: How Social Psychology Can Contribute to the Solution of Real-world Problems* (pp. 82-103). Routledge/Taylor & Francis Group.

Petty, R. E., & Cacioppo, J. T. (1984). The effects of involvement on responses to argument quantity and quality: Central and peripheral routes to persuasion. *Journal of Personality and Social Psychology, 46* (1), 69-81.

Petty, R. E., & Cacioppo, J. T. (1986). The elaboration likelihood model of persuasion. In L. Berkowitz (Ed.), *Advances in Experimental Social Psychology, Vol.19* (pp. 123-205). Academic Press.

Petty, R. E., Briñol, P., & Tormala, Z. L. (2002). Thought confidence as a determinant of persuasion: The self-validation hypothesis. *Journal of Personality and Social Psychology, 82* (5), 722-741.

Petty, R. E., Cacioppo, J. T., & Schumann, D. (1983). Central and peripheral routes to advertising effectiveness: The moderating role of involvement. *Journal of Consumer Research, 10* (2), 135-146.

Raven, B. H. (1965). Social influence and power. In I. D. Steiner, & M. Fishbein (Eds.), *Current Studies in Social Psychology* (pp. 371-381). Holt, Rinehart & Winston.

Raven, B. H. (1992). A power/interaction model of interpersonal influence: French and Raven thirty years later. *Journal of Social Behavior & Personality, 7* (2), 217-244.

Raven, B. H. (2008). The bases of power and the power/interaction model of interpersonal influence. *Analyses of Social Issues and Public Policy, 8* (1), 1-22.

Raven, B. H., Schwarzwald, J., & Koslowsky, M. (1998). Conceptualizing and measuring a power/interaction model of interpersonal influence. *Journal of Applied Social Psychology, 28* (4), 307-332.

Sternthal, B., Dholakia, R., & Leavitt, C. (1978). The persuasive effect of source credibility: Tests of cognitive response. *Journal of Consumer Research, 4* (4), 252-260.

Strack, F., & Deutsch, R. (2004). Reflective and impulsive determinants of social behavior. *Personality and Social Psychology Review, 8* (3), 220-247.

Wilson, T. D., Lindsey, S., & Schooler, T. Y. (2000). A model of dual attitudes. *Psychological Review, 107* (1), 101-126.

Zajonc, R. B. (1968). Attitudinal effects of mere exposure. *Journal of Personality and Social Psy-*

chology, 9 (2, Pt.2), 1-27.

第5章

Aarts, H., & Dijksterhuis, A. (1999). How often did I do it? Experienced ease of retrieval and frequency estimates of past behavior. *Acta Psychologica, 103* (1-2), 77-89.

Bargh, J. A., & Williams, L. E. (2007). The nonconscious regulation of emotion. In J. J. Gross (Ed.), *Handbook of Emotion Regulation* (pp. 429-445). The Guilford Press.

Batra, R., & Stayman, D. M. (1990). The role of mood in advertising effectiveness. *Journal of Consumer Research, 17* (2), 203-214.

Bless, H., Clore, G. L., Schwarz, N., Golisano, V., Rabe, C., & Wölk, M. (1996). Mood and the use of scripts: Does a happy mood really lead to mindlessness? *Journal of Personality and Social Psychology, 71* (4), 665-679.

Bless, H., Mackie, D. M., & Schwarz, N. (1992). Mood effects on attitude judgments: Independent effects of mood before and after message elaboration. *Journal of Personality and Social Psychology, 63* (4), 585-595.

Bless, H., Schwarz, N., & Wieland, R. (1996). Mood and the impact of category membership and individuating information. *European Journal of Social Psychology, 26* (6), 935-959.

Bodenhausen, G. V., Kramer, G. P., & Süsser, K. (1994). Happiness and stereotypic thinking in social judgment. *Journal of Personality and Social Psychology, 66* (4), 621-632.

Bornstein, R. F., & D'Agostino, P. R. (1992). Stimulus recognition and the mere exposure effect. *Journal of Personality and Social Psychology, 63* (4), 545-552.

Bower, G. H. (1981). Mood and memory. *American Psychologist, 36* (2), 129-148.

Brassey, J., De Smet, A., & Kruyt, M. (2022). *Deliberate Calm: How to Learn and Lead in a Volatile World.* Harper Business.

Buehler, R., & McFarland, C. (2001). Intensity bias in affective forecasting: The role of temporal focus. *Personality and Social Psychology Bulletin, 27* (11), 1480-1493.

Cohen, J. B., Pham, M. T., & Andrade, E. B. (2008). The nature and role of affect in consumer behavior. In C. P. Haugtvedt, P. M. Herr, & F. R. Kardes (Eds.), *Handbook of Consumer Psychology* (pp. 297-348). Taylor & Francis Group/Lawrence Erlbaum Associates.

Cropanzano, R., Dasborough, M. T., & Weiss, H. M. (2017). Affective events and the development of leader-member exchange. *The Academy of Management Review, 42* (2), 233-258.

Ekman, P. (1992). An argument for basic emotions. *Cognition and Emotion, 6* (3-4), 169-200.

Ekman, P., Levenson, R. W., & Friesen, W. V. (1983). Autonomic nervous system activity distinguishes among emotions. *Science, 221* (4616), 1208-1210.

Estrada-Hollenbeck, M., & Heatherton, T. F. (1998). Avoiding and alleviating guilt through prosocial behavior. In J. Bybee (Ed.), *Guilt and Children* (pp. 215-231). Academic Press.

Fiedler, K. (2001). Affective influences on social information processing. In J. P. Forgas (Ed.), *Handbook of Affect and Social Cognition* (pp. 163-185). Lawrence Erlbaum Associates.

Forgas, J. P. (1995). Mood and judgment: The affect infusion model (AIM). *Psychological Bulletin, 117* (1), 39-66.

Forgas, J. P. (2002). Feeling and doing: Affective influences on interpersonal behavior. *Psychological Inquiry, 13* (1), 1-28.

Forgas, J. P., & East, R. (2008). On being happy and gullible: Mood effects on skepticism and the detection of deception. *Journal of Experimental Social Psychology, 44* (5), 1362-1367.

Gilbert, D. T., Pinel, E. C., Wilson, T. D., Blumberg, S. J., & Wheatley, T. P. (1998). Immune neglect: A source of durability bias in affective forecasting. *Journal of Personality and Social Psychology, 75* (3), 617-638.

Goldenberg, A., Halperin, E., van Zomeren, M., & Gross, J. J. (2016). The process model of group-based emotion: Integrating intergroup emotion and emotion regulation perspectives. *Personality and Social Psychology Review, 20* (2), 118-141.

Graen, G. (1976). Role making processes within complex organizations. In M. D. Dunnette (Ed.), *Handbook in Industrial and Organizational Psychology* (pp. 1201-1245). Rand McNally.

Graen, G. B., & Uhl-Bien, M. (1995). Relationship-based approach to leadership: Development of leader-member exchange (LMX) theory of leadership over 25 years: Applying a multi-level multi-domain perspective. *The Leadership Quarterly, 6* (2), 219-247.

Gross, J. J. (1998). The emerging field of emotion regulation: An integrative review. *Review of General Psychology, 2* (3), 271-299.

Gross, J. J., & John, O. P. (2003). Individual differences in two emotion regulation processes: Implications for affect, relationships, and well-being. *Journal of Personality and Social Psychology, 85* (2), 348-362.

Kemp, E., & Kopp, S. W. (2011). Emotion regulation consumption: When feeling better is the aim. *Journal of Consumer Behaviour, 10* (1), 1-7.

Mackie, D. M., Devos, T., & Smith, E. R. (2000). Intergroup emotions: Explaining offensive action tendencies in an intergroup context. *Journal of Personality and Social Psychology, 79* (4), 602-616.

Mackie, D. M., Smith, E. R., & Ray, D. G. (2008). Intergroup emotions and intergroup relations. *Social and Personality Psychology Compass, 2* (5), 1866-1880.

松田 憲・楠見 孝・山田 十永・西 武雄 (2006). サウンドロゴの反復呈示とメロディ親近性が商品評価に及ぼす効果 認知心理学研究, *4* (1), 1-13.

Peters, K., & Kashima, Y. (2007). From social talk to social action: Shaping the social triad with emotion sharing. *Journal of Personality and Social Psychology, 93* (5), 780-797.

Petty, R. E., & Cacioppo, J. T. (1986). The elaboration likelihood model of persuasion. In L. Berkowitz (Ed.), *Advances in Experimental Social Psychology, Vol.19* (pp. 123-205). Academic Press.

Porat, R., Tamir, M., & Halperin, E. (2020). Group-based emotion regulation: A motivated approach. *Emotion, 20* (1), 16-20.

Richards, J. M., & Gross, J. J. (2000). Emotion regulation and memory: The cognitive costs of keeping one's cool. *Journal of Personality and Social Psychology, 79* (3), 410-424.

Russell, J. A. (2003). Core affect and the psychological construction of emotion. *Psychological Review, 110* (1), 145-172.

Schwarz, N. (1990). Feelings as information: Informational and motivational functions of affective states. In E. T. Higgins, & R. M. Sorrentino (Eds.), *Handbook of Motivation and Cognition: Foundations of Social Behavior, Vol.2* (pp. 527-561). The Guilford Press.

Schwarz, N., & Clore, G. L. (1983). Mood, misattribution, and judgments of well-being: Informative and directive functions of affective states. *Journal of Personality and Social Psychology, 45* (3), 513-523.

Schwarz, N., & Clore, G. L. (2007). Feelings and phenomenal experiences. In A. W. Kruglanski, & E. T. Higgins (Eds.), *Social Psychology: Handbook of Basic Principles* (2nd ed., pp. 385-407). The Guilford Press.

Schwarz, N., Bless, H., Strack, F., Klumpp, G., Rittenauer-Schatka, H., & Simons, A. (1991). Ease of retrieval as information: Another look at the availability heuristic. *Journal of Personality and Social Psychology, 61* (2), 195-202.

Schwarz, N., Hippler, H.-J., Deutsch, B., & Strack, F. (1985). Response scales: Effects of category range on reported behavior and comparative judgments. *Public Opinion Quarterly, 49* (3), 388-395.

Sinclair, R. C., Mark, M. M., & Clore, G. L. (1994). Mood-related persuasion depends on (mis) attributions. *Social Cognition, 12* (4), 309-326.

田中 知恵・小森 めぐみ (2020). 送り手の集団成員性が受け手の感情共有や結びつきに及ぼす影響 明治学院大学心理学紀要, *30*, 1-12.

Unkelbach, C., Forgas, J. P., & Denson, T. F. (2008). The turban effect: The influence of Muslim headgear and induced affect on aggressive responses in the shooter bias paradigm. *Journal of Experimental Social Psychology, 44* (5), 1409-1413.

Wänke, M., Bohner, G., & Jurkowitsch, A. (1997). There are many reasons to drive a BMW: Does imagined ease of argument generation influence attitudes? *Journal of Consumer Research, 24* (2), 170-177.

Wilson, T. D., & Gilbert, D. T. (2003). Affective forecasting. In M. P. Zanna (Ed.), *Advances in Experimental Social Psychology*, Vol.35 (pp. 345-411). Elsevier Academic Press.

Wilson, T. D., Lindsey, S., & Schooler, T. Y. (2000). A model of dual attitudes. *Psychological Review, 107* (1), 101-126.

Winkielman, P., & Cacioppo, J. T. (2001). Mind at ease puts a smile on the face: Psychophysiological evidence that processing facilitation elicits positive affect. *Journal of Personality and Social Psychology, 81* (6), 989-1000.

Yeung, C. W. M., & Wyer, R. S., Jr. (2004). Affect, appraisal, and consumer judgment. *Journal of Consumer Research, 31* (2), 412-424.

Zajonc, R. B. (1968). Attitudinal effects of mere exposure. *Journal of Personality and Social Psy-*

chology, 9 (2, Pt.2), 1-27.

Zemack-Rugar, Y., Bettman, J. R., & Fitzsimons, G. J. (2007). The effects of nonconsciously priming emotion concepts on behavior. *Journal of Personality and Social Psychology, 93* (6), 927-939.

第6章

Aydinli, A., Bender, M., & Chasiotis, A. (2013). Helping and volunteering across cultures: Determinants of prosocial behavior. *Online Readings in Psychology and Culture, 5,* 1-27.

Bandura, A. (1983). Psychological mechanisms of aggression. In R. G. Geen, & E. I. Donnerstein (Eds.), *Aggression: Theoretical and Empirical Reviews* (pp. 1-40). Academic Press.

Bandura, A., Ross, D., & Ross, S. A. (1963a). Imitation of film-mediated aggressive models. *Journal of Abnormal and Social Psychology, 66* (1), 3-11.

Bandura, A., Ross, D., & Ross, S. A. (1963b). Vicarious reinforcement and imitative learning. *Journal of Abnormal and Social Psychology, 67,* 601-607.

Baron, R. A., & Richardson, D. R. (1994). *Human Aggression* (2nd ed). Plenum Press.

Bastian, B., & Haslam, N. (2010). Excluded from humanity: The dehumanizing effects of social ostracism. *Journal of Experimental Social Psychology, 46,* 107-113.

Baumeister, R. F., & Leary, M. R. (1995). The need to belong: Desire for interpersonal attachments as a fundamental human motivation. *Psychological Bulletin, 117,* 497-529.

Beck, R., & Fernandez, E. (1998). Cognitive-behavioral therapy in the treatment of anger: A meta-analysis. *Cognitive Therapy and Research, 22,* 63-74.

Berkowitz, L. (1993). *Aggression: Its Causes, Consequences, and Control.* McGraw-Hill.

Bernstein, M. J. (2016). Research in social psychology: Consequences of short-and long-term social exclusion. In P. Riva, & Eck, J. (Eds.), *Social Exclusion* (pp. 51-72). Springer, Cham.

Bushman, J. B. (2019). Aggression. In E. J. Finkel, & R. F. Baumeister (Eds.) *Advanced Social Psychology: The State of the Science* (2nd ed., pp. 179-199). Oxford University Press.

Bushman, J. B. & Bartholow, D. B. (2010). Aggression. In R. F. Baumeister, & E. J. Finkel (Eds.) *Advanced Social Psychology: The State of the Science* (pp. 303-340). Oxford University Press.

Buss, A. H. (1961). *The Psychology of Aggression.* Wiley & Sons.

Buss, D. M. (1990). The evolution of anxiety and social exclusion. *Journal of Social and Clinical Psychology, 9,* 196-210.

Candelaria, A. M., Fedewa, A. L., & Ahn, S. (2012). The effects of anger management on children's social and emotional outcomes: A meta-analysis. *School Psychology International, 33,* 596-614.

Carter-Sowell, A. R., Chen, Z., & Williams, K. D. (2008). Ostracism increases social susceptibility. *Social Influence, 3,* 143-153.

Cobb, S. (1976). Social support as a moderator of life stress. *Psychosomatic Medicine, 38,* 300-314.

Crick, N. R., & Grotpeter, J. K. (1995). Relational aggression, gender, and social-psychological adjustment. *Child Development, 66,* 710-722.

Darley, J. M., & Latané, B. (1968). Bystander intervention in emergencies: Diffusion of responsibility. *Journal of Personality and Social Psychology, 8,* 377-383.

Eisenberg, N., & Fabes, R. A. (1998). Prosocial development. In W. Damon & N. Eisenberg (Eds.), *Handbook of Child Psychology: Social, Emotional, and Personality Development* (5th ed) (pp. 701-778). John Wiley & Sons.

Grusec, J. E., & Goodnow, J. J. (1994). Impact of parental discipline methods on the child's internalization of values: A reconceptualization of current points of view. *Developmental Psychology, 30,* 4-19.

Grusec, J. E., Davidov, M., & Lundell, L. (2002). Prosocial and helping behavior. In P. K. Smith, & C. H. Hart (Eds.). *Blackwell Handbook of Childhood Social Development* (pp. 457-474). Blackwell.

Hay, D. (1979). Cooperative interactions and sharing between very young children and their parents. *Developmental Psychology, 15,* 647-653.

Henwood, K. S., Chou, S., & Browne, K. D. (2015). A systematic review and meta-analysis on the effectiveness of CBT informed anger management. *Aggression and Violent Behavior, 25,* 280-292.

Hoffman, M. L. (1979). Development of moral thought, feeling, and behavior. *American Psychologist, 34,* 958-966.

Kestenbaum, R., Farber, E. A., & Sroufe, L. A. (1989). Individual differences in empathy among preschoolers: Relation to attachment history. *New Directions for Child Development, 44*, 51-64.

Krahé, B. (2021). *The Social Psychology of Aggression* (3rd ed). Routledge/Taylor & Francis Group.

Leary, M. R., Kowalski, R. M., Smith, L., & Phillips, S. (2003). Teasing, rejection, and violence: Case studies of the school shootings. *Aggressive Behavior, 29*, 202-214.

Maslow, A. H. (1943). A theory of human motivation. *Psychological Review, 50*, 370-396.

Menéndez, P., Kypri, K., & Weatherburn, D. (2017). The effect of liquor licensing restrictions on assault: a quasi-experimental study in Sydney, Australia. *Addiction, 112*, 261-268.

Rheingold, H. (1982). Little children's participation in the work of adults, a nascent prosocial behavior. *Child Development, 53*, 114-125.

Riva, P., & Eck, J. (2016). The Many Faces of Social Exclusion. In P. Riva, & J. Eck (Eds.) *Social Exclusion* (pp. ix-xv). Springer, Cham.

高木 修 (1987). 順社会的行動の分類　関西大学社会学部紀要, *18*, 67-114.

高木 修 (1998). 人を助ける心――援助行動の社会心理学――　セレクション社会心理学 7　サイエンス社

Twenge, J. M., Baumeister, R. F., DeWall, C. N., Ciarocco, N. J., & Bartels, J. M. (2007). Social exclusion decreases prosocial behavior. *Journal of Personality and Social Psychology, 92*, 56-66.

Twenge, J. M., Baumeister, R. F., Tice, D. M., & Stucke, T. S. (2001). If you can't join them, beat them: Effects of social exclusion on aggressive behavior. *Journal of Personality and Social Psychology, 81*, 1058-1069.

Twenge, J. M., Zhang, L., Catanese, K. R., Dolan-Pascoe, B., Lyche, L. F., & Baumeister, R. F. (2007). Replenishing connectedness: Reminders of social activity reduce aggression after social exclusion. *British Journal of Social Psychology, 46*, 205-224.

浦 光博 (1992). 支えあう人と人――ソーシャル・サポートの社会心理学――　セレクション社会心理学 8　サイエンス社

湯川 進太郎・遠藤 公久・吉田 富二雄 (2001). 暴力映像が攻撃行動に及ぼす影響――挑発による怒り喚起の効果を中心として――　心理学研究, *72*, 1-9.

第 7 章

Altman, I., & Taylor, D. A. (1973). *Social Penetration: The Development of Interpersonal Relationships*. Holt, Rinehart & Winston.

Aron, A., Paris, M., & Aron, E. N. (1995). Falling in love: Prospective studies of self-concept change. *Journal of Personality and Social Psychology, 69*, 1102-1112.

Byrne, D. (1971). *The Attraction Paradigm*. Academic Press.

Frijda, N. H., & Tcherkassof, A. (1997). Facial expressions as modes of action readiness. In J. A. Russell, & J. M. Fernández-Dols (Eds.), *The Psychology of Facial Expression* (pp. 78-102). Cambridge University Press.

深田 博己 (1998). インターパーソナル・コミュニケーション――対人コミュニケーションの心理学――　北大路書房

Hall, E. T. (1966). *The Hidden Dimension*. Anchor/Doubleday.

Heider, F. (1958). *The Psychology of Interpersonal Relations*. Wiley & Sons. [ハイダー, F.　大橋 正夫 (訳) (1978). 対人関係の心理学　誠信書房]

金政 祐司 (2022). 自分にないものをもっている人が好き？　越智 啓太 (編) 私たちはなぜ傷つけ合いながら助け合うのか　心理学ビジュアル百科 社会心理学編 (pp. 78-81)　創元社

Kendon, A. (1967). Some functions of gaze-direction in social interaction. *Acta Psychologica, 26*, 22-63.

Levinger, G. (1980). Toward the analysis of close relationships. *Journal of Experimental Social Psychology, 16*, 510-544.

Levinger, G., & Snoek, J. D. (1972). *Attraction in Relationships: A New Look at Interpersonal Attraction*. General Learning Press.

Lott, A. J., & Lott, B. E. (1974). The role of reward in the formation of positive interpersonal attitudes. In T. L. Huston, *Foundations of Interpersonal Attraction* (pp. 171-192). Academic Press.

岡本 真一郎 (2010). ことばの社会心理学 (第 4 版)　ナカニシヤ出版

奥田 秀宇 (1990). 恋愛における身体的魅力の役割――釣合仮説を巡って――　心理学評論, *33*, 373-390.

Rusbult, C. E. (1983). A longitudinal test of the investment model: The development (and deterioration) of satisfaction and commitment in heterosexual involvements. *Journal of Personality and Social Psychology, 45*, 101-117.

Rusbult, C. E., Zembrodt, I. M., & Gunn, L. K. (1982). Exit, voice, loyalty, and neglect: Responses to dissatisfaction in romantic involvements. *Journal of Personality and Social Psychology, 43*, 1230-1242.

相馬　敏彦 (2006). 親密な関係の光と影　金政　祐司・石盛　真徳 (編) わたしから社会へ広がる心理学 (pp. 62-85)　北樹出版

田中　政子 (1973). Personal space の異方的構造について　教育心理学研究, *21*, 223-232.

Walster, E., Aronson, E., Abrahams, D., & Rottman, L. (1966). Importance of physical attractiveness in dating behavior. *Journal of Personality and Social Psychology, 4*, 508-516.

Zajonc, R. B. (1968). Attitudinal effects of mere exposure. *Journal of Personality and Social Psychology, 9* (2, Pt.2), 1-27.

第8章

Adams, J. S. (1964). Inequity in social exchange. In L. Berkowitz (Ed.), *Advances in Experimental Social Psychology, Vol.2* (pp. 267-299). Academic Press.

Asch, S. E. (1951). Effects of group pressure upon the modification and distortion of judgments. In H. Guetzkow (Ed.), *Groups, Leadership and Men: Research in Human Relations* (pp. 177-190). Carnegie Press.

Asch, S. E. (1952). *Social Psychology*. Prentice-Hall.

Axelrod, R. (1984). *The Evolution of Cooperation*. Basic Books. [アクセルロッド, R.　松田 裕之 (訳) (1998). つきあい方の科学――バクテリアから国際関係まで――　ミネルヴァ書房]

Baumeister, R. F., & Leary, M. R. (1995). The need to belong: Desire for interpersonal attachments as a fundamental human motivation. *Psychological Bulletin, 117* (3), 497-529.

Bond, C. F. (1982). Social facilitation: A self-presentational view. *Journal of Personality and Social Psychology, 42* (6), 1042-1050.

Cialdini, R. B., & Goldstein, N. J. (2004). Social influence: Compliance and conformity. *Annual Review of Psychology, 55*, 591-621.

Cialdini, R. B., Reno, R. R., & Kallgren, C. A. (1990). A focus theory of normative conduct: Recycling the concept of norms to reduce littering in public places. *Journal of Personality and Social Psychology, 58* (6), 1015-1026.

Cosmides, L. (1989). The logic of social exchange: Has natural selection shaped how humans reason? Studies with the Wason selection task. *Cognition, 31* (3), 187-276.

Cottrell, N. B. (1972). Social facilitation. In C. G. McClintock (Ed.), *Experimental Social Psychology* (pp. 185-236). Holt, Rinehart & Winston.

Deutsch, M. (1949). A theory of cooperation and competition. *Human Relations, 2*, 129-152.

Deutsch, M. (1975). Equity, equality, and need: What determines which value will be used as the basis of distributive justice? *Journal of Social Issues, 31* (3), 137-149.

Deutsch, M., & Gerard, H. B. (1955). A study of normative and informational social influences upon individual judgment. *Journal of Abnormal and Social Psychology, 51* (3), 629-636.

Foa, U. G., & Foa, E. B. (1974). *Societal Structures of the Mind*. Charles C Thomas.

Forsyth, D. R. (1999). *Group Dynamics* (3rd ed.). Wadsworth.

Hull, C. L. (1935). The conflicting psychologies of learning—a way out. *Psychological Review, 42* (6), 491-516.

Hunt, P. J., & Hillery, J. M. (1973). Social facilitation in a coaction setting: An examination of the effects over learning trials. *Journal of Experimental Social Psychology, 9* (6), 563-571.

Ingham, A. G., Levinger, G., Graves, J., & Peckham, V. (1974). The Ringelmann effect: Studies of group size and group performance. *Journal of Experimental Social Psychology, 10* (4), 371-384.

Karau, S. J., & Williams, K. D. (1993). Social loafing: A meta-analytic review and theoretical integration. *Journal of Personality and Social Psychology, 65* (4), 681-706.

Latané, B. (1981). The psychology of social impact. *American Psychologist, 36* (4), 343-356.

Latané, B., Williams, K., & Harkins, S. (1979). Many hands make light the work: The causes and consequences of social loafing. *Journal of Personality and Social Psychology, 37* (6), 822-832.

Milgram, S. (1965). Some conditions of obedience and disobedience to authority. *Human Relations, 18* (1), 57-75.

Milgram, S. (1974). *Obedience to Authority*. Harper & Row. [ミルグラム, S.　岸田 秀 (訳) (1995). 服従の心理――アイヒマン実験――(改訂版新装)　河出書房新社]

Milgram, S., Bickman, L., & Berkowitz, L. (1969). Note on the drawing power of crowds of different size. *Journal of Personality and Social Psychology, 13* (2), 79-82.

Moscovici, S., Lage, E., & Naffrechoux, M. (1969). Influence of a consistent minority on the responses of a majority in a color perception task. *Sociometry, 32* (4), 365-380.

大坪 庸介・亀田 達也・木村 優希 (1996). 公正感が社会的効率を阻害するとき——パレート原理の妥当性—— 心理学研究, *67* (5), 367-374.

Pickett, C. L., Gardner, W. L., & Knowles, M. (2004). Getting a cue: The need to belong and enhanced sensitivity to social cues. *Personality and Social Psychology Bulletin, 30* (9), 1095-1107.

Raven, B. H. (1965). Social influence and power. In I. D. Steiner, & M. Fishbein (Eds.), *Current Studies in Social Psychology* (pp. 371-382). Holt, Rinehart & Winston.

Sanders, G. S. (1981). Driven by distraction: An integrative review of social facilitation theory and research. *Journal of Experimental Social Psychology, 17* (3), 227-251.

Schmitt, B. H., Gilovich, T., Goore, N., & Joseph, L. (1986). Mere presence and social facilitation: One more time. *Journal of Experimental Social Psychology, 22* (3), 242-248.

Sherif, M. (1936). *The Psychology of Social Norms*. Harper & Row.

Spence, K. W. (1956). *Behavior Theory and Conditioning*. Yale University Press.

Thibaut, J. W., & Kelley, H. H. (1959). *The Social Psychology of Groups*. Wiley & Sons.

Thibaut, J. W., & Walker, L. (1975). *Procedural Justice: A Psychological Analysis*. Laurence Erlbaum Associates.

Triplett, N. (1898). The dynamogenic factors in pacemaking and competition. *The American Journal of Psychology, 9*, 507-533.

Wicklund, R. A., & Duval, S. (1971). Opinion change and performance facilitation as a result of objective self-awareness. *Journal of Experimental Social Psychology, 7* (3), 319-342.

Zajonc, R. B. (1965). Social facilitation. *Science, 149* (*Whole No. 3681*), 269-274.

第９章

Allport, G. W. (1954). *The Nature of Prejudice*. Addison-Wesley. ［オルポート, G. W. 原谷 達夫・野村 昭 (訳) (1968). 偏見の心理 培風館］

Amir, Y. (1969). Contact hypothesis in ethnic relations. *Psychological Bulletin, 71*, 319-342.

Arnold, M. B. (1960). *Emotion and Personality, Vols.1-2*. Columbia University Press.

Brewer, M. B., & Miller, N. N. (1984). Beyond the contact hypothesis: Theoretical perspectives on desegregation, In N. Miller, & M B. Brewer (Eds.), *Groups in Contact: The Psychology of Desegregation* (pp. 281-302). Academic Press.

Chapman, L. J. (1967). Illusory correlation in observational report. *Journal of Verbal Learning and Verbal Behavior, 6*, 151-155.

Cuddy, A. J. C., Fiske, S. T., & Glick, P. (2007). The BIAS map: Behaviors from intergroup affect and stereotypes. *Journal of Personality and Social Psychology, 92*, 631-648.

Fiske, S. T., Cuddy, A. J. C., Glick, P., & Xu, J. (2002). A model of (often mixed) stereotype content: Competence and warmth respectively follow from perceived status and competition. *Journal of Personality and Social Psychology, 82*, 878-902.

Gaertner, S. L., & Dovidio, J. F. (2000). *Reducing Intergroup Bias: The Common Ingroup Identity Model*. Psychological Press.

Hamilton, D. L. & Gifford, R. K. (1976). Illusory correlation in interpersonal perception: A cognitive basis of stereotypic judgment. *Journal of Experimental Social Psychology, 12*, 392-407.

神 信人・山岸 俊男 (1997). 社会的ジレンマにおける集団協力ヒューリスティクスの効果 社会心理学研究, *12*, 190-198.

北村 英哉 (2021). あなたにもある無意識の偏見——アンコンシャスバイアス—— 河出書房新社

Lazarus, R. S., & Smith, C. A. (1988). Knowledge and appraisal in the cognition-emotion relationship. *Cognition and Emotion, 2*, 281-300.

Linville, P. W., Fischer, G. W., & Salovey, P. (1989). Perceived distributions of the characteristics of in-group and out-group members: Empirical evidence and a computer simulation. *Journal of Personality and Social Psychology, 57*, 165-188.

Mackie, D. M., Devos, T., & Smith, E. R. (2000). Intergroup emotions: Explaining offensive action tendencies in an intergroup context. *Journal of Personality and Social Psychology, 79*, 602-616.

McGarty, C., Yzerbyt, V. Y., & Spears, R. (Eds.). (2002). *Stereotypes as Explanations: The Formation of Meaningful Beliefs about Social Groups*. Cambridge University Press. ［マクガーティ, C. ら (編著) 国広 陽子 (監修) 有馬 明恵・山下 玲子 (監訳) (2007). ステレオタイプとは何か——「固定観念」から「世界を理解する"説明力"」へ—— 明石書店］

Schiappa, E., Gregg, P. B., & Hewes, D. B. (2005). The parasocial contact hypothesis. *Communication Monographs, 72*, 92-115.

Sherif, M., Harvey, O J., White, B. J., Hood, W. R., & Sherif, C. W. (1961). *Intergroup Conflict and Cooperation: The Robbers Cave Experiment.* University of Oklahoma.

Simon, B. & Brown, R. (1987). Perceived intragroup homogeneity in minority-majority contexts. *Journal of Personality and Social Psychology, 53,* 703-711.

Sue, D. W. (2010). *Microaggressions in Everyday Life: Race, Gender, and Sexual Orientation.* Wiley & Sons.［スー, D. W. マイクロアグレッション研究会（訳）(2020). 日常生活に埋め込まれたマイクロアグレッション——人種, ジェンダー, 性的指向：マイノリティに向けられる無意識の差別—— 明石書店］

出入国在留管理庁（2023). 令和5年6月末現在における在留外国人数について．(https://www.moj.go.jp/isa/publications/press/13_00036.html, 2024/7/6 最終閲覧)

Tajfel, H. (1978). *Differentiation between Social Groups: Studies in the Social Psychology of Intergroup Relations.* Academic Press.

Tajfel, H., Billig, M. G., Bundy, R. P., & Flament, C. (1971). Social categorization and intergroup behaviour. *European Journal of Social Psychology, 1,* 149-178.

Tajfel, H., & Turner, J. C. (1979). An integrative theory of intergroup conflict. In W. G. Austin, & S. Worchel (Eds.), *The Social Psychology of Intergroup Relations* (pp. 33-47). Brooks/Cole.

竹内 康人（2019). 韓国徴用工裁判とは何か 岩波ブックレット No. 1017

Turner, J. C., Hogg, M. A., Oakes, P. J., Reicher, S. D., & Wetherell, M. S. (1987). *Rediscovering the Social Group: A Self-Categorization Theory,* Blackwell.［ターナー, J. C. ら 蘭 千壽・内藤 哲雄・磯崎 三喜年・遠藤 由美（訳）(1995). 社会集団の再発見——自己カテゴリー化理論—— 誠信書房］

Wright, S. C., Aron, A., McLaughlin-Volpe, T., & Ropp, S. A. (1997). The extended contact effect: Knowledge of cross-group friendships and prejudice. *Journal of Personality and Social Psychology, 73,* 73-90.

第10章

Barnard, C. I. (1938). *The Functions of the Executive.* Harvard University Press.［バーナード, C. I. 山本 安次郎・田杉 競・飯野 春樹（訳）(1968). 経営者の役割 ダイヤモンド社］

Burns, J. M. (1979). *Leadership* (1st ed). Harper & Row.

Chaleff, I. (1995). *The Courageous Follower: Standing Up to and for Our Leaders,* Berrett-Koehler Publishers.［チャレフ, I. 野中 香方子（訳）(2009). ザ・フォロワーシップ——上司を動かす賢い部下の教科書—— ダイヤモンド社］

Erikson, E. H. (1950). *Childhood and Society.* Norton.

Fleishman, E. A., & Harris, E. F. (1962). Patterns of leadership behavior related to employee grievances and turnover. *Personnel Psychology, 15* (1), 43-56.

フレイ, C. B.・オズボーン, M. A. & 野村総合研究所（2015). 日本におけるコンピューター化と仕事の未来．(https://www.nri.com/-/media/Corporate/jp/Files/PDF/journal/2017/05/01J.pdf, 2024/8/3 最終閲覧)

Gelatt, H. B. (1989). Positive uncertainty: A new decision-making framework for counseling. *Journal of Counseling Psychology, 36* (2), 252.

Ginzberg, E., Ginsburg, S. W., Axelrad, S., & Herma, J. L. (1951). *Occupational Choice: An Approach to a General Theory.* Columbia University Press.

Greenleaf, R. K. (1977). *Servant Leadership: A Journey into the Nature of Legitimate Power and Greatness* (25th Anniversary Ed.). Paulist Press.［グリーンリーフ, R. K. 金井 壽宏（監訳）金井 真弓（訳）(2008). サーバントリーダーシップ 英治出版］

服部 泰宏（2023). 組織行動論の考え方・使い方（第2版）有斐閣

Hersey, P., & Blanchard, K. H. (1969). *Management of Organizational Behavior: Utilizing Human Resources.* Prentice-Hall.［ハーシー, P., & ブランチャード, K. H. 山本 成二・水野 基・成田 攻（訳）(1978). 行動科学の展開——人的資源の活用：入門から応用へ—— 日本生産性本部］

Holland, J. L. (1997). *Making Vocational Choices: A Theory of Vocational Personalities and Work Environments* (3rd ed.). Psychological Assessment Resources.［ホランド, J. L. 渡辺 三枝子・松本 純平・道谷 里英（共訳）(2013). ホランドの職業選択理論——パーソナリティと働く環境—— 雇用問題研究会］

Ibarra, H. (2003). *Working Identity: Unconventional Strategies for Reinventing Your Career.* Harvard Business School Press.［イバーラ, H. 金井 壽宏（監修・解説）宮田 貴子（訳）(2003). ハーバード流キャリア・チェンジ術 翔泳社］

石橋 貞人（2021). フォロワーシップの研究動向と今後の研究課題についての一考察 明星大学経

営学研究紀要, *16*, 19-32.

Kelley, R. E. (1992). *The Power of Followership*, Doubleday.［ケリー, R. E.　牧野　昇（監訳）（1993). 指導力革命　プレジデント社]

木村　周・下村　英雄（2022). キャリアコンサルティング理論と実際（6訂版）　雇用問題研究会

Krumboltz, J. D. & Levin, A. S. (2004). *Luck is No Accident: Making the Most of Happenstance in Your Life and Career*. Impact Publishers.［クランボルツ, J. D., & レビン, A. S.　花田　光世・大木　紀子・宮地　夕紀子（訳）(2005). その幸運は偶然ではないんです！　ダイヤモンド社]

Liden, R. C., Wayne, S. J., Zhao, H., & Henderson, D. (2008). Servant leadership: Development of a multidimensional measure and multi-level assessment. *The Leadership Quarterly, 19* (2), 161-177.

三隅　二不二（1984). リーダーシップ行動の科学　有斐閣

Mitchell, K. E., Al Levin, S., & Krumboltz, J. D. (1999). Planned happenstance: Constructing unexpected career opportunities. *Journal of Counseling & Development, 77* (2), 115-124.

21世紀職業財団（2022). 男女正社員対象ダイバーシティ＆インクルージョン推進状況調査結果（2022). 2022年11月25日.〈https://www.jiwe.or.jp/research-report/2022diversity, 2024/8/3 最終閲覧〉

Nishii, L. H., & Mayer, D. M. (2009). Do inclusive leaders help to reduce turnover in diverse groups? The moderating role of leader-member exchange in the diversity to turnover relationship. *Journal of Applied Psychology, 94* (6), 1412-1426.

Parsons, F. (1909). *Choosing a Vocation*. Garrett Park Press.

Savickas, M. L. (1997). Career adaptability: An integrative construct for life-span, life-space theory. *The Career Development Quarterly, 45* (3), 247-259.

Savickas, M. L. (2005). The theory and practice of career construction. In Steven D. Brown & Robert W. Lent (Eds.), *Career Development and Counseling: Putting Theory and Research to Work* (pp. 42-70). John Wiley & Sons.

Savickas, M. L. (2011). *Career Counseling*. American Psychological Association.［サビカス, M. L.　日本キャリア開発研究センター（監訳）乙須　敏紀（翻訳）(2015). サビカス キャリア・カウンセリング理論──〈自己構成〉によるライフデザインアプローチ──　福村出版]

Savickas, M. L., & Porfeli, E. J. (2012). Career adapt-abilities scale: Construction, reliability, and measurement equivalence across 13 countries. *Journal of Vocational Behavior, 80* (3), 661-673.

Super, D. E. (1985). *New Dimensions in Adult Vocational and Career Counseling*. Occasional Paper No.106. The National Center for Research in Vocational Education.

Schein, E. H. (1978). *Career Dynamics: Matching Individual and Organizational Needs*. Reading, Addison-Wesley Publishing Company.［シャイン, E. H.　二村　敏子・三善　勝代（訳）(1991). キャリア・ダイナミクス──キャリアとは, 生涯を通しての人間の生き方・表現である。──白桃書房]

武田　佳奈（2019). フルキャリマネジメント──子育てしながら働く部下を持つマネジャーの心得──　東洋経済新報社

渡辺　三枝子（編著）(2018). キャリアの心理学──キャリア支援への発達的アプローチ──（新版 第2版）　ナカニシヤ出版

第11章

青野　篤子（2022).「女性」とは？「男性」とは？　青野　篤子・土肥　伊都子・森永　康子（著）ジェンダーの心理学──「男女の思い込み」を科学する──（新版）(pp. 1-34) ミネルヴァ書房

朝日新聞（2020).「2030」目標は先送り　女性の地位向上はなぜ遠い？ 2020年9月6日

Ayto, J. (1999). *20th Century Words*. Oxford University Press.

Bandura, A. (1971). *Social Learning Theory*. General Learning Press.

Bem, S. (1974). The measurement of psychological androgyny. *Journal of Consulting and Clinical Psychology, 42*, 155-162.

Deaux, K., Major, B. (1987). Putting gender into context: An interactive model of gender-related behavior. *Psychological Review, 94*, 369-389.

Dweck, C. S. (1986). Motivational processes affecting learning. *American Psychologist, 41*, 1040-1048.

Frueh, T., & McGhee, P. E. (1975). Traditional sex role development and amount of time spent watching television. *Developmental Psychology, 11* (1), 109.

Gerbner, G. & Gross, L. (1976). Living with television: The violence profile. *Journal of Communication, 26*, 172-194.

Gerbner, G., Gross, L., Morgan, M., Signorielli, N., & Shanahan, J. (2002). Growing up with television: Cultivation processes. In J. Bryant & D. Zillmann (Eds.), *Media Effects: Advances in Theory and Research* (2nd ed., pp. 43-67). Lawrence Erlbaum Associates.

Gerbner, G., Gross, L., Signorielli, N., & Morgan, M. (1980). Aging with television: Images on television drama and conceptions of social reality. *Journal of Communication, 30*, 37-47.

Guimond, S., Branscombe, N. R., Brunot, S., Buunk, A. P., Chatard, A., Desert, M., Garcia, D. M., Haque, S., Martinot, D., & Yzerbyt, V. (2007). Culture, gender, and the self: Variations and impact of social comparison processes. *Journal of Personality and Social Psychology, 92*, 1118-1134.

Guimond, S., Chatard, A., Martinot, D., Crisp, R. J., & Redersdorff, S. (2006). Social comparison, self-stereotyping, and gender differences in self-construals. *Journal of Personality and Social Psychology, 90*, 221-242.

Hale, G., Regev, T., and Rubinstein, Y. (2023). Do looks matter for an academic career in economics? *Journal of Economic Behavior and Organization, 215*, 406-420.

Hermann, E., Morgan, M., & Shanahan, J. (2021). Television, continuity, and change: A meta-analysis of five decades of cultivation research. *Journal of Communication, 71*, 515-544.

華 雪・清末 有紀・森永 康子 (2021). 暗黙の性役割理論とジェンダー格差の関連　広島大学心理学研究, 21, 59-70.

伊藤 裕子 (1978). 性役割の評価に関する研究　教育心理学研究, 26, 1-11.

Jost, J. T., & Banaji, M. R. (1994). The role of stereotyping in system-justification and the production of false consciousness. *British Journal of Social Psychology, 33*, 1-27.

Jost, J. T., & Hunyady, O. (2003). The psychology of system justification and the palliative function of ideology. *European Review of Social Psychology, 13*, 111-153.

Jost, J. T., Pelham, B. W., Sheldon, O., & Ni Sullivan, B. (2003). Social inequality and the reduction of ideological dissonance on behalf of the system: Evidence of enhanced system justification among the disadvantaged. *European Journal of Social Psychology, 33*, 13-36.

北村 英哉 (2021). あなたにもある無意識の偏見——アンコンシャスバイアス——　河出書房新社

北村 匡平 (2021). 男性身体とルッキズム　現代思想　特集ルッキズムを考える　49 (13), 117-126.

小林 美香 (2023). ジェンダー目線の広告観察　現代書館

Kohlberg, L. (1966). A cognitive developmental analysis of children's sex-role concepts and attitudes. In E. Maccoby (Ed.) *The Development of Sex Differences* (pp. 82-173). Stanford University Press.

厚生労働省 (2023). 令和5年賃金構造基本統計調査　結果の概況. (https://www.mhlw.go.jp/toukei/itiran/roudou/chingin/kouzou/z2023/index.html, 2024/5/5 最終閲覧)

Kray, L. J., Howland, L., Russell, A. G., & Jackman, L. M. (2017). The effects of implicit gender role theories on gender system justification: Fixed beliefs strengthen masculinity to preserve the status quo. *Journal of Personality and Social Psychology, 112*, 98-115.

McClelland, D. C. (1987). *Human Motivation.* Cambridge University Press.

Morgan, M., & Shanahan, J. (1997). Two decades of cultivation research: An appraisal and meta-analysis. *Annals of the International Communication Association, 20* (1), 1-45.

森永 康子 (2003). 女と男——ジェンダーから見えてくるもの——　森永 康子・神戸女学院大学ジェンダー研究会 (編) はじめてのジェンダー・スタディーズ (pp. 2-14)　北大路書房

森永 康子 (2017).「女子は数学が苦手」——ステレオタイプの影響について考える——　心理学評論, 60, 49-61.

森永 康子・福留 広大・平川 真 (2022). 日本における女性の人生満足度とシステム正当化　社会心理学研究, 37 (3), 109-115.

森永 康子・小林 亮太・竹田 奈央・南谷 めぐみ・桑原 桃子・大森 麻由 (2014). 社会的比較による自己ステレオタイプ化　広島大学心理学研究, 14, 11-18.

内閣府男女共同参画局　理工チャレンジ (リコチャレ). (https://www.gender.go.jp/c-challenge/, 2024/7/6 最終閲覧)

内閣府男女共同参画局 (2024). 女性活躍・男女共同参画の現状と課題. (https://www.gender.go.jp/research/pdf/joseikatsuyaku_kadai.pdf, 2024/7/6 最終閲覧)

西倉 実季・堀田 義太郎 (2021). 外見に基づく差別とは何か——「ルッキズム」概念の再検討——　現代思想　特集ルッキズムを考える　49 (13), 8-18.

Saito, S. (2007). Television and the cultivation of gender-role attitudes in Japan: Does television contribute to the maintenance of the status quo? *Journal of Communication, 57*, 511-531.

Sengupta, N. K., Osborne, D., & Sibley, C. G. (2015). The status-legitimacy hypothesis revisited: Ethnic-group differences in general and dimension-specific legitimacy. *The British Journal of Social Psychology*, *54*, 324-340.

Sue, D. W. (2010). *Microaggressions in Everyday Life: Race, Gender, and Sexual Orientation*. Wiley & Sons.〔スー, D. W. マイクロアグレッション研究会（訳）(2020). 日常生活に埋め込まれたマイクロアグレッション――人種，ジェンダー，性的指向：マイノリティに向けられる無意識の差別―― 明石書店〕

鈴木 淳子（1994）. 平等主義的性役割態度スケール短縮版（SESRA-S）の作成 心理学研究, *65*（1）, 34-41.

Walster, E., Aronson, V., Abrahams, D., & Rottmann, L. (1966). Importance of physical attractiveness in dating behavior. *Journal of Personality and Social Psychology*, *4*, 508-516.

West, C., & Zimmerman, D. H. (1987). Doing gender. *Gender & Society*, *1*（2）, 125-151.

World Economic Forum (2024). Global Gender Gap Report 2024.（https://www.weforum.org/publications/global-gender-gap-report-2024/, 2024/6/21 最終閲覧）

第12章

Budge, I., Crewe, I., & Farlie, D. (1976). *Party Identification and Beyond: Representatives of Voting and Party Competition*. John Wiley & Sons.

Campbell, A., Converse, P. E., Miller, W. E., & Stokes, D. E. (1960). *The American Voter*. John Wiley & Sons.

遠藤 晶久（2009）. 業績評価と投票 山田 真裕・飯田 健（編） 投票行動研究のフロンティア（pp. 141-165） おうふう

Fiorina, M. (1981). *Retrospective Voting in American National Elections*. Yale University Press.

平野 浩（1998）. 選挙研究における「業績評価・経済状況」の現状と課題 選挙研究, *13*, 28-38.

Huntington, P., & Nelson, J. M. (1976). *No Easy Choice: Political Participation in Developing Countries*. Harvard University Press.

池田 謙一・小林 哲郎（2007）. ネットワーク多様性と政治参加・政治的寛容性 池田 謙一（編） 政治のリアリティと社会心理――平成小泉政治のダイナミックス――（pp.167-199） 木鐸社

稲増 一憲（2022）. マスメディアとは何か――「影響力」の正体―― 中央公論新社

稲増 一憲・三浦 麻子（2016）.「自由」なメディアの陥穽――有権者の選好に基づくもうひとつの選択的接触―― 社会心理学研究, *31*（3）, 172-183.

Inglehart, R., Haerpfer, C., Moreno, A., Welzel, C., Kizilova, K., Diez-Medrano, J., Lagos, M., Norris, P., Ponarin, E., & Puranen, B. (Eds.). (2022). *World Values Survey: All rounds-Country-pooled datafile* (Dataset Version 3.0.0.). JD Systems Institute & WVSA Secretariat.

蒲島 郁夫・境家 史郎（2020）. 政治参加論 東京大学出版会

Kobayashi, T., & Inamasu, K. (2015). The knowledge leveling effect of portal sites. *Communication Research*, *42*, 482-502.

Lazarsfeld, P. F., Berelson, B., & Gaudet, H. (1968). *The People's Choice: How the Voter Makes Up His Mind in a Presidential Campaign* (3rd ed.). Columbia University Press.〔ラザースフェルド, P. F., ベレルソン, B. & ゴーデット, H. 有吉 広介（監訳）(1987). ピープルズ・チョイス――アメリカ人と大統領選挙―― 芦書房〕

Manin, B., Przeworski, A., & Stokes, S. C. (1999). Introduction. In A. Przeworski, S. C. Stokes, & B. Manin (Eds.), *Democracy, Accountability, and Representation* (pp. 1-26). Cambridge University Press.

三宅 一郎（1985）. 政党支持の分析 創文社

三宅 一郎（1989）. 投票行動 東京大学出版会

NHK 放送文化研究所（2020）. 現代日本人の意識構造（第9版） NHK 出版

Pariser, E. (2011). *The Filter Bubble: What the Internet is Hiding from You*. Penguin Press.〔パリサー, E. 井口 耕二（訳）(2016). フィルターバブル――インターネットが隠していること―― 早川書房〕

Prior, M. (2005). News vs. entertainment: How increasing media choice widens gaps in political knowledge and turnout. *American Journal of Political Science*, *49*, 577-592.

Riker, W. H., & Ordeshook, P. C. (1968). A theory of the calculus of voting. *American Political Science Review*, *62*, 25-42.

田中 愛治（1998）. 選挙研究における「争点態度」の現状と課題 選挙研究, *13*, 17-27.

Tichenor, P. J., Donohue, G. A., & Olien, C. N. (1970). Mass media flow and differential growth in knowledge. *Public Opinion Quarterly*, *34*, 159-170.

Verba, S., Nie, N. H., & Kim, J. (1978). *Participation and Political Equality: A Seven Nation Com-*

parison. Cambridge University Press.［ヴァーバ, S., ナイ, N. H., & キム, J. 三宅 一郎（監訳）(1981). 政治参加と平等——比較政治学的分析—— 東京大学出版会］

渡辺 洋子・行木 麻衣（2023）. コロナ禍以降のメディア利用の変化と, 背景にある意識——「全国メディア意識世論調査・2022」の結果から—— 放送研究と調査, *73*（7）, 2-42.

横山 智哉（2023）.「政治の話」とデモクラシー——規範的効果の実証分析—— 有斐閣

善教 将大（2016）. 政党支持は投票行動を規定するのか——サーベイ実験による長期的党派性の条件付け効果の検証—— 年報政治学, *67*（2）, 163-184.

第 13 章

安藤 香織・竹橋 洋毅・梅垣 佑介・田中 里奈（2022）. 新型コロナウイルス感染症のリスク, 不安は誰が感じているのか——性別, 年代, 情報接触に着目して—— 実験社会心理学研究, *62*（1）, 12-24.

安全・安心科学技術及び社会連携委員会（2014）. リスクコミュニケーションの推進方策. (https://www.mext.go.jp/b_menu/shingi/gijyutu/gijyutu2/064/houkoku/__icsFiles/afieldfile/2014/04/25/1347292_1.pdf, 2024/7/31 最終閲覧)

朝日新聞（2022）. 反ワクチン団体「神真都 Q 会」幹部らに有罪判決 陰謀論の代償重く. 2022 年 12 月 22 日. (https://www.asahi.com/articles/ASQDQ3T7FQDMUHBI02W.html, 2024/5/16 最終閲覧)

朝日新聞（2023）. 韓国で処理水めぐり攻防 大統領は食べて安全強調, 野党は「断食」. 2023 年 8 月 31 日. (https://www.asahi.com/articles/ASR8065PBR80UHBI016.html, 2024/5/16 最終閲覧)

朝日新聞（2024）. 花王, 中国事業が「想定以上の落ち込み」 化粧品の不買運動が響く. 2024 年 2 月 7 日. (https://www.asahi.com/articles/ASS2763TZS27ULFA01V.html, 2024/5/16 最終閲覧)

BBCNEWS JAPAN（2023）. 中国から嫌がらせ電話殺到, 日本が対応要求 処理水放出めぐり. 2023 年 8 月 28 日. (https://www.bbc.com/japanese/66603028, 2024/5/16 最終閲覧)

Brossard, D., Scheufele, D. A., Kim, E., & Lewenstein, B. V. (2009). Religiosity as a perceptual filter: Examining processes of opinion formation about nanotechnology. *Public Understanding of Science, 18* (5), 546-558.

中华人民共和国海关总署（2023）. 海关总署公告 2023 年第 103 号（关于全面暂停进口日本水产品的公告）. (http://gdfs.customs.gov.cn/customs/302249/2480148/5274475/index.html, 2024/5/16 最終閲覧)

Combs, B., & Slovic, P. (1979). Newspaper coverage of causes of death. *Journalism Quarterly, 56* (4), 837-849.

Covello, V. T., McCallum, D. B., & Pavlova, M. (1989). Principles and guidelines for improving risk communication. In V. T. Covello, D. B. McCallum, & M. Pavlova (Eds.) *Effective Risk Communication: The Role and Responsibility of Government and Nongovernment Organizations* (pp. 3-16). Springer Science+Business Media.

Ecker, U. K. H., Lewandowsky, S., Cook, J., Schmid, P., Fazio, L. K., Brashier, N., Kendeou, P., Vraga, E. K., & Amazeen, M. A. (2022). The psychological drivers of misinformation belief and its resistance to correction. *Nature Reviews Psychology, 1* (1), 13-29.

藤垣 裕子（2020）. 受け取ることのモデル 藤垣 裕子・廣野 喜幸（編）科学コミュニケーション論（新装版）(pp. 109-124) 東京大学出版会

Gerbner, G., & Gross, L. (1976). Living with television: The violence profile. *Journal of Communication, 26* (2), 172-199.

HANKYOREH（2023）. 韓国より日本で人気の高い尹政権…「韓国政府の対日政策」に高い評価. 2023 年 10 月 13 日. (https://japan.hani.co.kr/arti/international/48062.html, 2024/5/16 最終閲覧)

平川 秀幸（2018）. リスクコミュニケーションの類型 平川 秀幸・奈良 由美子（編著）リスクコミュニケーションの現在——ポスト 3.11 のガバナンス——（pp. 33-50） 放送大学教育振興会

Jagiello, R. D., & Hills, T. T. (2018). Bad news has wings: Dread risk mediates social amplification in risk communication. *Risk Analysis, 38* (10), 2193-2207.

Jiang, J., Ren, X., & Ferrara, E. (2021). Social media polarization and echo chambers in the context of COVID-19: Case study. *JMIRx Med, 2* (3), e29570.

人民網日本語版（2023）. 外交部「特定の国は政治目的で原発汚染水海洋放出にゴーサインを出している」. 2023 年 8 月 30 日. (http://j.people.com.cn/n3/2023/0830/c94474-20065374.html, 2024/5/16 最終閲覧)

Kasperson, J. X., Kasperson, R. E., Pidgeon, N., & Slovic, P. (2003). The social amplification of risk: Assessing fifteen years of research and theory, In N. Pidgeon, R. E. Kasperson, & P. Slovic (Eds.), *The Social Amplification of Risk* (pp. 13-46). Cambridge University Press.

Kasperson, R. E., Renn, O., Slovic, P., Brown, H. S., Emel, J., Goble, R., Kasperson, J. X., & Ratick, S.

(1988). The social amplification of risk: A conceptual framework. *The Perception of Risk, 8*(2), 177-187.

経済産業省（2021）．東京電力ホールディングス株式会社福島第一原子力発電所における多核種除去設備等処理水の処分に関する基本方針．(https://www.meti.go.jp/earthquake/nuclear/hairo_osensui/alps_policy.pdf, 2024/7/31 最終閲覧)

経済産業省（2023）．ALPS 処理水の処分に伴う対策の進捗と今後の取組（参考資料）．(https://www.meti.go.jp/earthquake/nuclear/hairo_osensui/pdf/alps_2301_3.pdf, 2024/7/31 最終閲覧)

Kinnally, W., Kohl, P. A., Collins, S., Eichholz, M., & Schafer, C. (2023). COVID-19: Examining the roles of traditional and social media attention in the amplification of risk. *Journal of Creative Communications, 18*(2), 133-148.

木下 冨雄（2016）．リスク・コミュニケーションの思想と技術——共考と信頼の技法—— ナカニシヤ出版

Lundgren, R. E., & McMakin, A. H. (2013). *Risk Communication: A Handbook for Communicating Environmental, Safety, and Health Risks* (5th ed.). IEEE Press.［ラングレン，R. E.，& マクマキン，A. H. 神里 達博（監訳）堺屋 七左衛門（訳）（2021）．リスクコミュニケーション標準マニュアル——「不都合な事実」をどう発信し，理解を得るか—— 福村出版］

武藤 香織（2022）．COVID-19 に関する差別的言動の防止に関する取組を振り返って 医療と社会，*32*(1), 83-93

National Research Council (1989). *Improving Risk Communication.* The National Academies Press. (https://nap.nationalacademies.org/catalog/1189/improving-risk-communication, 2024/7/31 最終閲覧)

NHK NEWSWEB（2020）．大阪ライブハウスで集団感染か それぞれ移動した先でも感染．2020 年 3 月 5 日．(https://www3.nhk.or.jp/news/html/20200305/k10012315431000.html, 2024/5/16 最終閲覧)

NHK NEWSWEB（2024）．「不謹慎で迷惑」能登半島地震で相次いだ偽救助要請 実態は？ 2024 年 3 月 12 日．(https://www3.nhk.or.jp/news/html/20240312/k10014383261000.html, 2024/5/16 最終閲覧)

Pariser, E. (2012). *The Filter Bubble: How the New Personalized Web is Changing What We Read and How We Think.* Penguin Press. (Original work published 2011)［パリサー，E. 井口 耕二（訳）（2006）．フィルターバブル——インターネットが隠していること—— 早川書房］

Qiu, H., Weng, S., & Wu, M. S. (2021). The mediation of news framing between public trust and nuclear risk reactions in post-Fukushima China: A case study. *Journal of Risk Research, 24*(2), 167-182.

Renn, O. (2008). *Risk Governance Coping with Uncertainty in a Complex World* (digital ed.). Routledge. (https://www-taylorfrancis-com.utokyo.idm.oclc.org/books/mono/10.4324/9781849772440/risk-governance-ortwin-rennn, 2008, 2024/7/31 最終閲覧)

笹原 和俊（2018）．フェイクニュースを科学する——拡散するデマ，陰謀論，プロパガンダのしくみ—— 科学同人

関谷 直也（2011）．風評被害——そのメカニズムを考える—— 光文社

関谷 直也（2016）．東京電力福島第一原子力発電所事故後の放射性物質汚染に関する消費者心理の調査研究 地域安全学会論文集，*29*, 143-153.

関谷 直也（2023）．ALPS 処理水に関する住民意識——2019 年，2021 年，2023 年調査より—— 生活協同組合研究，*571*, 40-48.

Shibutani, T. (1966). *Improvised News: A Sociological Study of Rumor.* Bobbs-Merrill.［シブタニ，T. 廣井脩・橋元良明・後藤将之（訳）（1985）．流言と社会 東京創元社］

新型コロナウイルス感染症対策分科会 偏見・差別とプライバシーに関するワーキンググループ（2020）．これまでの議論のとりまとめ．(https://www.cas.go.jp/jp/seisaku/ful/henkensabetsu_houkokusyo.pdf, 2024/7/31 最終閲覧)

Sturgis, P., & Allum, N. (2004). Science in society: Re-evaluating the deficit model of public attitudes. *Public Understanding of Science, 13*(1), 55-74.

須藤 龍也・佐藤 翔輔（2018）．2017 年 7 月九州北部豪雨における「＃救助」ツイートの効果検証——ツイートデータの計量的分析と現地調査にもとづいて—— 災害情報，*16*(2), 295-303.

Sugimoto, A., Nomura, S., Tsubokura, M., Matsumura, T., Muto, K., Sato, M., & Gilmour, S. (2013). The relationship between media consumption and health-related anxieties after the Fukushima Daiichi Nuclear Disaster. *PLOS ONE, 8*(8), e65331.

Sunstein, C. R. (2001). *Republic. com.* Princeton University Press.［サンスティーン，C. R. 石川 幸憲（訳）（2003）．インターネットは民主主義の敵か 毎日新聞社］

Sunstein, C. R. (2017). *#Republic: Divided Democracy in the Age of Social Media*. Princeton University Press.［サンスティーン．C. R.　伊達 尚美（訳）（2018）．＃リパブリック——インターネットは民主主義になにをもたらすのか——　勁草書房］

田中 辰雄・浜屋 敏（2019）．ネットは社会を分断しない　角川新書

東京電力ホールディングス（n.d.）．福島第一原子力発電所1〜3号機の事故の経過の概要．（https://www.tepco.co.jp/nu/fukushima-np/outline/2_1-j.html, 2024/5/16 最終閲覧）

Toriumi, F., Sakaki, T., Kobayashi, T., & Yoshida, M. (2024). Anti-vaccine rabbit hole leads to political representation: The case of Twitter in Japan. *Journal of Computational Social Science, 7*, 405-423.

Tyler, T. R., & Cook, F. L. (1984). The mass media and judgments of risk: Distinguishing impact on personal and societal level judgments. *Journal of Personality and Social Psychology, 47* (4), 693-708.

内田 麻理香・原 塑（2020）．欠如モデル・一方向コミュニケーション・双方向コミュニケーション——科学技術コミュニケーションにおける中核概念の再配置——　科学技術社会論研究, *18*, 208-220.

Wachinger, G., Renn, O., Begg, C., & Kuhlicke, C. (2013). The risk perception paradox-implications for governance and communication of natural hazards. *Risk Analysis, 33* (6), 1049-1065.

山本 明（2004）．マスメディア報道がリスク認知および被害者像に及ぼす影響に関する探索的検討　社会心理学研究, *20* (2), 152-164.

第 14 章

Berelson, B. (1949). What "missing the newspaper" means. In P. F. Lazarsfeld, & F. N. Stanton (Eds.) *Communication Research, 1948-1949* (pp. 111-128). Harper & Brothers.

Bruns, A. (2010). Distributed creativity: Filesharing and produsage. In S. Sonvilla-Weiss (Ed.), *Mashup Cultures* (pp. 24-37). Springer Wien.

Cheering AD（2024）．【2024 年最新版】応援広告（センイル広告）ってなに？　2024 年 4 月 12 日．（https://cheering-ad.jeki.co.jp/blogs/magazine/ouenkoukoku2024, 2024/7/16 最終閲覧）

コミックマーケット公式サイト（2024）．コミックマーケット年表　最終更新 2024 年 1 月 23 日．（https://www.comiket.co.jp/archives/Chronology.html, 2024/7/16 最終閲覧）

Ferguson, D. A., & Perse, E. M. (2000). The world wide web as a functional alternative to television. *Journal of Broadcasting and Electronic Media, 44* (2), 155-174.

福沢 愛（2021）．集合行動とマイクロ・マクロ過程　大橋 恵（編著）　集団心理学（pp. 215-239）サイエンス社

Haridakis, P., & Hanson, G. (2009). Social interaction and co-viewing with YouTube: Blending mass communication reception and social connection. *Journal of Broadcasting & Electronic Media, 53* (2), 317-335.

Herzog, H. (1940). Professor quiz: A gratification study. In P. F. Lazarsfeld. *Radio and the Printed Page: An Introduction to the Study of Radio and its Role in the Communication Ideas* (pp. 64-93). Duell, Sloan and Pearce.

Herzog, H. (1944). What do we really know about day-time serial listeners? In P. F. Lazarsfeld, & F. N. Stanton (Eds.) *Radio Research, 1942-1943* (pp. 3-31). Duell, Sloan and Pearce.

平井 智尚（2014）．一般の人々によるメディア・コンテンツ生産の理論枠組み——ファン研究の有効性——　メディア・コミュニケーション：慶應義塾大学メディア・コミュニケーション研究所紀要, *64*, 65-74.

石井 晃（2010）．ヒット現象を数理モデルで数式化する　吉田 就彦・石井 晃・新垣 久史（著）大ヒットの方程式——ソーシャルメディアのクチコミ効果を数式化する——（pp. 33-56）　ディスカヴァー・トゥエンティワン

Jenkins, H. (2013). *Textual Poacher: Television Fans and Participatory Cultures*, Updated 20th Anniversary ed., Routledge/Taylor & Francis Group.

柏原 勤（2011）．Twitter の利用動機と利用頻度の関連性——「利用と満足」研究アプローチからの検討——　人間と社会の探求（慶應義塾大学大学院社会学研究科紀要）, *72*, 89-107.

Katz, E., & Lazarsfeld, P. E. (1955). *Personal Influence: The Part Played by People in the Flow of Mass Communications*. Free Press.［カッツ, E., & ラザースフェルド, P. F.　竹内郁郎（訳）（1965）．パーソナル・インフルエンス——オピニオン・リーダーと人びとの意思決定——　培風館］

川上 桜子（2005）．ファン心理の構造——思春期・青年期の発達課題との関連から——　東京女子大学心理学紀要, *1*, 43-55.

川本 勝（1981）．流行の社会心理　勁草書房

川浦 康至（1981）. 風俗・文化 辻 正三（編）個人と社会の心理学（pp. 141-149） 協同出版

Kim, Y., Kim, Y., Wang, Y., & Lee, N. Y. (2016). Uses and gratifications, journalists' Twitter use, and relational satisfaction with the public. *Journal of Broadcasting & Electronic Media, 60* (3), 503-526.

King, C. W. (1965). Fashion adoption: A rebuttal to the "trickle down" theory. In J. U. McNeal (Ed.) *Dimensions of Consumer Behavior* (pp. 114-127). Appleton-Century-Crofts.

北村 智（2019）. YouTube 視聴を行なう状況についての自由記述回答の分析——自宅と公共交通機関の比較によるモバイル動画視聴行動研究—— コミュニケーション科学, *46*, 183-202.

小城 英子（2002）. ファン心理の探索的研究 関西大学大学院『人間科学』——社会学・心理学研究, *57*, 41-59.

小城 英子（2004）. ファン心理の構造（1）ファン心理とファン行動の分類 関西大学大学院『人間科学』——社会学・心理学研究, *61*, 191-205.

小城 英子（2018）. ファン心理尺度の再考 聖心女子大学論叢, *132*, 182-224.

小城 英子（2019）. ファン心理を科学する 松井 豊（監修）高橋 尚也・宇井 美代子・畑中 美穂（編）社会に切り込む心理学（pp. 41-59） サイエンス社

小寺 敦之（2009）. 若者のコミュニケーション空間の展開——SNS『mixi』の利用と満足, および携帯メール利用との関連性—— 情報通信学会誌, *27* (2), 55-66.

小寺 敦之（2012）. 動画共有サイトの「利用と満足」——「YouTube」がテレビ等の既存メディア利用に与える影響—— 社会情報学研究, *16* (1), 1-14.

釘原 直樹（2011）. グループ・ダイナミックス——集団と群集の心理学—— 有斐閣

McQuail, D., Blumer, J. G., & Brown, J. R. (1972). The television audience: A revised perspective. In D. McQuail (Ed.) *Sociology of Mass Communication* (pp. 135-165). Penguin Books.

南 博（1957）. 体系社会心理学 光文社

Moore, G. A. (1991). *Crossing the Chasm: Marketing and Selling Technology Products to Mainstream Customers*. HarperCollins.［ムーア, J. 川又 政治（訳）（2002）. キャズム——ハイテクをブレイクさせる「超」マーケティング理論—— 翔泳社］

向居 暁・竹谷 真詞・川原 明美・川口 あかね（2016）. ファン態度とファン行動の関連性 高松大学・高松短期大学研究紀要, *64・65*, 233-257.

中島 純一（2013）. メディアと流行の心理（増補改訂版） 金子書房

大尾 侑子・鈴木 麻記（2015）. 近年のオーディエンス研究における「アイデンティティ」の位相——解釈学的図式に対する批判的視角の可能性と限界—— 東京大学大学院情報学環紀要情報学研究, *89*, 51-65.

大石 百華（2023）.「オタク」と「ファン」の意味変容からみる「推し」概念の拡張——尺度研究における構成概念の異same変遷に着目した考察—— 九州大学教育社会学研究集録, *26*, 37-61.

ORICON NEWS（2017）. 冬コミで即完売した同人誌がメジャーデビュー, 発売前に重版出来. 2017年8月10日.（https://www.oricon.co.jp/news/2095515/full/, 2024/10/11 最終閲覧）

大坪 寛子（2019）. コミュニケーション欲求とメディア利用——「利用と満足」研究枠組みによる今日的検討—— 慶應義塾大学大学院社会学研究科平成31年（2019）年度博士論文

ピクシブ（2024）. pixiv の総登録ユーザー数が1億を突破！「My pixiv Memories」をテーマに思い出を振り返る投稿企画を開催～ pixiv オリジナルスケッチブックがもらえるピールオフ広告も～. 2024年1月23日.（https://www.pixiv.co.jp/2024/01/23/130000, 2024/7/16 最終閲覧）

Rogers, E. M. (1962). *Diffusion of Innovations*. The Free Press of Glencoe.［ロジャース, E. M. 藤竹 暁（訳）（1966）. 技術革新の普及過程 培風館］

Rubin, A. M. (1983). Television uses and gratifications: The interactions of viewing patterns and motivations. *Journal of Broadcasting, 27* (1), 37-51.

佐々木 祐一・北村 智・山下 玲子（2021）. 社会的空間を分析視点に据えたモバイル動画視聴の利用および効用実態の把握——5G 導入も視野に入れて—— 2019年度（第53次）吉田秀雄記念事業財団助成研究（継続研究）

志岐 裕子（2021）. ファン 李 光鎬・渋谷 明子（編著）メディア・オーディエンスの社会心理学（改訂版）（pp. 292-312） 新曜社

小学館国語辞典編集部編（2006）. 精選版日本国語大辞典（第2版） ジャパンナレッジ

Simmel, G. (1904). Fashion, *International Quarterly, 10*, 130-155. (Reprinted in *American Journal of Sociology*, 1957, 541-558).

Simmel, G. (1911). *Philosophische Kultur: gesammelte essais*. W. Klinkhardt.［ジンメル, G. 円子 修平・大久保 健治（訳）（1976）. 文化の哲学 ジンメル著作集7 白水社］

総務省（2023）. 令和5年度情報通信白書 データ集.（https://www.soumu.go.jp/johotsusintokei/whitepaper/ja/r05/html/datashu.html, 2024/7/16 最終閲覧）

総務省情報通信政策研究所（2022）．令和3年度情報通信メディアの利用時間と情報行動に関する調査報告書．(https://www.soumu.go.jp/main_content/000831290.pdf, 2024/7/16 最終閲覧)

Stafford, L., Kline, S. L., & Dimmick, J. (1999). Home e-mail: Relational maintenance and gratification opportunities. *Journal of Broadcasting and Electronic Media, 43* (4), 659-669.

杉山 あかし（1992）．知識ギャップ仮説 田崎 篤郎・児島 和人（編著）マス・コミュニケーション効果研究の展開（改訂新版）(pp. 99-112) 北樹出版

Sundar, S. S., & Limperos, A. M. (2013). Uses and grats 2.0: New gratifications for new media. *Journal of Broadcasting and Electronic Media, 57* (4), 504-525.

鈴木 裕久（1977）．流行 池内 一（編）集合現象 講座社会心理学3 (pp. 121-151) 東京大学出版会

田中 浩史（2016）．日本の"コミュニケーション・アイドル"の未来に関する一考察——AKB48のコミュニケーション売り込み商法を手掛かりに—— コミュニケーション文化, *10,* 19-39.

Tarde, G. (1890). *Les lois de l'imitation: étude sociologique.*Félix Alcan.［タルド, G. 池田 祥英・村澤 真保呂（訳）(2007). 模倣の法則 河出書房新社］

田崎 篤郎（1992）．「利用と満足」の研究 田崎 篤郎・児島 和人（編著）マス・コミュニケーション効果研究の展開（改訂新版）(pp. 29-34) 北樹出版

東洋経済 ONLINE（2023）．やまぬ芸能人への誹謗中傷が問う Twitter の功罪 ryuchell さんの死に改めて考える SNS の攻撃性. 2023 年 7 月 16 日．(https://toyokeizai.net/articles/-/686733, 2024/7/16 最終閲覧)

辻 泉（2006）．「怪文書」の社会心理——ファン文化の「ウラの顔」—— 社会学論考, *27,* 1-27.

上野 行良（1994）．流行の心理 松井 豊（編）ファンとブームの社会心理 (pp. 209-231) サイエンス社

Urban Explorer（2022）．【韓国アイドル界】アイドルとファンダムが織り成す寄付活動. 2022 年 6 月 5 日．(https://time-holic.com/archives/kpop-donation.html, 2024/7/16 最終閲覧)

Yutura（2024）．2024 年 4 月 チャンネル登録者ランキング．(https://yutura.net/ranking/, 2024/7/16 最終閲覧)

第15章

Bailenson, J. N. (2021). Nonverbal overload: A theoretical argument for the causes of zoom fatigue. *Technology, Mind, and Behavior, 2* (1). https://doi.org/10.1037/tmb0000030

Bargh, J., Mckenna, K., & Fitzsimons, G. (2002). Can you see the real me? Activation and expression of the "true self" on the internet. *Journal of Social Issues, 58,* 33-48.

BBCNEWS JAPAN（2020）．女子プロレスラーの木村花選手, 22 歳で死去 SNS で中傷されていたと示唆. 2020 年 5 月 24 日．(https://www.bbc.com/japanese/52787007, 2024/7/16 最終閲覧)

boyd, D. M., & Ellison, N. B. (2007). Social network sites: Definition, history, and scholarship. *Journal of Computer-Mediated Communication, 13* (1), 210-230.

Cornwell, B., & Lundgren, D. C. (2001). Love on the internet: Involvement and misrepresentation in romantic relationships in cyberspace vs. realspace. *Computers in Human Behavior, 17,* 197-211.

Davison, W. P. (1983). The third-person effect in communication. *The Public Opinion Quarterly, 47* (1), 1-15.

Dubois, E. & Blank, G. (2018). The echo chamber is overstated: The moderating effect of political interest and diverse media. *Information, Communication & Society, 21* (5), 729-745.

Ellison, N., B., & Boyd, D. M. (2013). Sociality through social network sites. In W. H. Dutton (Eds.), *The Oxford Handbook of Internet Studies* (pp. 151-172). Oxford Press.

Ellison, N. B., Steinfield, C., & Lampe, C. (2007). The benefits of Facebook "Friends": Social capital and college students' use of online social network sites. *Journal of Computer-Mediated Communication, 12* (4), 1143-1168.

Ferriter, M. (1993). Computer aided interviewing in psychiatric social work. *Computer in Human Services, 9,* 59-66.

藤 桂（2020）．メディアの中の個人 松井 豊・宮本 聡介（編）新しい社会心理学のエッセンス (pp. 168-182) 福村出版

Jamieson, K. H., & Cappella, J. N. (2008). *Echo Chamber: Rush Limbaugh and the Conservative Media Establishment.* Oxford University Press.

Jang, S. M., & Kim, J. K. (2018). Third person effects of fake news: Fake news regulation and media literacy interventions. *Computers in Human Behavior, 80,* 295-302.

Johnen, M., Jungblut, M., & Ziegele, M. (2018). The digital outcry: What incites participation behavior in an online firestorm? *New Media & Society, 20* (9), 3140-3160.

引用・参考文献　　**269**

Joinson, A. N. (2001). Self-disclosure in computer-mediated communication: The role of self-awareness and visual anonymity. *European Journal of Social Psychology, 31,* 177-192.

柿本　敏克 (2015). グローバライゼーションとローカライゼーション　浮谷　秀一・大坊　郁夫 (編) クローズアップメディア (pp. 164-172)　福村出版

加藤　尚吾・加藤　由樹・小沢　康幸・宇宿　公紀 (2018). LINE のグループトークで返信を待つ間にネガティブ感情を生じる人とは？──LINE 依存度に関する三つの下位尺度の得点による比較── 日本科学教育学会年会論文集, *42,* 571-572.

川上　善郎・川浦　康至・池田　謙一・古川　良治 (1993). 電子ネットワーキングの社会心理──コンピュータ・コミュニケーションへのパスポート──　誠信書房

川浦　康至 (1993). コンピュータ・コミュニケーションの世界にようこそ　川上　善郎・川浦　康至・池田　謙一・古川　良治 (著) 電子ネットワーキングの社会心理──コンピュータ・コミュニケーションへのパスポート── (pp. 47-70)　誠信書房

木村　泰之・都築　誉史 (1998). 集団意思決定とコミュニケーション・モード──コンピュータ・コミュニケーション条件と対面コミュニケーション条件の差異に関する実験社会心理学的検討── 実験社会心理学研究, *38,* 183-192.

北村　智 (2023). SNS でのコミュニケーションと心理　岡本　真一郎 (編) コミュニケーションの社会心理学──伝える・関わる・動かす── (pp. 190-205)　ナカニシヤ出版

北村　智・佐々木　裕一・河井　大介 (2016). ツイッターの心理学──情報環境と利用者行動──　誠信書房

Kraut, R., Kiesler, S., Boneva, B., Cummings, J., Helgeson, V., & Crawford, A. (2002). Internet paradox revisited. *Journal of Social Issues, 58,* 49-74.

Kraut, R., Patterson, M., Lundmark, V., Kiesler, S., Mukopadhyay, T., & Scherlis, W. (1998). Internet paradox: A social technology that reduces social involvement and psychological well-being? *American Psychologist, 53,* 1017-1031.

久保　真人 (2022). テレワークはなぜ疲れるのか──Zoom 疲労, Zoom バーンアウトの原因と対策 アド・スタディーズ, *78,* 16-20.

Levy, S. (1984). *Huckers: Heroes of the Computer Revolution.* Anchor/Doubleday. [レビー, S. 古橋　芳恵・松田　信子 (訳) (1987). ハッカーズ　工学社]

McKenna, K. Y. A., & Bargh, J. A. (1998). Coming out in the age of the internet: Identity "demarginalization" through virtual group participation. *Journal of Personality and Social Psychology, 75,* 681-694.

McKenna, K. Y. A., Green, A. S., & Gleason, M. E. J. (2002). Relationship formation on the Internet: What's the big attraction? *Journal of Social Issues, 58,* 9-31.

三浦　麻子 (2024). インターネット・コミュニケーション──情報社会の中で生きる──　安藤　香織・杉浦　淳吉 (編著) 暮らしの中の社会心理学 (新版) (pp. 139-149)　ナカニシヤ出版

宮沢　徹 (1993). 商用パソコン通信サービス──ニフティサーブ──　情報の科学と技術, *43* (3), 223-228.

村山　綾 (2015). ブログ社会の「自己開示」と「自己呈示」　浮谷　秀一・大坊　郁夫 (編) クローズアップメディア (pp. 108-117)　福村出版

NHKWEB (2024). ネット上のひぼう中傷 事業者に迅速対応求める改正案 閣議決定. 2024 年 3 月 1 日. (https://www3.nhk.or.jp/news/html/20240301/k10014375831000.html, 2024/7/16 最終閲覧)

西村　洋一 (2003). 対人不安, インターネット利用, およびインターネットにおける人間関係　社会心理学研究, *19* (2), 124-134.

岡本　真一郎 (2023). リモート対面──顔の見える遠隔コミュニケーション──　岡本　真一郎 (編) コミュニケーションの社会心理学──伝える・関わる・動かす── (pp. 62-64)　ナカニシヤ出版

O'Sullivan, P. B. (2000). What you don't know won't hurt me: Impression management functions of communication channels in relationships. *Human Communication Research, 26,* 403-431.

Pariser, E. (2011). *The Filter Bubble: How the New Personalized Web is Changing What We Read and How We Think.* Penguin Books. [パリサー, E.　井口耕二 (訳) (2016). フィルターバブル──インターネットが隠していること──　早川書房]

Putnum, R. D. (2000). *Bawling Alone; The Collapse and Revival of American Community.* Simon & Schuster. [パットナム, R. D.　柴内　康文 (訳) (2006). 孤独なボウリング──米国コミュニティの崩壊と再生──　柏書房]

Rainie, L., & Wellman, B. (2012). *Networked: The New Social Operating System.* MIT Press.

Reid, S. A. (2012). A self-categorization explanation for the hostile media effect. *Journal of Com-*

munication, 62, 381-399.

Rost, K., Stahel, L., & Frey, B. S. (2016). Digital social norm enforcement: Online firestorms in social media. *PLOS ONE, 11* (6). https://doi.org/10.1371/journal.pone.0155923

産経新聞 (2013). LINE 疲れに陥る学生たち 「返信は義務」80％…既読機能が苦痛. 2013 年 8 月 31 日. (https://www.sankei.com/article/20130831-JYGUZRBNBBNLTM6NFG2GC2F2YY/, 2024/7/16 最終閲覧)

Schafer, J. B., Konstan, J. A., & Riedl, J. (2001). E-commerce recommendation applications. *Data Mining and Knowledge Discovery, 5* (1), 115-153.

Short, J., Williams, E., & Christie, B. (1976). *The Social Psychology of Telecommunications*. John Wiley & Sons.

Siegel, J., Dubrovsky, V., Kiesler, S. & McGuire, T. W. (1986). Group processes in computer-mediated communication. *Organizational Behavior and Human Decision Processes, 37*, 157-187.

総務省 (2020).「インターネット上の誹謗中傷への対応に関する政策パッケージ」の公表 総務省 報道資料. 2020年9月1日. (https://www.soumu.go.jp/main_sosiki/kenkyu/information_disclosure/02kiban18_02000105.html, 2024/7/16 最終閲覧)

総務省 (2022). 令和 4 年版情報通信白書. (https://www.soumu.go.jp/johotsusintokei/whitepaper/ja/r04/index.html, 2024/7/16 最終閲覧)

総務省 (2024).「令和 4 年度末ブロードバンド基盤整備率調査」の調査結果 総務省報道資料. 2024 年 1 月 16 日. (https://www.soumu.go.jp/menu_news/s-news/01kiban07_02000026.html, 2024/7/16 最終閲覧)

Sproull, L., & Kiesler, S. (1986). Reducing social context cues: Electronic mail in organizational communication. *Management Science, 32*, 1492-1512.

杉森 伸吉 (2001). 情報行動と意思決定――異質化と共同・共生のモラル・ジレンマ―― 川上 善郎（編）情報行動の社会心理学（pp. 18-29） 北大路書房

杉谷 陽子 (2007). メールはなぜ「話しやすい」のか?――CMC（Computer-Mediated-Communication）における自己呈示効力感の上昇―― 社会心理学研究, 22, 234-244.

田中 辰雄・山口 真一 (2016). ネット炎上の研究――誰があおり，どう対処するのか―― 勁草書房

Tidwell, L., & Walther, J. (2002). Computer-mediated communication effects on disclosure, impressions, and interpersonal evaluations: Getting to know one another a bit at a time. *Human Communication Research, 28*, 317-348.

都築 誉史・木村 泰之 (2000). 大学生におけるメディア・コミュニケーションの心理的特性に関する分析――対面，携帯電話，携帯メール，電子メール条件の比較―― 立教大学応用社会学研究, 42, 15-24.

宇宿 公紀・加藤 尚吾・加藤 由樹・千田 国広 (2019). LINE グループにおいて返信ができないことで生じるネガティブ感情――ネガティブ感情が生じるまでの時間と性格特性及び LINE メール依存度との関係―― 日本認知心理学会第 17 回大会発表論文集, 115.

Walther, J. B. (1995). Relational aspects of computer—mediated communication: Experimental observations over time. *Organization Science, 6*, 147-239.

Walther, J. B. (1996). Computer-mediated communication: Impersonal, interpersonal, and hyperpersonal interaction. *Communication Research, 23*, 3-43.

Zywica, J., & Danowski, J. (2008). The faces of Facebookers: Investigating social enhancement and social compensation hypotheses; predicting Facebook™ and offline popularity from sociability and self-esteem, and mapping the meanings of popularity with semantic networks. *Journal of Computer-Mediated Communication, 14* (1), 1-34.

事 項 索 引

ア　行

悪質商法　65
アクセシビリティ　28
アンガーマネジメント　99
アンガーマネジメント・トレーニング　99
アンコンシャス・バイアス　**141**, 165, **173-174**
暗黙の性役割理論　178
暗黙理論　178
怒り　99
閾下呈示　**28**, 31
一貫性の原理　64
一体感の原理　64
イノベーター理論　217
印象形成　19
インターネット・パラドックス　238
インパーソナル・インパクト仮説　207
インパクト・バイアス　80
陰謀論　209
運命統制　129
永続的個人化　242
エコーチェンバー　**212**, **244-245**
エラー管理理論　50
援助　86
援助行動　94
炎上　**246**-247
応援広告　225
応報戦略　131
オーディエンス　230
オピニオンリーダー　196, 217

カ　行

外集団　**15**, **136**, 138-140, 143-144, 146-147
外集団同質性効果　139
外的帰属　42
外的キャリア　157
怪文書　224
解放されたオンライン・コミュニティ　243
確証バイアス　27, 245
拡張型接触　146

加算型課題　121
加重平均モデル　21
カスタマイズ可能性　242
活性化　**3**, 28, 31
活性化拡散　4
カテゴリー依存型処理　23
カテゴリー化　138
可能自己　6
関係性自己　5
観察学習　90, 169
感情　67, 144
感情一致効果　70
感情共有　81
感情混入モデル　71
感情制御　68
　集団における――　81
感情予期　80
間接的接触　146
記述的な規範　127
基準比率の無視　38
希少性の原理　63
期待効果　26
期待効用モデル　186
規範的影響　123
義務自己　6
客体的自己覚知　120
キャズム理論　217
キャリア　156
キャリアアイデンティティ　162
キャリアアダプタビリティ　163
キャリアアンカー論　159
キャリアカウンセリング　157
キャリア構成理論　163
キャリアコンサルタント　158
キャリアチェンジ　162
キャリアデザイン　157
ギャンブラー錯誤　39
脅威　139
業績評価投票　190
競争　128
共通内集団アイデンティティ　148
共通内集団アイデンティティ・モデル　147

共通の目標　**145**-146
協力　128
強力効果説　226
　新たな――　226
協力的な関係　**145**-146
空間行動　106
空間的制約からの解放　235
クライシスコミュニケーション　202
ケアコミュニケーション　202
計画的偶発性理論　162
経済投票　190
経時的比較　7
ケイタイ　220
係留点　40
係留と調整のヒューリスティック　40
ゲーム理論　129
結果依存性　24
欠如モデル　201
権威　122
　――の原理　63
（原因）帰属　42
言語　104
顕在態度　53
検索困難性　76
検索容易性　76
現実自己　6
限定効果説　226
行為者-観察者バイアス　46
好意の原理　62
攻撃　87
広告　65
交差カテゴリー　147
向社会的行動　94
高地位者　**176**-177, 180
行動統制　130
行動理論　151
衡平　129
衡平原則　132
個人的アイデンティティ　15
個人と仕事のマッチングアプローチ　159
コミック・マーケット　229
コミットメント　114
コミュニケーションアイドル　223
コミュニケーションの二段階の流れ説　196
コンセンサスコミュニケーション　202
コンフリクト　212

根本的帰属のエラー　45

サ　行

サーバントリーダーシップ　154
最小条件集団　136
最小条件集団パラダイム　135
再認ヒューリスティック　**41**, 50
錯誤相関　140
作動的自己概念　5
サブタイプ化　146
差別　141, 212
CMC　233
JUNET　234
ジェンダー　**166**-167, 169-170
ジェンダー・ギャップ指数（GGI）　167
ジェンダー格差　**167**-168
視覚的匿名性　236
自己開示　**112**, **236**-237
自己改善動機　11
自己概念　3
自己確証動機　10
自己拡張理論　113
自己カテゴリー化理論　**137**-138
自己高揚動機　**9**, 46
自己査定動機　9
自己スキーマ　4
自己ステレオタイプ化　**171**-172
自己妥当化仮説　57
自己知覚　3
自己呈示　12, 120, 237
　――の内在化　14
自己評価　32
自己評価維持モデル　10
自己奉仕的バイアス　46
システム正当化　178
　――の緩和機能　176-177
システム正当化理論　**175**-177, 180
視線　106
自尊心　8
自動光点運動　124
シミュレーションヒューリスティック　41
社会化　169
　――の担い手（エージェント）　169
社会関係資本　243
社会規範　124
社会契約仮説　50

社会情緒的サポート　95
社会的アイデンティティ　**15**, **137**-140, 147, 149
社会的アイデンティティ理論　**137**-138, 147
社会的インパクト理論　123
社会的影響　118
社会的学習理論　169
社会的拡張仮説　243
社会的カテゴリー　**137**, 147, 166, 172, 181
社会的交換　128
社会的集団　**137**, 139
社会的証明の原理　61
社会的浸透理論　112
社会的勢力　59, 122
社会的促進　119
社会的存在感　235
社会的手がかり　235
社会的手抜き　120
社会的認知　46
社会的ネットワーク　191
社会的排斥　92
社会的比較　7, 111, 139, 172
社会的補償仮説　244
社会的抑制　119
囚人のジレンマ　130
　　繰り返しのある――　131
集団間感情理論　81, 144
集団的ヒューリスティック　138
集団同質性認知　139
周辺特性　20
周辺ルート　54
重要他者　5
主観的感覚　75
上位目標　**146**, 148
状況適合理論　152
状態自尊心　8
焦点化傾向　80
情動　68
承認欲求　223
情報縁　242
情報的影響　123, 245
情報統合理論　21
情報発信可能性　242
情報発信の容易さ　235
職業選択法　158

職業的パーソナリティ理論　158
所属欲求　118
初頭効果　20
身体化された認知　29
推奨アルゴリズム　242
Zoom 疲れ　247
STEM　173
ステレオタイプ　**30**, **139**, 141, 143, **171**-172, 174
ステレオタイプ化　30
ステレオタイプ脅威　174
ステレオタイプ内容モデル　**142**-143
スリーパー効果　54
斉一性　126
成員性　137
正確さへの動機づけ　24
制御焦点理論　6
政治参加　184
政治的会話　196
性自認　166
精緻化見込みモデル　54
政党帰属意識　189
制度的支援　145
性別役割　167
性（別）役割観　**167**, 170
責任の分散　101, 121
積極的不確実性　161
接合型課題　121
接触仮説　**145**-146
説得　53
セルフ・ハンディキャッピング　12, 175
ゼロサム信念　178
潜在態度　53
潜在連合テスト（IAT）　34
選択的接触　194
宣伝　65
相互依存　128
相互協調的自己観　16
相互独立的自己観　16
相補性　114
ソーシャル・サポート　**95**, 238
促進焦点　6
属性推論　42
　　――の三段階モデル　46
ソシオメータ理論　8

タ　行

対応推論理論　**43**, 45
対応性　43
対応バイアス　**45**, 47
第三者効果　245
対人距離　106
対人認知　**19**, 36
対人不安　13
対人魅力　109
態度　52
対等な地位　145
代表性ヒューリスティック　38
対話・共考・協働　202
多元的無知　101
多チャンネル化　192
脱カテゴリー化　**147**-148
脱個人化　139
脱周辺化過程モデル　240
達成動機　**172**, 174
多文化共生　148
単純接触効果　63, 76, 109
知覚的流暢性　75
知識ギャップ仮説　192
チャネル　104
中心特性　20
中心ルート　54
強いシステム正当化　177
強いシステム正当化仮説　176
釣り合い仮説　111
低地位者　**176**-177, 180
テキストの密漁　229
手続き的公正　132
典型性　145
道具的サポート　95
同調　125
　　——と差異化の両価説　217
投票参加　186
　　——のパラドックス　187
投票選択　188
特性自尊心　8
特性理論　151
トリクルダウン説　217

ナ　行

内観　2

内集団　**15**, **136**, 138-140, 144, 146-147
内集団同質性効果　139
内集団ひいき　**138**-139
内的帰属　42
内的キャリア　157
二過程理論　23
二次創作　228
二重処理モデル　22
認知資源　**32**, 47
認知的再評価　68
認知的評価理論　143
認知的不協和　14, 176
認知バイアス　140
認知発達的アプローチ　169
ネットメディア　191
ネットワーク化された個人主義　243

ハ　行

パーソナライゼーション　194
パーソナル・スペース　107
ハイパー・パーソナル・モデル　240
培養効果　**170**-171
培養分析　206
パソコン通信　234
罰　90, 169
発達論的アプローチ　159
バランス理論　111
反映過程　10
反映-衝動モデル　53
反ステレオタイプ的情報　145
PM理論　151
ピースミール処理　23
比較過程　10
非共通効果　43
非言語的な手がかり　234
非接合型課題　121
必要原則　132
ヒューリスティック　37
評価懸念　101, 120
表情　106
平等原則　132
平等性　236
ファンダム　225
フィルターバブル　194, 213, 244
風評被害　210
フェイクニュース　**245**-246

事 項 索 引　　**275**

フォールスコンセンサス効果　40
フォロワーシップ　156
服従　122
プライミング効果　**27**-28
フレーミング効果　42
プロクセミックス　106
プロデューサー　230
文化的自己観　16
分配の公正　132
分離モデル　32
ヘイトクライム　141
ヘイトスピーチ　141
変革型リーダーシップ　153
偏見　**141**, 143, 145, **212**
返報性　132
　——の原理　64
傍観者効果　101
報酬　90, 169

マ　行

マイクロアグレッション　**141**-142, **173**
マスメディア　191
マミートラック　165
民主的アカウンタビリティ　190
ムード　68
命令的規範　127
メディア　65
メディア・ミックス　219
免疫の無視　80
目標葛藤理論　134
モデリング　90

ヤ　行

uses and grats 2.0　227
「有名性」の乱立　222
予防焦点　6
4枚カード問題　48

ラ　行

LINE　239
リーダー・メンバー交換関係　155
リーダーシップ　151
理工チャレンジ　173
リスクコミュニケーション　201
リスク認知　201
リスクの社会的増幅フレームワーク　203
理想自己　6
利他的利己主義　131
利得行列　129
リバウンド効果　32
リモート対面　247
流言　208
利用可能性ヒューリスティック　39
利用と満足　226
類似性　110
類似性-魅力仮説　111
ルッキズム　181
連言錯誤　38
連合　3
連合ネットワーク　4
連続体モデル　**22**-23, 30
ローコンテクスト　236

人名索引

ア　行

アクセルロッド　Axelrod, R.　131
アッカーマン　Ackerman, L. M.　29
アッシュ　Asch, S. E.　20, 125
アンダーソン　Anderson, N. H.　21
イバーラ　Ibarra, H.　162
イングハム　Ingham, A. G.　120
ウィリアムズ　Williams, L. E.　29
ウィルソン　Wilson, T. D.　3, 53
ウェイソン　Wason, P. C.　48
エクマン　Ekman, P.　68
オルトマン　Altman, I.　112
オルポート　Allport, G. W.　145

カ　行

ガートナー　Gaertner, S. L.　147
カーネマン　Kahneman, D.　37-38, 40, 42
ガーブナー　Gerbner, G.　170, 206
カシオッポ　Cacioppo, J. T.　54
カスパーソン　Kasperson, J. X.　203
カズンズ　Cousins, S. D.　17
カディ　Cuddy, A. J. C.　142
ギーゲレンツァー　Gigerenzer, G.　41, 48,
　50
北村英哉　141, 173
北山忍　16
ギルバート　Gilbert, D. T.　46-47, 80
ギンズバーグ　Ginzberg, E.　159
クック　Cook, F. L.　206
クラーエ　Krahé, B.　88
クラウト　Kraut, R.　238, 243
クランボルツ　Krumboltz, J. D.　162
グリーンリーフ　Greenleaf, R. K.　154
グリーンワルド　Greenwald, A. G.　34
グレーン　Graen, G.　82
グロス　Gross, J. J.　68
グロス　Gross, P. H.　30
クロパンツァーノ　Cropanzano, R.　82
クンダ　Kunda, Z.　11
ケリー　Kelly, H. H.　25
ケンドン　Kendon, A.　106

コーエン　Cohen, C. E.　26
コールバーグ　Kohlberg, L.　169
小城英子　221-222, 231
コスミデス　Cosmides, L.　49
コットレル　Cottrell, N. B.　120
コブ　Cobb, S.　95

サ　行

ザイアンス　Zajonc, R. B.　63, 109, 119
サヴィツキー　Savitsky, K.　18
坂元章　26
サビカス　Savickas, M. L.　163
サンスティーン　Sunstein, C. R.　212
ジェラット　Gelatt, H. B.　161
シェリフ　Sherif, M.　124, 134, 146
シャイン　Schein, E. H.　157, 159-160
シュワルツ　Schwarz, N.　70
ジョーンズ　Jones, E. E.　43, 45
ジョスト　Jost, J. T.　175
神信人　138
ジンメル　Simmel, G.　217
スー　Sue, D. W.　141, 174
スーパー　Super, D. E.　160
ストラック　Strack, F.　53
スノーク　Snoek, J. D.　108
スワン　Swann, W. B.　10

タ　行

ターナー　Turner, J. C.　137, 139, 147
ダーリー　Darley, J. M.　30
タイス　Tice, D. M.　14
高木修　94
タジフェル　Tajfel, H.　135, 137, 147
ダニング　Dunning, D.　9
タルド　Tarde, G.　216
チャップマン　Chapman, L. J.　140
チャルディーニ　Cialdini, R. B.　61, 123,
　127
デイビス　Davis, K. E.　43
ティボー　Thibaut, J. W.　129, 133
テイラー　Taylor, D. A.　112
テイラー　Tyler, T. R.　206

デヴァイン Devine, P. G.　31
テッサー Tesser, A.　10
ドイッチュ Deutsch, M.　123, 128, 132
ドイッチュ Deutsch, R.　53
ドヴィディオ Dovidio, J. F.　147
トウェンギ Twenge, J. M.　92
トゥバスキー Tversky, A.　37-38, 40, 42
トリプレット Triplett, N.　118

ナ　行

ニューバーグ Neuberg, S. L.　22

ハ　行

バージ Bargh, J. A.　29
ハーシー Hersey, P.　152
パーソンズ Parsons, F.　158
バーナード Barnard, C. I.　150
バーン Byrne, D.　110
バーンズ Burns, J. M.　153
ハイダー Heider, F.　42, 111
バウマイスター Baumeister, R. F.　8, 118
バス Buss, D. M.　50
バナジ Banaji, M. R.　175
パリサー Pariser, E.　213
ハリス Harris, V. A.　45
バンデューラ Bandura, A.　90, 169
ヒギンズ Higgins, E. T.　6, 27
華雪　178
ファジオ Fazio, R. H.　13
フィスク Fiske, S. T.　22, 142
フェスティンガー Festinger, L.　7, 14
フォーガス Forgas, J. P.　68, 71
ブッシュマン Bushman, J. B.　87
ブランチャード Blanchard, K. H.　152
ブリューワー Brewer, M. B.　22, 147
フレンチ French, J. R. P., Jr.　59
フロイト Freud, S.　2
ヘイゼルトン Haselton, M. G.　50

ペティ Petty, R. E.　54, 57
ホヴランド Hovland, C. I.　53
ホール Hall, E. T.　106
ボールドウィン Baldwin, M. W.　5
ホランド Holland, J. L.　158

マ　行

マーカス Markus, H.　4
マクウェール McQuail, D.　226
マクマキン McMakin, A. H.　202
マクレ Macrae, C. N.　33
マッキー Mackie, D. M.　81, 144
三隅二不二　151
ミラー Miller, N. N.　147
ミルグラム Milgram, S.　122, 124
モスコヴィッチ Moscovici, S.　126
森永康子　177

ヤ　行

山岸俊男　138

ラ　行

ラザースフェルド Lazarsfeld, P. F.　188, 196
ラスバルト Rusbult, C. E.　114
ラタネ Latané, B.　121, 123
ラッセル Russell, J. A.　68
ラングレン Lundgren, R. E.　202
リアリー Leary, M. R.　8, 12-13, 118
レイヴン Raven, B. H.　59, 122
レヴィン Levin, A. S.　162
レヴィンジャー Levinger, G.　108
ロジャース Rogers, E. M.　217
ロックウッド Lockwood, P.　11

ワ　行

ワイナー Weiner, B.　43
ワルサー Walther, J. B.　240

編著者略歴

山下 玲子（やました れいこ）

一橋大学社会学部卒。同大学大学院社会学研究科修士課程修了，博士課程単位取得満期退学。

現在，東京経済大学コミュニケーション学部教授。

専門は社会心理学，メディア論。テレビを中心としたマスメディア，インターネット動画や電子ゲームの効用，子ども向けテレビ番組に関する親の意識や幼児に及ぼす影響などについて研究している。

主な著作に，『スマホで YouTube にハマるを科学する』（共著，日経 BP 社，2023 年），『ホストセリングを知っていますか——日本の子ども向けテレビ CM の実態——』（共著，春風社，2015 年）。主な翻訳に，『ステレオタイプとは何か——「固定観念」から「世界を理解する"説明力"」へ——』（監訳，明石書店，2007 年），『ニュースはどのように理解されるか——メディアフレームと政治的意味の構築——』（共訳，慶應義塾大学出版会，2008 年）がある。

有馬 明恵（ありま あきえ）

東京外国語大学外国語学部ポルトガル・ブラジル語学科卒。慶應義塾大学大学院社会学研究科修士課程修了，博士課程単位取得退学。博士（社会学）。

現在，東京女子大学現代教養学部教授，東京経済大学メディア＆モビリティ研究所・客員研究員。

専門は社会心理学，メディア論，ジェンダー論。人々の情報行動，メディア・コンテンツが人々の意識や行動に与える影響について研究している。

主な著作に，『ジェンダーで学ぶメディア論』（共著，世界思想社，2023 年），『内容分析の方法（第 2 版）』（ナカニシヤ出版，2021 年），『メディアとジェンダー』（共著，2012 年，勁草書房），『テレビと外国イメージ——メディア・ステレオタイピング研究——』（共著，勁草書房，2004 年）。主な翻訳に，『ステレオタイプとは何か——「固定観念」から「世界を理解する"説明力"」へ——』（監訳，明石書店，2007 年），『ニュースはどのように理解されるか——メディアフレームと政治的意味の構築——』（共訳，慶應義塾大学出版会，2008 年）がある。

リベラルアーツとしての社会心理学

2025 年 1 月 8 日　第 1 版 1 刷発行

編著者──山下玲子・有馬明恵

発行者──森 口 恵美子

印刷所──壮光舎印刷㈱

製本所──㈱ グ リ ー ン

発行所──八千代出版株式会社

〒101
-0061　東京都千代田区神田三崎町 2-2-13

TEL　03-3262-0420

FAX　03-3237-0723

＊定価はカバーに表示してあります。

＊落丁・乱丁本はお取替えいたします。

©2025 R. Yamashita & A. Arima et al.
ISBN978-4-8429-1881-5